U0519298

新时代"三农"问题研究书系

川渝地区农村金融发展
对农户福利影响研究

胡帮勇 ○ 著

西南财经大学出版社
Southwestern University of Finance & Economics Press
中国·成都

图书在版编目(CIP)数据

川渝地区农村金融发展对农户福利影响研究/胡帮勇著.—成都:西南财经大学出版社,2023.12

ISBN 978-7-5504-5977-9

Ⅰ.①川… Ⅱ.①胡… Ⅲ.①农村金融—经济发展—影响—农户—福利待遇—研究—中国 Ⅳ.①F832.35②F323.89

中国国家版本馆 CIP 数据核字(2023)第 211612 号

川渝地区农村金融发展对农户福利影响研究
CHUANYU DIQU NONGCUN JINRONG FAZHAN DUI NONGHU FULI YINGXIANG YANJIU

胡帮勇 著

策划编辑:李思嘉
责任编辑:李思嘉
责任校对:李 琼
封面设计:何东琳设计工作室
责任印制:朱曼丽

出版发行	西南财经大学出版社(四川省成都市光华村街55号)
网 址	http://cbs.swufe.edu.cn
电子邮件	bookcj@ swufe.edu.cn
邮政编码	610074
电 话	028-87353785
照 排	四川胜翔数码印务设计有限公司
印 刷	四川五洲彩印有限责任公司
成品尺寸	170mm×240mm
印 张	14.25
字 数	225 千字
版 次	2023 年 12 月第 1 版
印 次	2023 年 12 月第 1 次印刷
书 号	ISBN 978-7-5504-5977-9
定 价	78.00 元

1. 版权所有,翻印必究。

2. 如有印刷、装订等差错,可向本社营销部调换。

前言

习近平总书记指出，我们要坚持用大历史观来看待农业、农村、农民问题。稳住农业基本盘、守好"三农"基础是应变局、开新局的"压舱石"。党的十八大以来，党中央坚持把解决好"三农"问题作为全党工作重中之重，启动实施乡村振兴战略，组织推进了人类历史上规模空前、力度最大、惠及人口最多的脱贫攻坚战，取得了脱贫攻坚战的全面胜利，创造了人类减贫史上的奇迹。党的十八大以来脱贫攻坚实践的一个显著特征，就是坚持精准扶贫方略，注重综合运用各种扶贫资源、政策工具，用发展的办法消除贫困。党的十九大报告指出，农业农村农民问题是关系国计民生的根本性问题，必须始终把解决好"三农"问题作为全党工作重中之重，实施乡村振兴战略。党的二十大报告更是明确指出，要"全面推进乡村振兴"，并强调"完善农业支持保护制度，健全农村金融服务体系"。农业农村现代化是实施乡村振兴战略的总目标，这一目标的实现离不开金融力量的支持。作为农业现代化发展的重要推动力，强化金融支持有利于促进农业发展所需的各类生产要素高效组合，有利于推动农业基础设施建设，有利于提高农业技术创新效率，从而助力农业现代化发展。新征程上，应进一步发挥金融在推进农业农村现代化中的作用，为实现农业农村现代化提供坚实支撑。

改革开放以来，我国川渝地区农村经济面貌有了很大改变，农民福利得到有效改善，但是无论从区域差距还是城乡差距来看，川渝地区农户福利还有很大的提升空间。我国政府很早就提出了"包容性增长"

的社会发展理念，该理念的基本内涵是公平性增长，目的是让经济增长的成果惠及更多的普通人群，实现我国经济可持续发展。

健全的农村金融体制有利于缩小贫富差距，提升农民福利待遇，推动国民经济和谐健康发展，而金融抑制导致农民信贷资金的缺乏会在多方面对农户福利产生负面影响。自21世纪初以来，中央政府连续出台关于"三农"问题的"中央一号文件"，每年的"中央一号文件"都强调了农村金融在解决"三农"问题中的重要地位和作用，均提出了要提高农村金融服务质量和水平，加快农村金融体制改革步伐等要求。因此，发挥农村金融在改善农户福利中的作用，对探索我国包容性增长的新路径具有重要意义。

本书的核心内容是基于川渝两地四个区县的宏观数据和微观调研数据，从以下五个方面对川渝地区农村金融发展对农户福利影响进行研究：

第一，川渝地区农村金融发展和农户福利的演变历程。从宏观的时间序列来看，川渝地区农村金融发展规模小幅度波动，但是总体趋势大致向上。川渝地区农村金融发展效率在20世纪90年代中期以前逐年上升，但是从20世纪90年代中后期开始不断下滑。农村金融发展结构与农村金融发展效率变化趋势一致，均呈现出先升后降的趋势。农村金融覆盖密度保持平缓的上升趋势，亚洲金融危机爆发以后，农村金融覆盖密度开始下降，直到20世纪初这种下降趋势才得到有效遏制。从福利指标来看，农户的收入、消费和家庭净资产不仅低于城市居民，也低于全国农村居民的平均值，城乡差距和区域差距扩大化的趋势没有得到有效遏制。此外，农户非农收入增速快于农业收入，农户的资产和消费结构都发生了较大变化。

第二，川渝地区农村金融发展对农户收入的影响。基于样本地区的面板数据，将农村金融发展水平分解为农村金融发展规模、农村金融发展效率、农村金融发展结构和农村金融覆盖密度四个指标，具体分析每一个金融发展指标对农户收入的影响。研究结果显示，非农收入、农业收入均与农村金融发展水平之间存在长期稳定的面板协整关系,但是农村金融发展对非农收入和农业收入的影响存在较大差异性,农村金融发展规模和农村金融发展效率对非农收入的影响程度及其显著性均强于农业收入,农村金融覆盖密度对非农收入显著性较强而对农业收入影响的显著性较弱,农村金融发展结构对非农收入和农业收入影响方向完全相反。加入控制变量后,农村金融发展各变量对农户的农业收入和非农收入在影响方向上没有变化。

第三,川渝地区农村金融发展及流动性约束对农户消费行为的影响。研究发现,人均纯收入、农村金融发展各变量(农村金融发展规模、农村金融发展效率、农村金融发展结构和农村金融覆盖密度)与人均消费支出之间存在长期稳定的均衡关系。农民人均纯收入是影响农民人均消费支出最重要和最显著的变量。在农村金融发展变量中,农村金融发展规模、农村金融发展效率和农村金融覆盖密度对农民消费支出有显著影响,且影响力依次增强,但是农村金融发展结构对农民消费支出的影响显著性较弱。此外,农村金融发展规模、农村金融发展效率和农村金融覆盖密度对农民消费支出的影响主要体现为长期效应,农村金融发展结构的改善在短期内显著刺激农民的消费支出的增加,而长期内对农民的消费支出影响微弱。利用传统的 λ 模型研究发现,川渝地区农户受到的流动性约束较为严重。研究利用改进的流动性约束模型进一步发现,流动性约束依然是解释农户消费过度敏感性的主要因素,而不确定性对农户消费没有显著的影响,实际利率的下降和个人消费信贷业务的开展也没有显著促进农户消费的增加。

第四,川渝地区农村信贷约束的福利损失效应。川渝地区农村信贷约束普遍。农户的耕地面积、教育和医疗支出、家庭是否发生较大突发事件、家庭规模、家庭老人和孩子数量,对农户信贷需求的影响是正向的,农户家庭金融资产余额和家庭收入对信贷需求的影响是负向的。其余变量对信贷需求影响不显著。生产性固定资产价值、耕地面积、家庭劳动力数量、是否拥有专业技能、家庭纯收入、净经营收入、有无亲戚或好友为乡村干部、是否村干部、家庭礼金支出、是否参加联保小组、该村人均收入、村庄人口总数量对资金供给有正向影响，家庭老人和孩子数对资金的供给有显著的负面影响，其余变量对资金供给的影响显得较为模糊。特别地，在我国川渝地区的农村，社会资本存量越丰富的农户受到信贷约束的可能性越小。信贷约束导致农户福利净损失，其中对消费的损失效应最大，对非农收入的损失效应强于对农业收入的损失效应。川渝地区农户信贷约束的普遍性，使得福利损失在亲朋好友间相互转移。

第五，改善农户福利，全面实施乡村振兴战略需要多样化、多层次的金融支持及相关配套改革。2019年，中国人民银行、银保监会、证监会、财政部、农业农村部联合发布了《关于金融服务乡村振兴的指导意见》，旨在推动建立现代农村金融体系。首先，需要加快农村金融改革步伐，充分发挥正规金融在提升农户福利中的积极作用。其次，要规范农村民间金融借贷，放宽农村金融市场准入机制，积极引导民间资本进入农村金融市场。再次，缓解贫困地区农村信贷约束不仅需要加大供给力度，也需从需求方入手。鼓励农户积极参加联保小组，提高农户参加联保小组的比例。减少农户对正规金融贷款的认知性偏差，让更多农户熟悉贷款条件和流程。逐步建立和完善农村重大疾病和生命财产保险制度，避免农户因重大突发事件陷入贫困。最后，除了金融发力，提升农民福利是一项系统工程，需要在基础教育、医疗、养老等方面进行综合配套改革。

胡帮勇

2023年9月

目录

第一章 导言

第一节 问题提出与研究意义

改革开放以来，我国经济快速发展，农村居民与城镇居民福利状况均得到极大提升，但是城乡差距依然客观存在。农民人均可支配收入从1978年的134元增加到2021年的18 931元，增长141倍，排除物价因素影响，实际增长6.7倍。同期城镇居民年人均可支配收入从343元增加到47 412元，增长138倍，排除物价因素影响，实际增长8.1倍。城乡收入名义比从2.56倍减少到2.50，略有下降，而排除物价因素影响的城乡实际收入比从2.56倍扩大到了3.75倍；农民人均消费支出从1978年的139元增加到2021年的18 601元，增长133倍，排除物价因素影响，实际增长6.8倍。同期城镇居民年人均消费支出从393元增加到37 994元，增长97倍，排除物价因素影响，实际增长7.7倍，如表1-1所示。城乡消费支出名义比从2.83倍减少到2.50，略有下降，而排除物价因素影响的城乡实际消费支出从2.56倍扩大到了3.15倍①。收入和消费，是衡量城乡居民最重要、最客观的两个福利指标，排除物价因素影响后的可支配收入和消费支出更真实地反映出，在过去的40多年城乡福利差距并没有显著缩小而是有所加大，城乡二元经济结构客观存在。

---

① 以1978年为基期（指数为100），2021年城镇居民的收入物价指数为1 142，农村居民物价收入指数为1 713。2021年城镇居民消费物价指数为1 258，农村居民的消费物价指数为1 945.5。数据根据《2022年中国统计年鉴》《2022年中国农村统计年鉴》和《新中国60年统计资料汇编》等综合计算。

表 1-1　1978—2021 年中国城乡居民收入和消费水平　　　单位：元

年份	农村居民		城镇居民	
	可支配收入	人均消费支出	可支配收入	人均消费支出
1978	134	139	343	393
1985	398	346	739	750
1990	686	627	1 510	1 404
1995	1 578	1 344	4 983	4 767
2000	2 282	1 917	6 256	6 972
2001	2 407	2 032	6 824	7 272
2002	2 529	2 157	7 652	7 662
2003	2 690	2 292	8 406	7 977
2004	3 027	2 521	9 335	8 718
2005	3 370	2 784	10 382	9 637
2006	3 731	3 066	11 620	10 516
2007	4 327	3 538	13 603	12 217
2008	4 999	3 981	15 549	13 722
2009	5 435	4 295	16 961	14 687
2010	6 272	4 782	18 779	16 570
2011	7 394	5 880	21 427	19 218
2012	8 389	6 573	24 127	20 869
2013	9 430	7 397	26 467	22 620
2014	10 489	8 365	28 844	24 430
2015	11 422	9 409	31 195	26 119
2016	12 363	10 609	33 616	28 154
2017	13 432	12 145	36 396	30 323
2018	14 617	13 985	39 251	32 483
2019	16 021	15 382	42 359	34 900
2020	17 132	16 063	43 834	34 043
2021	18 931	18 601	47 412	37 994

资料来源：根据历年《中国统计年鉴》和《中国农村统计年鉴》整理。

从家庭资产的角度来看，西南财经大学中国家庭金融调查与研究中心发布的《中国家庭金融调查报告》显示，2011 年中国城市家庭金融资产平均值为 11.20 万元，农村家庭金融资产平均值为 3.10 万元，农村和城市家庭金融资产余额平均值为 6.38 万元。在家庭资产总额方面，城市和农村家庭资产平均值为 121.69 万元，其中城市家庭资产平均值为 247.60 万元，农村家庭资产平均值为 37.70 万元。城镇居民 2020 年的人均存款增量为 16 827 元，农村居民人均存款增量为 3 418 元，城乡居民人均存款增量比高达 4.92[①]。随着近年来金融资产价格和房价的上涨，城乡居民在金融资产和家庭净资产的差距都呈现出扩大化的趋势。如果考虑到户籍、教育、医疗、社保等隐性福利，城乡福利待遇差距更大。据测算，中国城市和农村隐性福利待遇人均相差 33 万元，大城市城乡隐性福利差距在 50 万元以上，中小城市城乡隐性福利差距在 10 万元左右。由此可见，无论从增量指标还是存量指标来看，我国农村居民福利与城镇居民福利差距还很大，依然有很大的提升空间。

早在 2007 年，亚洲开发银行首次提出了"包容性增长"这一理念。该理念认为，包容性增长就是指机会平等地增长，其最基本的含义是让民众更加公平地分享经济增长成果，最大限度地让普通民众受益。中国政府在 2010 年首次提出了我国"包容性增长"的理念，"让更多的人享受全球化成果、让弱势群体得到保护、在经济增长过程中保持平衡"，"实现包容性增长，根本目的是让经济全球化和经济发展成果惠及所有国家和地区、惠及所有人群，在可持续发展中实现经济社会协调发展……"。包容性增长强调经济增长的公平性，让广大城乡群众享受经济增长的成果，使更多的普通人群的生活得到实质性的改善。2017 年 10 月 18 日，习近平总书记在党的十九大报告中提出了乡村振兴战略。党的十九大报告指出，农业农村农民问题是关系国计民生的根本性问题，必须始终把解决好"三农"问题作为全党工作重中之重，实施乡村振兴战略。2021 年 2 月 21 日，《中共中央 国务院关于全面推进乡村振兴加快农业农村现代化的意见》发布，即"中央一号文件"发布，这是 21 世纪以来第 18 个指导"三农"工作的"中央一号文件"。2021 年 3 月，中共中央、国务院发布了《关于实现巩固拓展脱贫攻坚成果同乡村振兴有效衔接的意见》。2021 年 4 月 29 日，十三届全国人大常委会第二十八次会议表决通过《中华人民共和国乡村振兴促进法》。这一系列举措彰显了党和政府立足现实，积极探索中国式现代化建设全局和走向共同富裕大局的有效途径，也体现了党和政府改善农民福利待遇，缩小城乡福利差距的决心和担当。

改善和提高农民福利待遇，关键是大力发展农村经济，提高农民的收

---

① 数据根据《2020 年中国金融年鉴》和《2022 年中国统计年鉴》计算。

入水平和让农民拥有更多的财富，从而提升农户的消费水平，进而全面改善农民福利现状，而所有这些问题都直接或间接依赖于农村金融的发展和支持。中国共产党第十七届中央委员会第三次全体会议通过的《中共中央关于推进农村改革发展若干重大问题的决定》中指出，"农村金融是现代农村经济的核心"，这充分体现了农村金融发展在农民福利改善中的重要地位和作用。2004 年，时隔 18 年后中央再次出台关于"三农"问题的"中央一号文件"，此后连续 22 年的"中央一号文件"锁定"三农"问题，充分体现了党和政府对"三农"问题的重视，而所有的"中央一号文件"都强调了农村金融在解决"三农"问题中的重要地位和作用，要求提高农村金融服务水平，加快农村金融体制改革和创新步伐。

2019—2020 年，是中国完成脱贫攻坚这一伟大历史任务的收官阶段，也是中国启动乡村振兴战略的关键阶段。2020 年年底，《中共中央 国务院关于实现巩固拓展脱贫攻坚成果同乡村振兴有效衔接的意见》发布，这标志着我国在打赢脱贫攻坚战、全面建成小康社会后，要进一步巩固拓展脱贫攻坚成果，接续推动脱贫地区发展和乡村全面振兴。作为系统性工程，乡村振兴战略侧重于从顶层设计角度为农村发展指明方向，旨在促进农村经济、文化、社会、生态的全面发展和整体提升，农户福利水平的全面改善得益于各方协同发力，金融服务在其中功不可没，金融在乡村振兴与农户福利提升中同样肩负重任。习近平总书记指出，"金融是国家重要的核心竞争力，金融安全是国家安全的重要组成部分，金融制度是经济社会发展中重要的基础性制度"。未来一段时期将是乡村振兴战略的深入推进期，金融必将在乡村振兴战略中为全面提升农户福利发挥更大作用。

川渝，是四川和重庆的简称。川渝地区位于四川盆地及巫山东部地区，由于两地在语言、饮食、文化、艺术等各方面类似，自古以来，两地关系极为紧密，被视为一体。党中央、国务院高度重视川渝地区的发展。党的十八大以来，习近平总书记多次到四川和重庆考察，对四川和重庆的改革发展做出重要指示，为川渝乡村振兴指明了方向。川渝地区农业结构正在发生重要变化，巩固脱贫攻坚成果同乡村振兴有效衔接持续深入推进，农村金融改革持续深化，金融发展为乡村振兴起到了重要支撑作用。但是，我们必须清楚意识到，川渝地区依然存在农村信贷服务面临新挑战、综合配套改革有待完善、中小金融机构的科技应用面临成本效率障碍、农村保险服务水平较低等问题，川渝地区农村金融服务水平有待进一步提升，亟待在乡村振兴战略中为全面提升川渝地区农户福利水平再立新功。

国内外学者普遍认为，健全的农村金融体制有利于缩小贫富差距，减少农村贫困人口，提升农民福利待遇，推动国民经济和谐健康发展（Deaton & Mankiw，2005；温涛，2005）。金融抑制导致农民信贷资金的缺乏会在多方面产生消极影响，其直接或间接地波及农户的技术选择、生产效率以及反映福利水平的食品安全、营养和健康的方方面面（Diagne et al.，2000；Petrick，2005；李锐，2007）。Braverman（1991）指出，如果农村经济发展过度依赖政府干预调控，最终受到利益损害的还是真正的穷人，农村经济的发展必须依赖于健全的农村金融机制。Gulli（1998）同样指出，能否解决农村贫困问题主要在于是否拥有一套合理的可持续发展的金融机制。

现代经济的发展需要金融的刺激作为推动力，而农村经济的发展趋势也是由农村金融所决定的（赵洪丹，2011）。丁志国等（2011）经过研究表明，农村经济发展缓慢的主要原因在于农村金融发展滞后。吕勇斌等（2014）则认为解决农户脱贫问题需要信贷资金和正规金融机构的进入。对于农村金融发展与农户福利间的关系，国内学者多角度进行了研究，取得了较为丰硕的成果，但是离解决农村金融问题和农村经济问题的要求仍有较大差距。笔者梳理了已有的研究文献（详见第二章第四节），发现现有研究可能存在以下不足：一是研究农村金融发展对农户福利影响时，研究对象为全国或经济发达地区，以川渝经济欠发达地区农户为考察对象的文献很少，忽略了我国农村金融发展和地区经济发展的差异性。二是研究农村金融发展对农户收入影响时，没有考虑农民收入结构变迁，事实上，改革开放以来，川渝地区农户的非农收入比重持续上升，而农业收入比重持续下降，将农业收入和非农收入不加区分合在一起研究，忽略了农村金融发展对农户农业收入影响和非农收入影响的差异性。关于金融发展对消费影响的研究，更注重的是研究信贷约束和不确定性对消费的影响，直接研究农村金融发展对农户消费行为影响的文献不多。三是现有文献主要是从计量的角度来分析农村信贷约束的程度及信贷约束的原因，鲜有文献用描述性分析与计量模型相结合的方式加以分析。此外，在影响信贷约束因素的变量设置上，也有值得改进的地方。正是基于上述考虑，笔者以川渝地区为研究对象，利用川渝地区的官方统计数据和笔者的调研数据，实证分析川渝地区农村金融发展与农民福利之间的关系，试图回答以下几个问题：川渝地区农村金融发展如何影响农户的收入以及如何影响农户的消费行为？川渝地区农村信贷约束程度怎么样以及影响信贷约束的因素有哪些？信贷约束是否对农民福利（主要是指农户的收入、消费和家庭资产等）产生了负面影响？如果产生了负面影响，信贷约束导致农户福利净损失有多大？因此，研究川渝地区农村金融发展对农民福利的影响机制，考察川渝地区农村信贷约束的程度、影响因素及信贷约束的福利效应，分析其内在矛盾和根本问题所在，既为长期存在的川渝地区农村金融深层次问题提供解决思路，也为改善川渝地区农户福利和完善农村金融政策提供理论支持和政策依据，还为川渝地区乡村振兴战略的实施提供金融支持和保障。

第二节　研究目标、内容与假说

一、研究目标

本书旨在分析川渝地区农村金融发展和农户福利的演变历程，考察川渝地区农村金融发展和信贷约束对农户福利影响的内在机制。本书的总目标是通过对川渝地区农村金融发展与农户福利关系的科学理解，分析其政策含义，为改善川渝地区的农户福利和因地制宜地出台农村金融改革措施提供理论依据。具体而言，本书要实现以下四个目标：

目标一：通过对川渝地区农村金融发展和农户福利的系统性描述，分析川渝地区农村金融发展与农户福利的变化趋势及历史特征。

目标二：构建考虑农村金融发展变量的收入函数和消费函数，考察农村金融发展在农户收入和消费中的地位和作用。

目标三：分析影响川渝地区农村信贷约束的微观因素，测算农户信贷约束的程度，估量信贷约束对农户福利（收入、消费、家庭净资产等）的损失效应。

目标四：研究川渝地区农村金融发展对农民福利的影响机制，提出改善农民福利、促进川渝地区农村金融健康发展的具体方案和措施。

二、研究内容

为了实现上述研究目标，本书围绕以下内容展开研究：

研究内容一：考察川渝地区农村金融发展和农户福利的演化历程，描述川渝地区农村金融发展和农户福利的趋势特征并分析其原因。

研究内容二：研究川渝地区农村金融发展对农户收入的影响。笔者分析了农村金融发展对农户收入影响的内在机制，重点考察了农村金融发展对农户非农收入影响和对农业收入影响的差异性。

研究内容三：分析川渝地区农村金融发展对农户消费行为的影响。笔者研究了农村金融发展及流动性约束对农户消费影响的内在机制。笔者通过在传统消费函数中引入金融变量，直接考察了农村金融发展对农户消费行为的影响，而后从流动性约束等方面进一步考察农村金融发展与农户消费之间的关系。

研究内容四：研究川渝地区农村信贷约束程度、影响因素及信贷约束的福利效应。笔者分析了川渝地区农户信贷需求满足现状及原因，通过双变量 Probit 模型进一步分析了农户的信贷约束程度及影响信贷约束的微观因素，以及应用平均处理效应模型（average treatment effect model，ATEM）来估算信贷约束的福利损失效应。

研究内容五：基于研究结论，揭示本书的政策含义。笔者给出了提升川渝地区农户福利的政策选择，提出了川渝地区农村金融改革的对策建议。笔者阐述清楚了农村金融发展对提升农户福利的政策含义是本书的目的所在，自始至终贯穿于全书。

全书共计八章，其中主体部分六章。第一章为导言，为全书的纲领性章节。第二章和第三章分别描述与本书研究问题紧密相关的理论基础及研究背景。第四章为研究框架、研究方法探讨及数据的进一步说明。第五章和第六章分别基于收入、消费及农村金融发展的宏观时间序列数据来考察农村金融发展与农户福利间的关系。第七章是利用微观调研数据分析川渝地区农村信贷约束的情况并分析信贷约束的福利损失效应。第八章为本书的结论、政策建议及展望。以下对本书结构做一简要概述：

第一章为导言。交代研究问题提出的来龙去脉，阐述研究意义、研究目标和研究内容，提出研究假说，说明数据来源，描绘研究思路和技术路线，指出本书可能的创新和不足之处。

第二章为理论基础及文献回顾。对川渝地区、农村金融发展、农户福利等相关核心概念加以界定。笔者描述了本书的理论基础和梳理了现有研究文献。理论基础主要包括农村金融发展理论及农村金融抑制理论。笔者对现有文献回顾主要从农村金融发展与农户收入、农村金融发展与农户消费、农村信贷约束与农户福利等角度做了概述，并对已有研究成果进行简要述评，在此基础上提出了对本书的启示。

第三章为川渝地区农村金融与农户福利的演变与发展。笔者简要介绍了研究样本情况，回顾了川渝地区农村金融体制改革历程，构建了农村金融发展指标体系和农户福利指标体系，系统性地描述了川渝地区农村金融发展和农户福利的变化趋势及原因。

第四章为农村金融发展对农户福利影响的框架构建。笔者从理论上分析了农村金融发展对农户收入和消费行为的影响机制，并据此设定研究的实证模型。笔者介绍了农村信贷约束福利损失效应的评价方法。此外，笔者对研究所需数据做了进一步说明。

第五章为川渝地区农村金融发展对农户收入影响的实证分析。笔者先将川渝农村地区视为一个整体，通过协整分析研究川渝农村金融发展对农户收入的影响，重点考察了农村金融发展对农业收入和非农收入影响的差异性。同时，笔者考虑到样本区域的差异性，基于样本地区的面板数据，实证分析了农村金融发展对农户收入的影响，再次考察了农村金融发展对农户非农收入和农业收入在影响程度上的差异性。

第六章为川渝地区农村金融发展对农户消费行为影响的实证分析。笔者将农村金融发展作为影响农户消费的解释变量引入传统消费函数中，考察了农村金融发展对农户消费行为的动态影响，并分析了流动性约束和不确定性等因素在农户消费决策中的作用。

第七章为川渝地区农村信贷约束的福利效应分析。笔者建立了农村信贷约束识别机制，描述了川渝地区农村信贷需求及信贷约束的情况，利用了双变量 Probit 模型来分析川渝地区农户的信贷约束的影响因素，以及利用了平均处理效应模型来估量川渝地区农村信贷约束的福利损失效应。

第八章为结论、政策建议及展望。笔者总结了本书研究并得出主要结论，并在此基础上给出了提升川渝地区农户福利及完善川渝地区农村金融改革的对策建议，以及做了研究展望。

三、研究假说

假说一：农村金融发展对农户不同类型的收入在影响程度上存在较大的差异性。川渝地区农村金融发展对农户非农收入影响的正面效应大于对农业收入影响的正面效应。

假说二：川渝地区农村金融发展对农户消费行为有较为显著的正向影响。农户消费对收入存在过度敏感性，并且消费对收入的过度敏感性主要归因于农户所面临的流动性约束。

假说三：川渝地区农村信贷约束现象严重且受多种因素的影响。农户信贷约束受耕地面积、教育和医疗支出、家庭突发事件、家庭规模、是否拥有专业技能、农户社会资本存量等多种因素的影响。

假说四：信贷约束在川渝农村具有的普遍性，信贷约束导致农户福利净损失。信贷约束导致农户收入、日常消费、娱乐、房屋价值、家庭净资产等净福利损失。

第三节　数据来源

本书数据来源于以下两个方面：

第一，宏观数据来源。宏观数据又包括两类：第一类是川渝地区农户收支数据，包括农户家庭人均纯收入、农业收入、非农收入和消费支出等，以及与收支相关的物价指数等数据。第二类是川渝地区农村金融发展指标数据，主要包括农村金融发展规模、农村金融发展效率、农村金融发展结构和农村金融覆盖密度等农村金融发展指标变量。这四个指标变量无法从统计资料直接获得，都是通过构建计算公式，通过其他数据间接获得。与这四个指标相关的直接数据主要包括：农村存款余额、农村贷款余额、乡镇企业贷款余额、国内生产总值、金融机构数量等。上述相关数据均根据历年《四川统计年鉴》《重庆统计年鉴》《四川农村年鉴》《中国农村年鉴》《中国统计年鉴》《金融统计年鉴》以及调研样本地区未公开出版的统计资料（地方统计部门资料）等综合整理而得。

第二，微观数据来源。农户的微观数据主要来源于两次调研数据，两次调研的时间跨度为 10 年。第一次调研时间为 2011 年笔者读博士期间（由于获得的数据资料为 2010 年度数据，后文简称为 2010 年调研数据），第二次调研时间为 2021 年暑假期间（由于获得的数据资料为 2020 年度数据，后文简称为 2020 年调研数据）。调研对象主要为川渝地区具有代表性的四个区县，分别为重庆市万州区、重庆市云阳县、四川省仪陇县和四川省南充市嘉陵区。四个区县有经济发展较好的万州区，也有经济相对较差的仪陇县，既有山区代表万州区和云阳县，也有平原丘陵地貌特征的南充市嘉陵区和四川省仪陇县，调研范围广、代表意义强。调研涉及上述四个区县 30 个村庄的 500 余户农户（两次调研的范围、家庭等大致相似，但是由于户主变动、乡村拆并等诸多因素，调研范围也略有差异），调研方式主要为随机抽样，调查方式为面谈与问卷调查相结合，调研内容主要包括农户个人和家庭特征（户主年龄、户主受教育程度、家庭人口数量、老人和小孩数量、劳动力数量、职业技能、耕地面积等）、收入水平、农业收入和非农收入状况、金融资产状况、负债水平、生产性资产特征、家庭耐用消费品特征、教育和医疗费用支出、社会资本特征（有无亲戚或好友为乡村干部、户主或家人是否村干部、调研年度礼金支出）、借贷特征（是否信用社社员、是否参加小组联保、是否了解贷款程序）、调研年度是否发生较大突发事件、娱乐支出、家庭房屋价值等。部分数据是通过委托学生作为暑期实践项目调查获得。书中用到的调查数据在相关章节中将详细说明。

为了保证调研数据的广泛性、真实性和有效性，本书采用分层抽样技术来获得相关信息。2011 年笔者共调研了 26 个行政村，每个村随机抽取了 20 户农户随机采访，共获得问卷 520 份。通过对问卷的仔细筛选，笔者剔除了 28 份无效问卷，获取了有效问卷 492 份，问卷有效率为 94.62%。2021 年笔者共调研了 30 个行政村，每个村随机抽取了 20 户农户随机采访，共获得问卷 600 份。通过对问卷的仔细筛选，笔者剔除了 50 份无效问卷，获取了有效问卷 550 份，问卷有效率为 91.67%，如表 1-2 所示。

表 1-2 调研样本分布情况

年度	调研地区	被调查村数量/个	被调查农户数量/户	有效问卷数量/份	问卷有效率/%
2011	万州区	7	140	130	92.86
	云阳县	7	140	132	94.29
	嘉陵区	6	120	116	96.67
	仪陇县	6	120	114	95.00
	合计	26	520	492	94.62
2021	万州区	8	160	142	88.75
	云阳县	8	160	149	93.13
	嘉陵区	7	140	127	90.71
	仪陇县	7	140	132	94.29
	合计	30	600	550	94.82

第四节　技术路线

本书技术路线如图1-1所示。

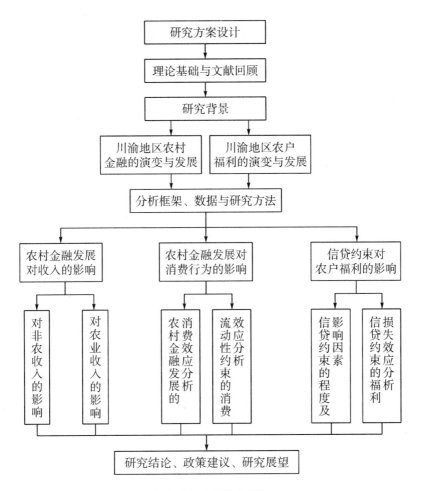

图1-1　本书技术路线

第五节 可能的创新与不足

本书可能的创新主要体现在三个方面：

第一，在对农户福利研究的文献中，以往的研究在农村金融发展指标的构建上往往只考虑了农村金融发展规模、效率和结构三个指标变量，本书中加入了农村金融覆盖密度，更好地量化了农村金融发展水平，对农村金融发展水平的测度也显得更加科学，同时有利于更全面和更深入地考察农村金融发展各指标变量对农户福利影响的异同。

第二，已有文献在研究农村金融发展与农户收入的关系时，没有考虑到农户收入结构的变迁。农户的农业收入和非农收入存在此消彼长的关系，不区分农户的收入类型而将农业收入和非农收入合为一体进行研究，忽略了农村金融发展对不同类型收入影响的差异性。此外，以往的研究更多地基于流动性约束和不确定性的角度来分析金融发展与居民消费间的关系，直接研究农村金融发展对农户消费行为影响的文献不多。

第三，以往的研究把借贷需求、借贷意愿混为一谈，或者界限模糊不清。本书借鉴国内外规范和严谨问卷设计方法，在问卷设计中注重农户的借款意愿和还款能力，将描述分析和计量分析相结合，更为准确和全面地估量川渝地区农户信贷约束程度。此外，在福利指标设计上，本书用扣除了家庭负债的农户家庭净资产余额来度量农户的财富禀赋，是更为有效的计量农户福利水平的指标之一。此外，考虑到川渝农村地区经济社会发展状况，笔者将农户娱乐支出水平和农村自住房屋价值作为衡量农户福利水平的两个指标，扩大了农户福利指标范围。

受研究水平与能力、时间、经费等多方面因素的制约，本书可能存在以下不足：

第一，由于缺少被考察地区（样本地区）个别年度统计年鉴数据，本书对缺失数据采取了平滑处理，处理后的数据在计量模型的分析过程中，可能存在轻微的失真。

第二，川渝地区地域辽阔，人口众多，本书调研的四个区县虽然在川渝地区具有较为广泛意义的代表性，但是难以对川渝地区全貌进行概况，限于经费，调研区域没有涵盖民族地区和边远山区，对川渝地区农村私营企业主的调查数据也较为匮乏，这是本书以后有待改进的地方。

第三，本书的分析是基于川渝四个区县的情况做出的判断，调研区域相对集中，特殊的地势地貌和区域文化下的研究结论，在应用到西部其他地区时，比如少数民族聚集地、高海拔地区、农牧民地区等，情况可能存在一定的差异。

第四，农户福利是农户的主观感受，为了便于研究，本书中的农户福利用数据或公式加以量化处理，缺少实验经济学的相关手段和方法，无法将农户的主观感受纳入本书中来，这也是本书未来值得改进的地方。

第二章 理论基础及文献回顾

第一节 核心概念界定

一、川渝地区

川渝是指中国行政区的四川省和重庆市两地。四川省，简称"川"，位于中国西南的内陆地区，地处长江上游，界于北纬26°03′~34°19′、东经97°21′~108°12′，总面积为48.6万平方千米，辖21个地级行政区，其中18个地级市、3个自治州。全省共55个市辖区、19个县级市，105个县，4个自治县。截至2021年，四川省常住人口为8 372万人。重庆市，简称"渝"，别称山城、江城，位于中国西南部、长江上游地区，地跨北纬28°10′~32°13′、东经105°11′~110°11′的青藏高原与长江中下游平原的过渡地带。重庆市总面积为8.24万平方千米，辖38个区县，截至2021年，常住人口为3 212万人。

川渝地区位于四川盆地及巫山东部地区，由于两地文化生活风俗本一体，在古代地域又同属四川地区，两地因此经常被外界合称为"川渝"，远古属"巴蜀"，现在的"川渝"是一个地理概念。1997年6月设立重庆直辖市，撤销原四川省重庆市，重庆直辖市辖原四川省重庆市、万县市、涪陵市、黔江地区所辖行政区域。川渝地区位于中国西南地区，地缘相邻、山水相连、人文相亲、经济相融，由于地处丘陵、盆地的相对封闭的自然条件，在语言、饮食、风俗、艺术等各方面对比其他地区自成一体却也不尽相同。

二、农村金融与农村金融发展

农村金融的准确定义是研究和解决农村金融发展问题的首要前提。农村金融在我国历史悠久，但"农村金融"这一个概念被广泛运用始于改革开放后。长期以来，农村金融的概念模糊不清，经济学者对农村金融的概念有不同的定义。农村金融就是农村的货币资金融通（巩泽昌、张琳，1984）；是一切与农村货币流通和信用活动有关的各种经济活动（丁文详等，1988）；是货币、信用、金融与农村经济组成的"融合体"（舒子塘，1989）；是农村货币资金运动中的信用关系（王世英，1992）；是以信用手段筹集、分配和管理农村货币资金的活动（李树生，1999）。王绍仪（2002）在其《财政与农村金融》一书中将农村金融定义为："农村金融是指农村货币资金的融通。它是以资金为实体、信用为手段、货币为表现形式的农村资金运动、信用活动和货币流通三者的统一体。"李一芝和李艳芳（2004）在所编写的《农村财政金融》一书中提出，农村金融的概念为："农村金融是指农村领域里进行的金融活动和金融关系。"熊德平（2005）从交易的角度来阐述农村金融的概念："农村金融是信用关系制度化的产物，是产权主体在信息、信任、信誉和制度约束的基础上，通过信用工具，将分散资金集中有偿使用，以实现规模经济的信用交易活动及组织这些活动的制度安排所构成的经济体系及其运动形式的总称。"温涛（2005）则从农村金融动态的视角认为："农村金融是指一切为农村经济服务的金融制度、金融机构、金融工具及金融活动的总称；它以农村货币流通与信用活动实现统一为其标志，又以两者的相互渗透及向证券、信托、保险等新领域的不断延伸为其显著的发展特征；它的健康运行也能够满足农村经济主体的正常金融需求，必须也能够促进农村经济的持续发展和农民收入的稳定增长，必须也能够维护国民经济的平稳和有序运转。"中国人民银行农村金融发展课题组在发布的《中国农村金融发展报告》（2008）中指出，农村金融在我国一般是指在县及县以下地区提供的存款、贷款、汇兑、保险、期货、证券等各种金融服务，包括正规金融和非正规金融（民间金融）。农村正规金融机构，包括银行类、非银行类和其他形式金融机构。银行类金融机构主要包括政策性的中国农业发展银行及其分支机构，中国农业银行、中国工商银行、中国银行、中国建设银行、交通银行等商业银行在县域内的分支机构或网点，全国性股份制商业银行在县域内的分支机构或网点，以及农村信用社、农村商业银行、农村合作银行、邮政储蓄银行、村镇银行、贷款公司、农村资金互助组织等。非银行类金融机构主要包括在农村地区提供服务的政策性保险公司、商业性保险公司、证券公司、期货公司等。其他形式主要包括小额贷款公司、小额信贷组织、典当行等。非正规金融主要是指民间借贷等。张龙耀等（2021）在《乡村振兴背景下的农村金融调查》一书中，将27篇农村金融研究报告分为了四大类：土地金融、数字金融、农村保险和其他涉农金融。综合各种定义，结合本书的实际情况，本书中采用北京大学金融与产业发展研究中心农村金融部部长王曙光关于农村金融的定义。王曙光（2019）认为，农村金融是以农村各类经济主体资金借贷行为和各类金融组织资金运行规律为研究对象，全面考察农村金融市场、农村金融机构和农村金融工具的社会科学。其中所谓的"农村各类经济主体"既包括传统意义上的农户，也包括农村中小企业和各类专业性合作生产组织，本书中农村金融的参与主体主要为农户；所谓的"各类金融组织"，既包括中国农业银行、农业发展银行、农村信用合作社、邮政储蓄等受到国家金融法规监管的正规金融机构，也包括农村资金互助社、地下钱庄、农村典当行等未获得国家正式金融许可、未受到国家金融法规监管但是参与资金借贷的各类民间金融组织。本书考察的农村金融机构包括正式的和非正式的农村金融组织。本书对农村金融研究对象的研究侧重点是农户与各类农村金融组织的动态交互关系，以及这种交互关系给农户福利带来的影响。

农村金融发展根源于金融发展这一概念之中。严格意义来说，金融发展与金融深化是有差别含义的概念。金融深化侧重放松政府管制，而金融发展所探讨的主题远比金融体系的放松管制更为广泛和深刻，金融发展理论所考察的主题是金融发展和经济增长的内在关系，脱离经济增长来谈金融发展就失去了意义。但是参考大多文献，很多研究并未对二者严格区分，因此本书对两个概念也不加区分地通用。戈德史密斯（1969）率先提出了金融发展较为完整的概念，他将金融发展定义为金融结构从低级向高级、从简单向复杂方向的发展。这里所说的金融结构是指一国金融机构和金融工具的总和，既包括现在金融机构和金融工具的规模、经营特征和经营方式，也包括金融中介各分支机构的集中程度等。麦金龙（1973）认为，金融深化是指金融变量的绝对规模和相对规模的增长，主要包括两个方面的内容：一是金融变量的增长，比如货币供给存量的增长，存款余额和贷款余额的增长等；二是金融变量与宏观经济变量比率的增长，比如货币供给存量/国内生产总值，贷款余额/国内生产总值，金融资产/名义收入等。爱德华·肖（1973）认为金融深化主要存在四个特征：①金融资产存量的品种数量增加和范围扩大，期限种类增多，与经济总量的相对规模有所增加；②国内储蓄是金融资产流量规模的主要来源；③金融市场规模扩大，金融机构数量增加，专业分工更加细化；④投资与消费对利率的变化更为敏感。格利和肖（1979）提出，金融发展主要是指各类金融机构和金融资产的增加。他们认为，金融发展是金融能力不断完善、扩展并促进金融效率提升的动态过程，其更有利于经济的健康增长，将金融发展与经济增长有机地联系了起来。彭兴韵（2003）把金融发展界定为：金融的功能不断得以完善、扩充并进而促进金融效率提高和经济增长的一个动态过程。由此可见，金融发展并无统一的概念。综合国内外文献，李伟民主编的《金融大辞典》（2002）认为，金融发展是金融交易规模的扩大和金融产业的高度化过程带来金融效率的持续提高。体现为金融压制的消除、金融结构的改善，即金融工具的创新和金融机构适应经济发展的多样化。其量的方面（规模）可以通过金融资产与实物资产的比例（金融相关比率）等指标来衡量，质的方面（效率）可以通过实际利率、金融工具与经济部门的分类组合（金融相关矩阵）、各部门的资金流量表的合并（金融交易矩阵）和融资成本率等指标来衡量。金融发展的一般规律是金融相关比率趋于提高。"农村金融发展"在逻辑上是"金融发展"在"农村金融"领域的延伸，是农村金融交易的扩张，主要表现为农村金融相关比率的提升。为了便于实证研究，在学者们构建的不同金融发展指标体系的基础上，结合国内外的研究文献，以及结合数据的可获得性，本书用农村金融发展规模、效率、结构和农村金融覆盖密度四个指标来度量川渝地区农村金融发展水平。

三、农户与农户福利

农户一词概念表述方式是多样的。史清华（1999）认为农户至少包含三层含义：①按照职业划分，农户以从事农业生产为主，而不是从事运输业、商业等非农业户；②按照住址划分，农户居住在农村，而非城镇居民；③按照政治地位和身份划分，农户是较少享受国家福利的群体，其政治地位相对较低。韩明漠（2001）认为，农户是一个社会功能与经济功能合一的单位，具体是指以血缘关系为基础组成的从事农业生产经营活动的农民家庭。作为微观经济活动的主体，农户和农民的概念基本等同（胡敏华，2007），农民和农户两个概念可以通用。程名（2007）认为，农户是一个综合性概念，农户是人类社会进入农业社会以来一个从事农业生产经营的社会组织。卜范达和韩喜平（2003）、郭霞（2008）认为农户是一个主要从事农业生产、享有农业经营的剩余控制权和受益权的具有紧密关系的社会经济组织。在我国，农户不仅是一个社会学概念，也是一个经济学概念；既是一个农业生产经营的基本单位，又是一个生活、分配、交换、消费单元。由此可见，农户是一个以农业生产为主，非农收入占家庭收入相对较低的农村生产经营单位。归结起来，农户是一个具有经济理性的、能够自我做出选择的"理性人"。根据市场情况、政策引导等因素，农户可以将家庭生产资源做出合理配置。结合国内外文献，本书中的农户是指拥有农村户籍，同住一处，从事一定农业生产（完全或部分从事农业生产活动），以婚姻或血缘关系为纽带组成的单位组织，是农村生产、经营活动的最小单位，其是农村经济的活动主体，其生产、经营目标是实现家庭效用最大化。目前，农民就业方式和渠道多元化，那些虽拥有农村户籍或房产，但是居住在城市完全不从事农业生产活动的农户不是本书的研究对象。当然不是农户家庭所有成员都从事农业生产，但至少家庭部分成员从事农业生产，农业收入是家庭收入的组成部分之一（尤小文，1999；雷玉明，2006；程名望，2007；关江华，2014；刘越，2017）。

国内外关于福利的研究源远流长，福利的含义表述形式也是多样的。《朗曼现代英语辞典》中用"Someone's welfare is their health and happiness"来界定"welfare"的内涵，该词中文翻译为"福利"，在与人幸福、健康存在一定相似之处。《现代汉语词典》对"福利"一词的通识定义为"生活上的利益"。《牛津高阶英汉双解词典》将"福利"解释为"个体或群体的健康、幸福与安全"，以及"政府对个人生活的经济援助"。《韦伯斯特新世界大学词典》对"福利"的注释为"一种健康、舒适和幸福的美好状态"。

在我国，"福利"一词最先出现在东汉哲学家仲长统的《昌言·理乱》："是使奸人擅无穷之福利，而善士挂不赦之罪辜。"唐代文学家韩愈的《与孟尚书书》也有关于"福利"的表达："何有去圣人之道，舍先王之法，而从夷狄之教，以求福利也！"在这两处出现的"福利"，均指幸福和利益。景天魁（2010）认为英语中的"福利"一词为 welfare，是由英语中的 well（好）和 fare（生活）两个词共同组成的复合词，其意是指"美好生活""幸福生活"等；在国外，古希腊学者色诺芬开创性地提出了"福利"一词，他认为财富极具价值性，能使人获得的福利不断增加。景天魁还提出使用与交换是物品的两种不同功能，充分认识到市场供求关系会影响商品价格波动，利用交换的方式，人们能够获得极具价值物品，持续增加财富，也就是提升福利水平。柏拉图在其《理想国》中指出，"福利"是一种整体的幸福，即全体社会的幸福。19 世纪的著名道德哲学家边沁教授将"福利"定义为幸福和快乐。旧福利经济学的奠基人庇古（1920）较早系统地提出了福利的度量方式，他以功利主义哲学为基础，根据边际效用递减规律，提出了国民收入越多和越平均导致社会福利越高的观点。作为福利经济学鼻祖的庇古认为"福利"是表征人的主观心理满足状态和客观需求的满足程度；庇古将"福利"分为广义的社会福利和狭义的经济福利，社会福利不容易衡量，包括正义、公平、情感、友谊、自由、愉快等，而经济福利是可以直接或间接地运用货币来度量。可见，庇古从经济学视角来探讨了客观经济福利和主观福利（subjective well‐being）。汉·范登·德尔（1999）深入和系统地分析了"福利"，是指人类基于资源稀缺的、经济上的、需要的满足程度。新福利经济学派的典型代表——萨缪尔森提出无法比较相同财富对个体的效应，在最大程度满足个体需求的前提下，才能使其获得最大化福利。与此同时，该学派创新提出福利函数与补偿原则，探究了福利在多元化状态制约下的衡量标准，采取有效措施使状态最优化。在此基础上，基于上述专家学者的研究成果，阿马蒂亚·森进一步延伸了"福利"的概念，创新推出了"能力"核心观，认为衡量个人能力的一项关键指标就是收入，而能力的其他表现形式也包括了满足人的心理、情感、健康等需求。

广义上的农户福利，就是指农户的幸福与利益。为了便于研究，国内外学者对福利的研究更多是基于物质层面展开的。诺贝尔经济学奖获得者阿玛蒂亚·森（2001）认为，谈到福利问题首先想到的是收入和公平问题。以卡尔多、伯格森、希克斯等为代表的新福利经济学家以帕累托的序数效用理论为基础，将无差异曲线应用到生产领域中来，认为只要资源优化配置使得产出最大化，即在充分利用资源的情况下，只要实现了最大产出或收入就实现了福利最大化。关于福利函数的构建，比较有代表意义的有：

①加法型福利函数，也称功利主义社会福利函数，认为社会福利是各个个体福利的简单求和，其取决于社会成员的效用总和，即 $W(x) = \sum U_i(x)$。②罗尔斯社会福利函数，该函数认为社会福利唯一由境况最差的人决定，即 $W(x) = \min(U_1, U_2, \cdots, U_n)$。③乘法型福利函数，也被称为贝努利—纳什社会福利函数，该函数认为福利应该兼顾效率与公平，学者常用收入差距与生产总值的乘积来加以度量，即 $W(x) = \text{Rate} \times \text{GDP}$，该指标在实证研究中应用得较为广泛。国内学者关于福利方面的实证研究中，对福利的量化采取了不同的方式，比如大部分学者用纯收入、可支配收入、收入差距以及消费支出等来计量福利（刘元春、孙莉，2009；周兴、王芳，2010；陈太明 等，2011；谢乔昕、孔刘柳，2011；王春雷、黄素心，2012）。此外，也有学者用家庭金融资产、家庭总资产等来度量福利水平（李锐、朱喜，2007；李庆海 等，2011）。

对于农户福利，如何度量最为关键。借鉴国内外关于福利理论及有关福利研究的相关文献，本书中的农户福利是指农户的家庭收入、消费支出和家庭财富的多寡等给农户带来的幸福感和满足感的多少，即给农户带来效用的大小。显然，农户福利既有主观层面的含义，也有客观层面的含义，可以被划分为主观福利和客观福利。就主观福利而言，农村金融发展或金融抑制（主要表现为信贷抑制），农户对自身生活状况的感受和评价，比如人居环境、娱乐、就业、医疗保障等是否得到改善；就客观经济福利而言，家庭收入、消费支出和家庭财富的多寡与农户福利大小高度正相关。因此，本书采用农户的收入水平、消费水平和农户家庭净资产三个指标来衡量农户福利水平的高低，其中用扣除了家庭负债的家庭净资产指标能够更好地度量农户的财富禀赋，是更好计量农户福利水平的指标之一。

四、贫困

本书中，调研对象涉及 2020 年以前的农村贫困人口及脱贫群众。因此，我们先要对贫困的概念有一个清楚的认识。贫困，顾名思义，就是"因为贫穷而生活窘困"之意，是一种社会物质生活或精神生活贫乏的现象。朗特里和布思（1899）认为："为了家庭或个人的生存与福利，我们必须需要一定数量的货物和服务，缺乏获得这些物品和服务的经济资源或经济能力的家庭或个人的生活状况，即为贫困状态。"阿玛蒂亚·森（2011）将贫困定义为："贫困的真正含义是贫困人口创造收入能力和机会的贫困，贫困意味着贫困人口缺少获取和享有正常生活的能力。"世界银行（World Bank，2000）认为："贫困不仅意味着低收入、低消费，而且意味着缺少受教育的机会、营养不良、健康状况差，贫困意味着没有发言权和恐惧等。"世界银行定义的贫困主要包含三个特征：第一是缺少机会参与经济活动；第二在一些关系到自己命运的重要决策上没有发言权；第三是容易受到经济以及其他冲击的影响，比如疾病、粮食减少、宏观经济萧条等。联合国发展计划署对贫困的理解做出了重要贡献，在《1997年人类发展报告》中提出了"人文贫困"的概念，并将其定义为："人们在寿命、健康、居住、知识、参与、个人安全和环境方面的基本条件得不到满足，而限制了人的选择。"这个定义使贫困不再简单地被理解为衣食无着或收入低下，指出了贫困的根源在于人们生存发展的基本条件得不到满足，限制了人们的选择。因此要消除贫困就要尽可能给人们提供选择的机会，就是要使人们除了获得食物和服务的能力，还要实现长寿、身体健康、较高的教育水平和能够自由发挥自己聪明才智，充分参与社会、经济和政治生活的能力和机会。

贫困首先是一种社会生活中的经济现象，贫困与富足相对，可以有一个人为划定的标准，这就是"贫困线"。贫困线，又叫贫困标准，是在一定的时间、空间和社会发展阶段的条件下，维持人们的基本生存所必需消费的物品和服务的最低费用。世界各国贫困的标准差距较大，总的来说，国家越富裕，它的贫困线标准越高。世界银行和联合国千年发展组织分别以收入标准和消费标准来定义贫困，前者认为贫困的标准是日人均收入低于1.25美元，后者将日人均消费支出低于1.25美元定义为"相对贫困"，而日人均消费支出低于1美元定义为"绝对贫困"。2015年10月初，世界银行宣布，按照购买力平价计算，将国际贫困线标准从此前的每人每天生活支出1.25美元上调至1.9美元。此次大幅上调意味着全球贫困人口数量的大量增加。2022年5月，世界银行发布信息，全球贫困线将由1.90美元上调至2.15美元。我国是以收入来定义贫困标准的，我国贫困标准随着经济社会发展不断提高。我国贫困线标准由1985年的年人均纯收入200元上升到2009年的1196元，在2012年这一标准提高到了2300元。2020年3月12日，时任中国国务院扶贫开发领导小组办公室主任刘永富提出，中国现在的扶贫标准是：一个收入、两个不愁、三个保障，是一个综合性的标准。用老百姓的话说就是"一二三"①。2021 年 2 月 25 日上午，全国脱贫攻坚总结表彰大会于在北京人民大会堂隆重举行。中共中央总书记、国家主席、中央军委主席习近平在大会上发表重要讲话："今天，我们隆重召开大会，庄严宣告，经过全党全国各族人民共同努力，在迎来中国共产党成立一百周年的重要时刻，我国脱贫攻坚战取得了全面胜利，现行标准下 9 899 万农村贫困人口全部脱贫，832 个贫困县全部摘帽，12.8 万个贫困村全部出列，区域性整体贫困得到解决，完成了消除绝对贫困的艰巨任务，创造了又一个彪炳史册的人间奇迹！这是中国人民的伟大光荣，是中国共产党的伟大光荣，是中华民族的伟大光荣！"中国的脱贫标准是一个综合性的标准。从收入上看，高于世界银行制定的极端贫困标准。我国在脱贫攻坚当中强调"两不愁三保障"，到 2021 年，贫困人口全部实现了不愁吃、不愁穿，全面实现义务教育、基本医疗、住房安全和饮水安全有保障。

第二节　理论基础

一、福利经济学理论

福利经济学是一门研究资源配置如何影响国民福利的学科。福利包括经济福利与非经济福利，即客观福利和主观福利。作为经济学的一个分支，福利经济学是以社会经济福利最大化为目标，对社会经济状况运行的合意性进行规范分析和评价（郑秋云，2005）。福利经济学的研究内容包括福利的内涵、福利的评价指标及其测度、福利的决定因素、福利分类、福利比较、福利函数、有限资源下的福利最优化等问题。福利经济学关注的常见议题涉及经济福利和社会福利、效率与公平、经济平等与收入分配、公共物品与外部性、环境与可持续发展、公共政策与集体行动、增长与就业、全球化等。福利经济学提出了补偿原则、帕累托最优标准、社会福利函数、市场失灵等一系列理论和有关影响人类福利的国家政策。

---

① "一"是一个收入，国家的收入标准是 2011 年的不变价农民人均年收入 2 300 元，按照物价等指数，2019 年年底现价是 3 218 元，2020 年年底是 4 000 元左右。根据建档立卡的信息，已经脱贫人口的人均收入都在 9 000 元以上。"二"是"两不愁"，不愁吃、不愁穿。"三"是"三保障"（义务教育有保障、基本医疗有保障、住房安全有保障）。

福利经济学的发展历程及其主要思想。迄今为止，福利经济学经历了四个阶段的发展（见图2-1）：第一是福利经济学的先驱探索阶段。1776年，亚当·斯密在《国富论》中提出了福利思想，论述了利用"看不见的手"促进个人利益和社会福利共同增长，进而提高整个社会的福利水平。1890年，马歇尔在《经济学原理》中系统地阐述福利理论，提出改革收入分配、增进社会福利水平、救济贫困者等。英国经济学家霍布森提倡国家制定全面的福利政策，兴办福利事业，提高全社会福利水平。第二阶段是福利经济学正式诞生阶段。1920年，庇古出版了《福利经济学》一书，标志着福利经济学正式诞生。在此书中，他将福利划分为两类：一是广义上的社会福利，包括个人财富以及家庭幸福、友谊、自由、正义、精神愉悦等的满足感，这类福利难以度量；二是狭义上的经济福利，是经济学上通常研究的福利，是可以采用货币进行直接或间接度量。庇古认为可以利用效用来度量个人经济福利，人们追求最大满足感就是追求最大效用。庇古的福利经济学主要关注三大问题：一是国家经济福利可以通过国民收入来衡量，可以运用货币进行直接或间接的度量；二是个人经济福利加总等于社会经济福利，个人经济福利可以用其所占有的物品及财富的效用度量，即使用微观经济学上的基数效用进行度量；三是调节收入分配，对贫困者或低收入者增加转移收入，可以增进他们的经济福利，进而提高了社会总福利水平。此外，庇古认为可以采用国民收入和收入均等化指标来判断经济福利是否增进。第三阶段是福利经济学完善与发展阶段。针对庇古采用基数效用度量经济福利和过分强调收入均等化损害了经济效率的缺陷，在20世纪30年代至20世纪50年代，罗宾斯、希克斯和艾伦、萨缪尔森、卡多尔等经济学家对庇古的福利经济学进行修正、补充和拓展，形成新福利经济学。新福利经济学采用序数效用替代基数效用，并把福利的概念重新定义为自由选择下的个人偏好的满足。与庇古注重收入均等化相反，帕累托更关注社会福利的经济效率。帕累托提出了衡量福利最大化的"帕累托"最优的思想：在收入水平和分配不变的条件下，当各种要素资源在各部门分配和利用能够达到一种最优状态，任何其他资源重新分配，既不会使其他人的福利增加，也不会使他人福利减少。帕累托还提出了交换的帕累托最优、生产的帕累托最优、交换和生产同时达到帕累托最优，以及提出了一些社会福利函数和补偿原则。第四阶段是福利经济学拓展阶段。代表人物包括阿罗、阿玛蒂亚森等。阿罗认为社会福利函数是不存在的，即所谓阿罗不可能定理，在阿罗思想的基础上，社会选择理论得到进一步发展。诺贝尔经济学奖获得者挑战了阿罗不可能定理，建立了新的福利度量和贫困指数，提出了新古典效用主义的社会福利函数。

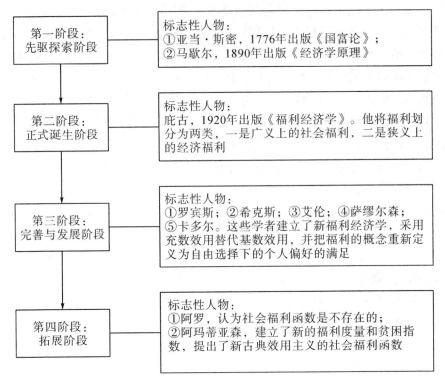

图 2-1　福利经济学发展的四个阶段

就现有福利经济学理论研究框架看，决定社会福利水平及其变化的因素很多，涉及经济运行状况、政府政策、公共物品、外部性、垄断、公共选择、资源禀赋、生态环境变化、信息不对称等，各种决定因素对福利效应的影响机制存在差异，校正各因素对福利影响偏离最优状态的政策措施也存在不同（李特尔，2014）。迄今为止，福利经济学经典理论提供校正福利效果偏离最优状态的经济手段和工具包括征收庇古税、外部不经济内部化、产权界定等。福利经济学发展至今，虽然取得了丰硕的成果，研究的议题比较广泛，但学者们在一些方面存在分歧。比如，在福利经济学最基本的问题上，对于福利的定义存在争议，学者们给出了许多相关或相近的概念，包括偏好（preference）、效用（utility）、幸福（happiness）、快乐（hedonic）、满意度（satisfaction）、福祉（welfare）等（Ackerman，1997）。

在福利水平测度方面，旧福利经济学认为，个人收入水平越高，获得的福利水平就越高，个人福利水平也可以采用效用来度量，收入具有边际效用递减规律，福利的改进可以通过政府对高收入群体征税，再通过转移支付向贫困者或低收入者提供补偿，或高收入群体主动向贫困者或低收入者转移部分收入，都会提高整个社会福利水平；对于社会福利水平而言，社会产出越高，一个国家或地区的社会福利水平就越高（Dasgupla，2001）。但新福利经济学认为，福利是一种主观感受，只能对获得的福利进行排序，不能按照基数效用进行加总，进而福利是不可以度量的，只能采用帕累托最优标准来衡量福利水平。

二、农村金融发展理论

任何理论都是特定历史条件和历史环境的产物，理论的发展总是跟随历史发展的轨迹。农村金融发展理论是 20 世纪 60 年代以来主流经济思潮在农村领域的反映，这些理论与社会历史发展阶段有着紧密的联系，随着时代的变迁而变迁。农村金融发展理论在历史上先后出现四个理论派别：农村金融管制理论、农村金融市场理论、农村金融市场不完全竞争理论和制度变迁理论。

（一）农村金融管制理论

农村金融管制理论，又称信贷补贴理论（subsidized credit paradigm），诞生于凯恩斯主义盛行的 20 世纪 60 年代，该阶段的农村金融发展理论和主流的凯恩斯主义具有同样的政策主张，强调政府干预的积极作用。农村金融管制论支持信贷供给先行的农村金融战略（Adams，2000），该理论基于对农村经济的一个基本判断：农村居民收入普遍偏低致使农村储蓄能力低下，资金供给不足，同时农业生产的脆弱性、高风险性和低收益性，导致以利润最大化为目标的商业性金融机构不愿进入农村金融市场，因此政府应该在农村金融市场中占主导和支配地位。由此，不难理解农村金融管制理论的政策建议：政府要从农村外部注入资金，建立非营利性的政策性金融机构对贫困阶层进行指导性贷款，对贫困阶层实施农业信贷补贴政策，运用政策性金融机构的低利率贷款排斥民间金融，同时对农村高利贷的民间金融加以取缔，遏制农村非正规金融发展。

农村金融管制理论到目前为止有其一定的合理性，该理论对于 20 世纪80 年代之前发展中国家农业经济和农村金融政策的制定具有重要的指导意义。一些发展中国家通过建立政策性金融机构，加大对农村的资金供给力度，实施定向优惠的信贷服务和指导性贷款，在一定程度上促进了农村经济的暂时的恢复性增长，20 世纪 50 年代我国农村经济的短暂性恢复增长就受益于这种政策（林毅夫 等，2004）。然而，农村金融管制政策的负面效果更为明显，主要表现在：

首先，由政府主导的农村政策性金融机构难以满足农户的信贷需求。由于缺乏对农村储蓄的动员机制，不注重挖掘农村内部资金筹集能力，农村金融的资金供给能力受到抑制。而低于市场均衡利率的利率上限，使得农村信贷需求旺盛，有限的外源性资金难以满足过度的信贷需求，该政策没有从根本上满足农村信贷资金需求，反而因为过度管制而压抑了农民的信贷需求。

其次，农业信贷资金难以真正发放到穷人手中，富人获取优惠信贷资金的可能性远远大于穷人，农村信贷金融啄序现象普遍存在[①]。据估计，非洲仅 5%、亚洲和拉丁美洲仅 15% 的农户获取过政策性金融信贷资金，往往 5% 富裕的借款者获取高达 80% 的信贷资金，优惠信贷资金垒大户现象明显（Braverman & Huppi，1991）。低息贷款的主要受益人不是农村贫困人群，低息贷款的补贴被使用大额贷款的较为富裕的农民所获取（沃格尔，2000），因此低利率的信贷机会不但没有缩小贫富差距，反而加剧了这种不平等，这与政策的初衷是背道而驰的。

最后，政策性金融机构缺乏可持续发展的能力。政策性金融机构不以盈利为目标，衡量其业绩的指标往往是贷款的审批速度和贷款的数额，不具有经营责任的政策性信贷机构缺乏对借款者的投资及还款能力有效监督的动力，政策性金融机构的呆坏账率远远高于商业金融机构。此外，受到补贴的贷款利率，其实际利率往往为负值，这就不鼓励那些迅速还款的借款者，而是鼓励了拖欠行为，这又进一步加剧了政策性金融机构的脆弱性，使得资金有限的政策性金融机构灵活性大大降低。比如，印度借款者的拖欠率高达 50%，孟加拉国为 71%，马来西亚和尼泊尔为 40%，泰国通过合作社系统发放的贷款中，也有 50% 以上出现了拖欠现象（Braverman & Guasch，1990）。此外，人为的低利率水平不能反映资本的真实成本，便宜

---

① 金融啄序是指资金需求者在面临外源性融资有硬性约束的条件下，被迫选择在不同的市场和渠道上进行融资活动，或金融机构与其他资金提供者根据贷款人的特定特征，比如资本规模、资产负债率、企业存续时间等，选择按照一定的优先顺序对不同贷款人提供差别金融服务。

的资金导致信贷需求的过度膨胀，当需求大于供给时只用通过信贷配给的方式分配资金，而定量配给往往导致权力寻租，信贷资金可能并没有到达真正需求者的手中，并且有限的信贷资金使用效率低下，浪费了信贷资源。

（二）农村金融市场理论

20世纪80年代以来，以新古典经济学为理论基础、主张自由主义价值观的新自由主义思潮开始流行，以麦金龙和肖为代表的金融深化理论逐渐成为主流。此时，农村金融管制理论受到质疑和挑战，继之以主张放松管制和强调市场机制的农村金融市场理论（rural financial market paradigm）开始兴起。农村市场价值理论实际上是新自由主义思潮在农村金融领域的反映，该学派对政府过度干预农村金融市场持反对态度，认为发展中国家的低利率政策会削弱发展中国家的储蓄动员能力，因此该学派的核心观点之一是要保持正的实际利率水平。

农村金融市场理论的核心政策工具主要包括利率政策、金融发展政策和信贷政策。利率政策是指政府放弃对利率的直接干预，让市场供需决定利率水平，通过市场化的利率来真实反映资本的稀缺程度。农村金融市场理论认为，市场化的农业贷款利率能够弥补农村金融机构的营运成本，可以有效动员农村储蓄而不过度依赖外部资金，同时增加了农村金融中介对借款者的投资及还款能力有效监督的动力，还可以减少发放人情贷款和随意的决断。事实研究也表明，资金的成本并非借款者唯一考虑的因素，金融机构的服务水平和质量也是借款者考虑的主要因素，比如简化的申请程序和快速的支付方式等都将提高资金需求者借款的积极性（Braverman & Huppi，1991）。此外，严格控制通货膨胀，让实际利率维持较高水平，从而刺激储蓄和投资的增长；金融发展政策是指消除金融体系中的垄断，降低市场准入机制，建立多元化、多层次的农村金融机构，鼓励各类金融中介竞争，提高整个经济中资金配置效率和可贷资金数量；信贷政策的主要内容是取消政府的指导性贷款，国家不对信贷资金的流动加以干预，将信贷配给政策转换为通过市场机制配置信贷资源。

农村金融市场理论的政策含义基本符合发展中国家金融发展的要求，对发展中国家的金融深化具有积极效果，但是金融市场化理论在理论假设上的缺陷也不容回避。金融自由化理论隐含着三个基本假设，即完全信息假设、利润最大化假设和制度分析的缺失。这些假设导致农村金融市场理论忽略了发展中国家信息不对称和信息不完全问题，忽略了发展中国家竞争性市场的缺失问题，也忽略了制度分析在金融自由化中的重要意义。建立在一般均衡基础之上的农村金融市场理论，没有揭示农村金融自由化的动态过程中所隐含的风险，没有全面考察金融自由化的收益和成本，对于金融自由化的见解停留在完全竞争的理想假设之上。另外，金融自由化理论对于金融自由化所需的制度环境和制度要素没有进行深入解析，而实际上制度要素是决定金融自由化路径选择最重要的因素之一，在金融发展理论中，我们不能回避制度质量的分析，也不能忽略对政府行为的分析。此外，传统的金融自由化理论侧重解释金融自由化对经济增长的积极意义，忽略了金融自由化对经济的负面影响，没有全面考察金融自由化与金融风险控制、金融危机防范以及金融稳定性之间的关系（王曙光、乔郁，2008）。事实也证明，很多发展中国家由于落后的农村发展现实以及不完备的法律基础，短期内难以形成较为完善的农村金融市场机制。

（三）农村金融市场不完全竞争理论

20 世纪 90 年代以后新兴市场国家和发展中国家所爆发的一系列金融危机使经济学家开始反省完全的自由主义和金融自由化带来的消极后果，同时注意到政府适度干预在稳定经济中的积极作用。这种反省体现在农村经济领域就是农村金融市场不完全竞争理论（imperfect market paradigm），其代表人物是斯蒂格利茨（Stiglitz）。斯蒂格利茨是一位温和的国家干预主义者，换句话说也是温和的自由主义者，他努力做到二者的平衡。斯蒂格利茨既肯定市场机制的重要性，也强调政府适度干预对矫正市场失灵的积极意义。

不完全竞争理论认为政府应该有限介入农村金融市场，主要是农村金融市场存在不完全信息和不完全竞争。发展中国家农村金融市场的不完全性较一般金融市场更为严重，发展中国家农业生产和农民投资行为具有高度的分散性，农户的经济行为的可观测性较弱，加之发展中国家信息体系建设落后，农村金融机构获取借款人信用特征的成本很高，高昂的交易成本降低了借贷双方参与的意愿。同时，发展中国家农村金融市场也是典型的不完全竞争市场，由于农村金融机构在地理上的分散性，作为借款方的农户不能自由地选择金融机构，少数农村金融机构垄断了大部分农村金融业务，因此农村金融机构在某个区域具有一定程度的天然垄断性。不完全竞争市场理论认为，简单地提高利率水平会引发道德风险①和逆向选择②，从而使农村金融机构资产质量恶化（Hoff & Stigltiz，1993）。因此，通过完全市场机制很难建立完善的农村金融市场，为了弥补市场机制的缺陷，需要一个社会性的，非市场要素的支持，因而政府的适度介入和借款人的组织化等非市场要素组织形式对于解决农村金融问题至关重要（Stigliz & Weiss，1981；Stigliz，1989）。

　　在政策建议上，斯蒂格利茨主张政策性金融和商业金融相结合，既注重非正规金融发挥的积极作用，又主张政府的适度规范和引导，以政府的有限介入来弥补市场机制本身的缺陷。但必须注意的是，斯蒂格利茨的不完全竞争理论虽然也强调了政府在农村金融体系构建中的重要作用，但是这与信贷补贴理论有本质的区别。不完全竞争理论要求政府在宏观层面进行干预和调控，微观层面自由化，凡是市场能解决的问题政府不加以干预，而政府有限介入农村金融市场的目的仅仅是为了弥补市场机制的缺失。而信贷补贴理论无论是在微观层面还是宏观层面都强调政府的全面介入，排斥市场机制的作用。此外，不完全竞争理论强调借款人的组织化等非市场要素组织形式在解决农村金融问题的重要性。Laffont 和 Guessan（2000）、Ghatak（2000）等研究发现，小组贷款能够提高信贷市场的效率。在小组贷款下，同类型的借款者聚集在一起能够有效解决逆向选择的问题。Stigliz（1990）、Besley（1995）研究表明，尽管金融中介无法完全控制借款者行为而面临道德风险问题，但是在贷款小组中，同组成员的相互监督可以约束个人从事高风险的项目，从而能够降低道德风险的概率。总体而言，不完全竞争理论能够较为深刻地解释发展中国家农村金融发展的现状，与农村金融管制理论和农村金融市场理论比较而言，该理论具有更强

---

　　① 道德风险是20世纪80年代西方经济学家提出的一个经济哲学范畴的概念，其含义为"从事经济活动的人在最大限度地增进自身效用的同时做出不利于他人的行动"。或者说是"当签约一方不完全承担风险后果时所采取的自身效用最大化的自私行为"。道德风险一般存在于以下情况之中：由于不确定性和不完全性，以及限制的合同使负有责任的经济行为者不能承担全部损失（或利益），他们不承受他们的行动的全部后果；同样地，也不享有行动的所有好处。

　　② 逆向选择是指由交易双方信息不对称和市场价格下降产生的劣质品驱逐优质品，进而出现市场交易产品平均质量下降的现象。换句话说，逆向选择是指这样一种现象：市场交易的一方如果能够利用多于另一方的信息使自己受益而对方受损时，信息劣势的一方便难以顺利地做出买卖决策，于是价格便随之扭曲，并失去了平衡供求、促成交易的作用，进而导致市场效率的降低。逆向选择往往是制度安排不合理或信息不对称造成市场资源配置效率扭曲的现象，而不是任何一个市场参与方的事前选择。该现象经常存在于保险市场、金融市场及二手市场等。

的现实性和可操作性。农村金融管制理论、农村金融市场理论、农村金融市场不完全竞争理论的观点概述如表2-1所示。

表2-1 农村金融发展理论派别及其观点比较

	农村金融管制理论	农村金融市场理论	农村金融市场不完全竞争理论
政府干预市场	有必要，政府在农村金融发展中扮演积极角色	没必要，重视市场机制	政府一定程度干预有助于弥补市场失灵
利率管制	支持利率管制，维持低利率水平	利率水平由市场供需状况决定	逐步放松利率管制，保持正的实际利率水平
资金筹集	政府建立专门机构从外部注入资金	动员农村内部资金，反对外部注入	应基本依赖于农村内部资金，外部资金起补充作用
金融管制	有必要通过优惠措施保护农村金融机构并实施管制	没必要实施金融机构保护和管制措施，鼓励金融机构竞争	在农村金融发展初期有必要进行一定程度保护和管制，后期应逐步放松管制，鼓励竞争
资金回收	进行指导性贷款，不注重资金回收率的提高	运用市场手段提高资金回收率，保持农村金融的自我可持续性	改善信息非对称，利用担保融资、使用权担保以及互助会等回收资金
非正规金融	非正规金融机构阻碍农村经济发展，弊端多，应取消	非正规金融是有效的金融形式，具有一定合理性，应予规范发展	政府应适度对非正规金融进行介入，以提高非正规金融的效率
政策性金融	建立政策性金融，实施以贫困阶层为目标的专项贷款	政策性金融是无效的，应动员农村内部资金，反对特定目标贷款制度	政策金融应在一定范围内存在，但不妨碍正当的金融市场竞争

资料来源：王曙光. 农村金融学［M］. 北京：北京大学出版社，2015.

（四）制度变迁理论

什么原因促使经济学家们一直探索经济增长的问题？不可否认，资本的大量投入，科学技术的不断创新以及社会分工的更加合理都是推动经济发展的重要因素。但是在部分经济学家看来，这些都只是经济增长的外在表现，而"产权制度"才是经济增长的主要原因。并且有人指出，在制度不均衡时，通过对潜在的利益进行追求而促使自发交替，这一过程就是制度变迁（North，1990）。

通常情况下，只有通过特定的形式才能实现制度变迁。目前普遍被认可的是诱致性和强制性制度变迁。在某一阶段，随着市场矛盾的持续累积，原有的利益集团受到了来自新的利益集团的冲击，如果没有其他因素的干预，新旧利益集团会通过自发的市场机制来化解矛盾，并形成新的市场秩序，这就是诱致性制度变迁。但是有时候市场上积累的矛盾通过自身无法解决，这就需要外部因素介入来加以解决，正常情况下政府会成为这一外部因素，这种情况下发生的社会制度变迁就是强制性的。

总的来说，诱致性制度变迁是自发性变迁，它的主要特点是自发性、盈利性和民间性。自发性是指诱致性制度变迁是行为主体为达到目的而自发产生的行为，盈利性是指只有预期收益大于成本时，行为主体才会进行制度变迁，民间性则是指主要的发起力量来自民间行为。而另一种制度变迁的形式——强制性制度变迁，则有着完全不同的推进路径，主要依靠的是政策法规来实现，变迁过程由国家主导（杜恂诚，2004）。在现实生活中，多数时候诱致性制度变迁与强制性制度变迁都是同时发生的，二者互为牵制也互为补充，在合力的作用下达到社会整体的制度变迁。诱致性和强制性这两种制度变迁模式的优劣是不能用简单的标准来判断的，但从我国的实践来看，只有遵循经济发展规律，让更多的市场主体参与进来推进各项经济制度变革，才会使经济改革更容易取得成功（董晓琳，2005）。

第三节　发展中国家农村金融抑制的经济学分析

在早期的研究中，涉及金融发展或金融抑制对福利影响的相关文献很少，金融发展或金融抑制对福利影响的研究一直隐藏在金融发展与经济增长的研究之中。阿马蒂亚·森（2001）认为，提升福利的前提是要发展经济和提高收入水平。17世纪至18世纪的经济学家已经开始体现出这样的理论趋向（Locke，1695；Smith，1776；Bentham，1787），这个时代的学者已经注意到了良好的资本借贷体系、强有力的货币体系及不受约束的金融中介对于产业部门的成长和发展具有重要意义。进入20世纪以来，奥地利经济学家熊彼特从企业家创新的角度阐述了金融体系在经济发展过程中的重要作用，那些拥有卓越才能的企业家只有在信贷和金融市场的支持下发挥才能，才能推动经济发展。正如熊彼特（1934）所说："纯粹的企业家在成为企业家以前必须首先使自己成为债务人。"换句话说，完善的金融市场是企业家才能、创新以及经济发展的先决条件（Schumpeter, 1934）。在20世纪60年代，随着金融体系的迅速拓展和金融工具的不断创新，金融结构也在不断地变迁，金融结构变迁的规律及其对经济发展的影响日益引起学者的重视。戈德斯密斯（Goldsmith）在其1969年出版的代表性著作《金融机构与发展》（*Financial Structure and Development*）中指出，金融发展理论的职责是找出决定一国金融机构、金融工具存量和金融交易流量的主要因素，并阐明这些因素怎样相互作用，从而形成和促进金融的发展。戈德斯密斯认为，对各国金融发展和金融结构的比较研究，其目的就是揭示不同国家在金融发展的不同阶段上金融机构的差异，探讨"金融发展与经济增长的关系"。

麦金龙和肖（McKinnon & Shaw）在1973年分别出版了《经济发展中的金融深化》（*Financial Deepening and Economic Development*）和《经济发展中的货币与资本》（*Money and Capital in Economic Development*）两部经典著作，两部著作都探讨了金融发展、金融抑制与经济增长的关系，自此以后金融发展与经济增长的关系开始引起学者的广泛关注，经济学家不断探讨金融深化对经济发展的传导机制，取得了丰硕的成果，其中具有典型代表意义的理论主要有四种：①麦金龙和肖主张取消利率管制，实施利率自由化，通过正的实际利率水平提高储蓄从而促进经济增长，其传递机制为利率自由化→真实利率水平上升→储蓄水平提高→经济增长。②卡普和马西森（Kapur & Mathieson）建议通过利率市场化扩大投资规模促进经济增长，其传导机制为利率自由化→投资数量增加→经济增长。③加尔比斯（Galbis）主张通过利率自由化提升投资效率来促进经济增长。其传导机制为利率自由化→投资效率提高→经济增长。前三种理论的共同之处就是强调了理论自由化或市场化对经济增长的积极意义。④帕加诺（Pagano）的内生经济增长理论建议通过金融深化增强金融体系效率从而促进经济增长，其传导机制为金融深化→金融体系功能加强→经济增长。

从前面的分析我们可以看出，理论界基本已经形成共识：金融发展或金融深化有利于经济发展，而金融抑制对经济有较大的危害。既然金融抑制对经济有深远的负面影响，为什么大多数发展中国家在20世纪80年代以前都不约而同地实施了金融抑制政策呢？我们需要对发展中国家金融抑制的根源进行经济学分析，探索发展中国家金融抑制的内在逻辑。

20世纪80年代以前，大部分发展中国对金融市场严格管制，对利率水平、金融机构业务领域和金融产品创新等加以限制，这些采取相似金融政策的发展中国家都有一个共同的特征：制定并实施了重工业优先的超赶战略。发展中国家要获得发展所需的资本品，可以通过两种方式获得，一是出口初级产品，积累外汇来换回资本品；二是发展自己的工业体系。劳尔·普雷维什（Raul Prebisch）认为，整个世界经济体系分为两部分：一部分是少数工业化国家，处于国际经济体系的中心；另一部分是广大的非工业化发展中国家，处于国际经济体系的外围。中心国家和外围国家在世界经济中的地位截然不同。中心国家依靠资本和技术优势占据主导地位，享受着国际分工产生的绝大多数利益。外围国家由于技术水平落后，生产效率低下，在国际经济体系中处于十分被动的地位，主要靠出口初级产品与中心国家发生交往，成为中心国家的经济附庸，几乎享受不到国际分工的利益。因此，发展中国家如果依据传统的比较优势原则参与国际分工，将永远无法改变贫穷落后状况。外围发展中国家出口初级产品，但中心国家对初级产品的需求弹性很低，收入增加并未带动对初级产品需求的明显增加。外围国家进口工业制成品，而制成品的需求弹性较高，收入的增长会显著增加对制成品的需求。上述特点决定了初级产品的相对价格不断下降，工业制成品相对价格不断上升，外围发展中国家贸易条件恶化。因此，普雷维什主张发展中国家通过实施贸易保护政策，采用超赶战略，优先发展重工业，促进国内工业化进程，形成较为完备的工业体系，这样才能改善在世界经济体系中的地位，摆脱受控制、受剥削的处境。

发展中国家一旦制定了超赶战略，其面临的目标函数也就随之确定，即是在重工业优先发展下的资金积累最大化，重工业本身的产业性质决定了这样的目标函数。从产业性质上看，重工业是一种需要密集资金、投资规模巨大且投资周期长的产业。在这样的约束条件下，为实现超赶战略的重工业化目标，发展中国家必须对金融进行严格管制，原因如下：首先，发展中国家的资本是一种稀缺要素，资金的稀缺性导致其市场出清价格较高，即实际利率水平较高，发展重工业所需要的密集型、大规模、长周期的资金使用成本高昂，不利于重工业化战略的实现，因此有必要对贷款利率实施上限管制，用低于市场出清利率的优惠利率来鼓励重工业的发展①。此外，严格管制存款利率，较低的存款利率有利于银行以非常低廉的成本从公众手中获取稀缺的资金，达到低成本筹集资金以供工业部门使用的目的。其次，发展中国家资本市场和债券市场发展落后，金融市场的不完善使得发展中国家很难短时间内筹集重工业化所需的大规模资金，因此发展中国家有必要建立一种最大限度的筹集资金的金融体系。发展中国家限制资本市场的发展，资金供给者与资金需求者的直接联系渠道被堵，而由国家控制的银行体系一股独大，居民分散的资金没有其他投资选择，储蓄成为唯一的投资方式，银行也成为公众盈余资金的唯一投资渠道，资金的供给者与需求者只有通过银行这种金融中介发生作用，从而最大限度地将公众的资金集中到银行。再次，为了克服外汇资金的短缺，有必要对汇率实施严格管制，低估本国货币币值，最大限度地增加出口来获取外汇。对稀缺外汇的使用也有严格的规定，外汇优先用于重工业化急需的进口设备上。最后，为了保证资金按照既定目标的有序流动，必须对金融体系的市场机制进行严格限制，以保证金融体系不严重偏离国家的总体发展轨道。"金融抑制"战略就按照这样的逻辑应运而生。低利率降低了公众的储蓄意愿并刺激对资金的旺盛需求，投资需求所需资金远远大于银行体系资金的供给数量，因此国家对有限的资金给予指导性贷款，通过信贷配给的方式将资金优先配给重工业部门使用，以满足国家超赶战略的需要。

具体到发展中国家的农村金融市场上，农村金融在整个金融体系中处于一个被抑制和被边缘化的位置，农村金融抑制的内在根源在于在超赶战略的重工业化过程中，农村金融为经济发展提供了巨大的金融剩余，成为制度变迁成本的主要承担者。制度经济学认为，制度变迁需要付出代价，这种代价在不同阶层和集团之间的分摊机制是决定和影响制度变迁成功与否的关键因素。在发展中国家，实际承担制度变迁成本的是农村金融部门，本质是由广大的农村居民和农业部门所支付。以中国为例，我国在由计划经济体制向市

---

① 以中国为例，1950年5月，工业贷款利率被调低为3%，7月下降到2%，1951年4月调低为1.5%~1.6%，1953年1月调低为0.6%~0.9%，1954年调低到0.456%，以后此低利率水平长期保持不变，1970年8月，工业贷款利率被压低到0.42%，如果考虑当期的通货膨胀率，此期间的利率可能为负数。易纲（Gang Yi）的研究表明，1950—1952年，中国经济是一种混合经济，经济资源主要由市场配置，此时提高利率是为了抑制通货膨胀。此后政府对国有企业和私人企业在利率上实行差别化待遇，限制私人经济的发展并鼓励和扶持国有经济的发展，1958—1978年中国的利率处于冻结僵滞状态。

场经济体制转轨的过程中，其中影响最大的是国有企业的改革，因为国企改革涉及整个经济的市场化转型，国企改革的顺利推进对于计划经济体制国家顺利实现转轨起着至关重要的作用，但是国企改革的制度变迁成本高昂。首先，国企成为自主经营、自负盈亏的经营实体，与民营企业共同成为市场微观活动的主体。国有企业在计划经济体制下的稳定性和垄断性受到挑战，在国民经济中的影响力和控制力减弱，国企在激烈的市场竞争中有了破产和倒闭的风险，而且体制的惯性使得国企较之民企更缺乏竞争力和灵活性，这又加大了国企破产的可能性。其次，在计划经济体制下，国有企业承载了绝大部分城镇人口的就业，国企的破产必然导致大规模的失业，在我国养老、医疗、失业等社会保障体制不健全的状况下，国家没有足够的财政实力维持失业者的基本福利水平，过多的失业人口会加剧社会的不稳定。最后，我国对国企改革采取的是渐进式改革，政府还需要在较长的时间内维持国有企业的资金水平和市场竞争力，并保证国有企业就业的基本稳定性，政府需要进一步投入较多的资金补贴，而对于已经实现由"国家财政主导型"向"银行体系主导型"融资模式转型的转轨经济，国企渐进改革的高昂成本让国家财政补贴难以为继，金融体系则成了这种制度变迁的实际承担者，而农村往往成为资金的净输出者，农村金融为制度变迁的成本买单。

第四节　文献综述

一、关于福利的研究

黄莹和熊学萍（2013）认为在微观经济学中"福利"被定义为理性人消费一定商品或服务而从中得到的效用或满足程度。但是，安东尼·吉登斯（2000）从心理学视角认为"福利"涉及个人幸福，而不是一个经济学概念。罗伯特·平克（2001）更为全面和系统地探讨了"福利"，认为"福利"涉及个人的福祉和需要的满足，而需要包括基本的物品和服务，如收入、食物、住房、健康、教育等；"福利"还涉及公民的政治权利和义务，以及有机会融入社会和参与政治生活的权利。由此可见，"福利"不仅包括物质生活的内容，还包括民主、政治权利的内容。姚明霞（2005）认为"福利"不仅包括情感等主观方面，还包括个人追求幸福生活的客观物质方面以及为实现这些福利做出的必要努力。可见，"福利"的实现是一个动态过程，强调个人对生存权和发展权的追求和奋斗。

已有文献对"福利"概念进行了分类。Parfit（1984）认为福利概念可以分为主观概念和客观概念，并从三个方面对"福利"概念进行探讨：一是福利就是快乐；二是福利就是欲望和偏好的实现；三是人们拥有的客观物质对日常生活的满足感。郑功成（2000）将"福利"划分为社会福利和个人福利，个人福利是个人物质生活和精神生活的需要的满足；社会福利是一个整体概念，是指一个社会所有个体福利的集合，即国民福利。社会福利可以划分为狭义福利和广义福利。社会经济发展水平常用来反映狭义的社会福利，在实践中体现在以实证研究为主，通常利用经济福利作为狭义福利的替代。广义的社会福利是指提高微观个体或群体的生活水平的各种政策、制度和服务，旨在解决和完善各种福利水平，其目的在于让人们能够享受到更高的物质和精神生活水准；广义的社会福利包括经济福利和非经济福利（樊士德，2014）。但边沁认为社会福利是最大多数的最大幸福，可以运用个体效用总和进行度量（王冰，2008）。庇古（2006）将"福利"分为经济福利和非经济福利，经济福利可以采用货币化收入来进行衡量，非经济福利不能使用货币化收入进行衡量。20 世纪 60 年代后，根据社会学、心理学的研究成果，学者们将非经济因素纳入社会福利的研究中，Sen（1985）从人的自由和能力视角对社会福利进行了新的解释，森认为经济福利概念在社会福利的研究中得到了扩充，向更综合层面和领域发展。思想、感觉、人格和人性、感觉、价值观等是非经济福利的重要组成部分（龚自方，2014）。在福利经济学的发展过程中，国内外学者将非经济福利视为主观福利（subjective well-being），而且主观福利研究日益得到学者们和政府部门的关注。Frey（2002）、Diener（2007）认为主观福利是反映个人对自身生活状况的感受和评价，是政府和学术界考察国民福利水平的核心内容之一。韩华为和高琴（2018）指出主观福利作为福利的重要组成部分，在政策研究领域主观福利指标已经得到大量关注和应用，涵盖了快乐、自尊和自治、安全感、社会关系等非物质福利维度。

自从福利问题得到高度关注以来，学者们对福利度量方法进行了大量探索。首先，对于经济福利的衡量，主流经济学采用货币化收入指标来衡量客观经济福利程度，具体地体现在社会经济发展过程中经济增长和收入的提高（叶凡，2013）。一国的经济福利通常使用人均国民生产总值或国内生产总值来度量，个人或群体经济福利可以使用人均收入进行度量（Dasgupta，

2001），而田国强和杨立岩（2006）认为长期的经济增长，可以提高社会福利和减少贫困，收入水平的高低可以间接地衡量福利水平。其次，主流经济学也采用两个经典方法来衡量经济福利：一是帕累托最优标准，即在不降低其他任何一个人的福利的前提下，某个社会经济活动或政策能够增进另一些人的福利；二是社会净剩余福利，市场价格变动对生产者或消费者剩余之和的增减影响来衡量社会福利的变化。再次，随着人们对福利问题的深入研究，时间利用成为度量福利的一个重要指标，特别是现有研究将劳动时间利用作为客观福利度量的一个重要指标（Herbert，1988；Stiglitz et al.，2009；Brooker & Hyman，2011）。最后，对于主观福利的衡量，一些学者将幸福感（Frey & Stutzer，2002；Luechinger et al.，2006；Welsch，2008）、生活满意度（Knight & Gunatilaka，2011；Brockmann et al.，2009；Easterlin et al.，2012）、国民幸福指数（田国强、杨立岩，2006）、相对收入水平（Firebaugh & Schroeder，2009；Oshio et al.，2011；Beccktti，2011；罗楚亮，2009）等指标衡量主观福利水平。

二、农村金融发展对农民收入的影响

早期的研究文献鲜有直接实证金融发展与农民收入增长的关系，相关的研究一直隐含在金融发展对经济增长关系的相关文献中。戈德斯密斯（Goldsmith，1969）研究了不同国家的经济发展水平和金融发展状况之间的关系，结果发现尽管各国经济发展水平和金融发展状况层次各异，但是金融发展路径大致一致，于是得出经济增长与金融发展呈平行发展态势的结论。肖（Shaw，1969）指出，金融发展是经济发展的前提，而经济发展又会促进金融发展，二者相互依赖，密不可分。麦金龙（McKinnon，1973）认为，金融抑制阻碍经济增长，而金融自由化促进经济发展。金和莱文（King & Levine，1993）的研究成果支持了麦金龙的结论，他们认为金融发展与经济增长高度正相关。格伦和伊莱（Galor & Zeira，1993）研究表明，只有完善的金融体系才能缩小收入差距，而不完善的金融市场可能会导致收入差距扩大化。乌尔里·希凯斯（Ulrich Koester，2000）认为发展中国家缺乏高效率的金融体系，金融支农效率低下。不少国外学者认为，金融发展会扩大收入差距，比如格林伍德和约万诺维奇（Greenwood & Jovanovic，1990）研究发现，收入分配差距呈现先扩大后缩小的趋势，金融发展与收入差距呈库兹涅茨的倒"U"形曲线关系。阿洪和博尔顿（Aghion & Bolton，1997）、汤森

（Townsend，2007）等均得出与格林伍德和约万诺维奇相似的结论。柯克帕特里克（Kirkpatrick，2005）、贝克（Beck，2007）通过研究则认为，金融发展与收入分配差距之间的关系是极为复杂的，金融发展可能扩大收入差距，也可能缩小收入差距，不存在简单的倒"U"形关系。克拉克等（Clarke et al.，2003）研究发现，金融发展有利于缩小收入差距，并显著降低各国收入分配之间的不平等。

国内学者也对我国农村金融发展水平与农民增收的关系进行了深入研究。周立和王子明（2002）基于我国各地区1978—2000年的数据研究发现，我国各区域金融发展与经济增长密切相关，金融发展有利于促进经济增长，金融发展差异对地区经济增长的差异有较好的解释力。姚耀军（2004）基于1978—2003年的时间序列数据，实证研究了中国金融发展与城乡收入差距间的关系，结果发现，金融发展与城乡收入差距存在长期均衡关系，金融发展规模与城乡收入差距正相关且存在双向因果关系，金融发展效率负相关且存在双向因果关系。许崇正和高希武（2005）研究发现，不同阶段的信贷投入对农户收入影响不一样，1980—1990年的农民信贷投资显著促进了农民增收，但是1991—2002年的信贷投资并未显著促进农民增收。王虎和范从来（2006）基于1980—2004年的时间序列数据研究证实，金融发展对农户收入有正向效应，并且这种正效应是通过资本积累、农民人力资本、农村产业结构、农村劳动力转移等各种渠道来实现的；但是也有学者认为，我国农村金融的发展抑制了农民增收。温涛等（2005）对中国金融发展与农民收入增长的理论分析的基础之上，利用1952—2003年的数据实证分析了中国金融发展对农民收入的影响，结果发现中国金融发展显著地阻碍了我国农民增收。谭燕芝（2009）利用1978—2007年的时间序列数据分析了金融发展与农民增收之间的关系，结果发现，农民增收对金融发展仅存在单项的因果关系，反向的因果关系并不成立。由于农村资金外流现象严重，农民增收的盈余资金用于农村发展的数量极为有限，农民增收对金融发展的贡献度大于金融发展对农民增收的贡献度。王修华和邱兆祥（2011）基于1978—2008年的时间序列数据，实证分析了中国农村金融发展与城乡收入差距之间的关系。结果表明，农村金融规模的扩大对城乡收入差距有一定的解释力，而农村金融效率的提高有助于缩小城乡收入差距。张茜（2012）研究发现，短期内农业信贷抑制了农村经济增长并对经济推动具有滞后效应，长期内农业贷款与农业经济增长之间存在稳定的均衡关系，农业贷款在农业发展中起到了推动作用。王圣元（2014）以江苏为例，研究发现农村金融发展能促进农民收入增长。

我国地域广阔，各区域经济和金融发展水平差异较大，因此也有学者对不同地区的农村金融发展水平和农民收入间的关系进行了研究。从研究结论来看，大致上分为两类：一是农村金融发展有利于促进农民增收。谈儒勇（1999）、宾国强（1999）、韩延春（2002）、米建国和李建伟（2002）等，通过不同角度对区域金融发展与经济增长关系进行了理论和实证研究，他们得出一致的结论：我国金融发展与经济增长密切相关，促进金融发展有利于经济增长。冉光和和李敬（2007）等对我国东部和西部金融发展经济增长的长期和短期关系进行比较研究后认为，西部地区金融发展与经济增长之间具有金融发展引导经济增长的单项长期因果关系，东部地区金融发展与经济增长具有明显的双向长期和短期因果关系。胡金焱和董鹏（2008）基于山东省的时间序列数据研究发现，山东省农村金融信贷对农民增收有显著的正向效应，而农村储蓄阻碍了农民增收。周卫辉等（2008）分别对河北省金融发展与农民增收进行了实证研究，结果表明河北省农村金融发展与农民收入正相关，并长期促进了农民收入的增长。余新平和熊德平（2010）实证研究了安徽省农村金融发展与农民收入增长之间的关系，结果表明安徽省农村金融发展效率、农村金融相关率分别与农民收入增长率呈现正相关和负相关的关系，二者对农民增收的作用刚好相反。钱水土等（2011）利用1988—2008年我国23个省（市）的地区面板数据，对我国农村金融发展的收入效应进行了研究，研究结果显示，中国农村金融发展的收入效应具有显著的地区和时间差异。在东部和中部地区，农村金融发展对农民收入具有显著的正面影响，并且东部的效应大于中部；而在西部地区，农村金融发展对农民收入具有显著的负面影响。在1988—1998年和1999—2008年这两个时间段内，东部地区农村金融发展的收入效应进一步增强，中部和西部地区的收入效应没有显著变化。李喜梅和王满仓（2006）研究了陕西省农村金融发展与农民增收之间的关系，发现陕西省农村金融发展对农民增收具有显著的负效应。汤清和付强（2009）研究发现，广东省农村金融规模增加有利于缩小城乡收入差距，并且农村金融发展规模无论在长期还是短期都对城乡收入差距有显著影响。此外，研究还发现，农村金融效率的提升也会缩小广东省的城乡收入差距。章玲超等（2008）利用 1985—2005 浙江省的统计数据，考察浙江省农村金融发展与农民收入间的动态关系，结果发现浙江省农村金融发展与农民收入增长负相关。楼裕胜（2010）则利用灰色关联理论分析了浙江农村金融发展等因素对农民增收的影响程度，结果表明浙江农村金融发展没有对农民增收起到正面促进作用。星焱（2010）研究发现，在 1978—2007 年，陕西省金融支农程度和支农效率均很低，金融没有对农民增收起到显著的促进效应。刘丹等（2010）基于江苏省 1990—2007 年相关时间序列数据，研究发现，江苏省农村金融发展在长期促进了农民收入的增长，但是农村金融发展效率不是农民收入增加的原因。周小飞（2017）研究发现，新疆农村金融发展水平不高影响了新疆农业的发展，由此导致新疆农村经济发展水平不高、农户收入不高。李鹤和张启文（2019）以东北地区为例，利用 1996—2016 年黑龙江、吉林和辽宁统计年鉴的相关数据，通过建立向量误差修正模型，实证分析农村金融发展与农民非农收入间关系及影响作用。结果表明，农村金融发展规模与非农人均固定资产投资对农民非农收入具有长期正向促进作用，农村金融发展效率与结构对农民非农收入具有短期促进作用，长期具有负向影响。张元阳（2020）利用 2003—2017 年我国 31 个省（区、市）的面板数据进行实证检验，研究结果显示，金融发展主要通过拉动投资来推动经济增长。刘晓瑜和杨念（2021）通过采用多种计量经济学方法，分析 1995—2018 年 H 省农村金融以及农民收入的相关数据，发现 H 省农村金融从多个方面正向促进了农民收入水平的提高。杨东等（2021）运用 2009—2016 年全国 30 个省份的面板数据，运用 APN 法、熵值法、面板双向固定效应、面板分位数回归等方法对农村普惠金融的发展如何影响农户的收入进行实证检验。检验结果显示，农村普惠性金融的发展可以正向提升农户可支配收入，即发展水平越高，对应的农户收入也会越高。

三、农村金融发展对农民消费行为的影响

传统的消费理论建立在信贷自由的基础之上，20 世纪 80 年代以后，研究者开始放松自由借贷假说，研究流动性约束对居民消费的影响（Deaton，1991；Mankwi，1991；Carroll，1992），大部分研究证实，存在流动性约束情形下消费对收入存在过度敏感性；换句话说，流动性约束会降低消费者当前的消费意愿。Zeldes（1989）利用面板数据模型研究流动性约

束对消费者消费行为的影响，结果发现与不受流动性约束的情形相比，流动性约束会降低消费者当前的消费意愿，而预期消费信贷的增长会显著的增加消费者当前的消费支出。Bayoumi（1993）通过理论分析与实证检验相结合，得出了金融深化能够促进消费增长的结论。Levchenko（2005）认为金融市场的深化与发展能够更有效地分散消费者面临的风险，从而起到了平滑消费的作用。Bacchetta 和 Gerlach（1997）用贷款利率和存款利率之差作为信用紧张程度的代理变量，通过对美国、加拿大、英国、法国和日本五国的实证研究发现，存贷款利差对未来消费存在显著的负向影响，由此可以认为消费对利率极为敏感。Fissel 和 Jappelli（1990）对美国的实证研究表明，金融自由化可以缓解居民面临的流动性约束，促进消费增长。Maria 和 Geoffrey（2001）对英国的研究也得出了类似的结论。Lettau 和 Ludvigson（2001）利用美国股市的季度数据，研究了消费与财富比值的波动情况，发现这一比值与股票、债券的收益率显著相关，当金融市场收益率上升时，消费与财富的比值就会上升，而金融市场收益率下降时，消费财富的比值就会下降，消费财富比与金融市场收益率正相关，因此他们认为某些金融变量对预期消费有重要影响。

国内学者也对金融发展与消费之间的关系做了大量研究。万广华等（2001）利用 1961—1998 年的时间序列数据，考察了流动性约束与不确定性因素与我国居民消费之间的关系，他们通过霍尔的消费函数及其扩展模型研究发现，我国改革开放后流动性约束对居民消费行为的影响力显著增加，影响居民消费的另一个重要因素是居民面临的不确定性。隆宗佐和曾福生（2002）认为，中国农村消费市场疲软的主要原因是农村消费市场缺乏金融支持，提出要改革和创新农村金融体制，大力发展适合农村需求的消费信贷业务和金融租赁业务。邱晓华（2002）认为，农民消费需求不足表面上是因为农民的收入低，而深层原因则是农村金融体制改革滞后。孙家良（2003）认为，中国金融发展水平较低是我国居民边际消费倾向较低的重要原因。樊纲和王小鲁（2004）建立了我国各地区消费条件指数，认为银行卡的普及对我国消费状况的改善有正面效应。文启湘和刘卫锋（2005）认为，金融发展有利于提高农民收入水平和缓解其信贷约束，因而建议通过深化农村金融改革来提升农民消费水平。徐小林（2006）认为我国需要借助金融手段，加大金融对消费支持力度，从而扩大消费，从而促进经济增长。叶耀明和王胜（2007）基于扩展的生命周期—永久收入假说以及 Euler 方程建立模型，对我国 31 个省（区、市）和东、中、西部的区域情况进行了 GLS 面板数据分析，发现金融深化通过各种渠道降低了消费者面临的流动性约束，释放了消费需求。朱信凯和刘刚（2007）实证研究发现非正规金融缓解了农民消费的信贷约束，弥补了正规金融的不足。文晖（2008）通过研究民间金融对农民消费的作用，认为民间金融提高了农民消费的积极性，改善了农民的消费结构。许胜利（2009）认为，我国需要借助金融手段，加大金融对消费的支持力度，促进消费和经济平稳增长。赵国庆和张中元（2010）利用 1978—2008 年的 31 个省（区、市）的时间序列数据，研究了金融发展对消费风险分担程度的影响，发现金融风险分担随时间显著变化，并没有随着金融发展程度的提高而相应提高。龚小菊和刘奇山（2010）认为，扩大消费离不开金融的支持，对农村地区金融支持能够扩大农民消费需求，对于拉动内需具有积极意义。刘纯彬和桑铁柱（2010）利用 1978—2007 年的时间序列数据，研究发现农村金融深化在长期内对居民消费增长有极强的带动作用，而短期内这一影响并不显著，农村金融深化对农村居民消费增长影响有一定的时滞效应，从而提出放宽市场准入、鼓励建立多种新型金融机构的对策建议。郭英和曾孟夏（2011）基于 1978—2008 年数据拟合的多变量协整模型研究发现，农村金融发展显著地促进农民收入增长和改善农村市场消费环境，有利于提高农民的边际消费趋向。梁莉（2011）基于河南、山西、陕西三省 2 500 户农户的调研数据研究发现，农村金融服务层次低、农村金融机构少、农民信贷需求满足率低等原因严重制约农村消费结构升级。俞欣怡（2018）认为，互联网金融成为消费的一种全新模式和工具，不仅释放了民众的消费潜力，而且完善了现阶段的金融结构和体系。杨睿（2020）认为，迎合时代发展趋势，推进消费与金融产业的跨界融合，对于促进金融产业的可持续发展具有重要推动作用。研究探讨消费与金融产业的跨界融合问题，对相关工作的开展尤为重要。王观葛和孟超（2022）认为，只有财税金融共同发力，农村消费市场才能"热"起来。彭阳（2022）研究发现，疫情结束以来，金融对提升农民消费信心有着积极作用。

四、农村信贷约束及其福利效应

国外学者对信贷约束的影响因素及其福利效果进行了较为广泛的研究。多数理论研究和经验分析均发现，发展中国家农村信贷市场效率低下，贫困的农村地区信贷约束现象非常普遍，农户的信贷需求很难得到有效满足（Stigliz & Weiss，1981；Avishay & Luis，1986；Catter，1988；Milde & Riley，1988；Kochar，1997；Foltz，2004）。农户信贷资金的缺乏会直接或间接地对农户的技术选择、生产效率以及农产品食品安全、营养与健康等方方面面面产生消极影响（Diagne et al.，2000；Petrick，2005）。国外的多数研究（Stiglitz & Weiss，1981；Avish & Luls，1986；Carter，1988）认为，农户的家庭特征是影响农户获得正规信贷的重要因素。Binswanger 和 Khandker（1995）基于印度农户的平行数据研究发现，正式金融机构的贷款对农户的劳动生产率和收入水平有显著的正向影响，并在一定程度上有利于促进农村社区的发展。Khandker（1998）注意到小额贷款与其他项目与以工代赈等形式具有相同的福利效果，小额贷款对贫困农户很重要也很有益。Pitt 和 Khandker（1998）估算了孟加拉国的信贷项目的经济效益和福利效果，具体来说，研究了信贷项目对农户收入、小孩入学、劳动供给、财产、化肥和避孕工具等方方面面的影响，结果发现借贷对农户的产出影响显著，并且对改善孟加拉国贫困地区农户的福利发挥着积极作用。Mohieldin 和 Wright（2000）对埃及的经验研究表明，农户正规信贷约束主要受农业收入比、土地面积、家庭规模等因素的影响。非正规信贷市场约束主要受工资收入、家庭资产等因素的影响。Atieno（2001）的研究发现，拥有资产数量、与信贷机构的距离、收入水平等因素显著影响农户参与信贷市场的程度。Okurut（2004）考察了南非家庭特征与融资约束之间的关系，结果表明，户主年龄较大、户主为男性、家庭规模较大、教育水平较高、收入水平较高的白种人更容易从金融机构获取贷款。

国内学者对我国信贷约束的原因及其福利效应也进行了较为深入的研究。大多数学者认为，我国农村信贷约束现象普遍并抑制了农户福利的改善（刘西川、程恩江，2009；徐少军、金学军，2009；金烨、李宏彬，2009）。沈高明（2004）通过考察收入波动与消费波动间的关系，结果发现二者显著正相关，说明我国农户普遍面临信贷约束，否则理性的消费者应该通过自由借贷来实现平滑消费以满足效用最大化需求。何广文和李莉莉（2005）研究发现，家庭劳动力数量、当前是否有投资及农业收入占家庭总收入的比重都与农户的信贷需求负相关，以非农收入为主要来源的家庭信贷需求较弱。朱喜（2006）利用工具变量法研究了农户借贷对农户福利的影响，结果发现不管是正规借贷还是非正规借贷，都会显著的改善农户的福利状况。李锐和朱喜（2007）利用 3 000 个农户的微观数据，计量分析了农户金融抑制程度及其福利损失。研究结果发现，农户金融抑制程度为 70.92%，样本农户由于金融抑制所损失的纯收入、净经营收入、消费支出和家庭资产净值分别为 9.43%、15.43%、15.57% 和 14.58%。黎翠梅、陈巧玲（2007）基于对湖南的 234 户农户的调研数据，研究发现，农户收入水平和农业生产支出对农户借贷需求具有显著的负向影响，而农户的非农业生产支出和文化教育支出对民间借贷需求有显著的正向影响。程郁等（2007）研究发现，农户家庭收入、生产经营特征和家庭特征是农户信贷需求行为的决定因素。张建杰（2008）从农户的社会资本的角度来考察"关系"这种特殊资源在农户金融抑制中的作用机制，分析表明，社会资本高的农户正规信贷的实际发生率高且户均信贷规模大，农户非正规信贷发生率有随着社会资本水平的提高而下降的趋势，户均贷款规模则有增加的趋势。不同社会资本的农户通过非正规途径的信贷发生率高于正规途径的信贷发生率，且前者户均贷款规模小于后者，不同社会资本水平对农户贷款项目的差异不显著。贺莎莎（2008）基于湖北的调研数据，实证发现当地 54.3% 的农户存在资金难题，这些资金缺口难以得到有效满足。程郁等（2009）分析了制度性信贷配给所引发的信贷需求压抑现象，认为正规金融机构交易成本过高和不完善的信贷配给机制与农户风险规避行为交互作用，提高农户所感知的信贷成本并降低了信贷获得预期，从而产生了需求型信贷约束。研究还发现，估计型约束和需求型约束具有明显的结构性特征——年龄、收入。社员身份及与金融机构的关系等因素对两种约束有着不同的影响。金烨和李宏彬（2009）研究发现，农户民间借贷行为的选择主要受家庭结构、人口特征及家庭经济状况的影响。刘西川和程恩江（2009）从"潜在和隐蔽性"需求出发，依靠特殊的农户意愿调查，在经验层面衡量农户所面临的正规信贷约束，并用调查数据估计农户正规信贷约束背后的信贷配给机制。研究发现，贫困地区农户不仅受到供给信贷约束，也受到需求信贷约束，数量配给、交易成本配给与风险配给是农户被排挤出信贷市场的三种重要方式。黄祖辉等（2009）从供给和需求两个方面来分析我国贫困地区农户信贷约束的程度，基于双变量的 Probit 模型研究发现，农户参与正规信贷市场程度低的原因是供给与需求因素的共同的作用结果。工资收入会降低农户的正规信贷需求，非农收入占总收入越高的农户越容易获取贷款，但对信贷需求影响不显著。由此他们得出结论，在忽视信贷需求的情况下，仅依靠增加供给难以降低农村金融抑制程度，也不能有效地提升农户的福利水平。白永秀和马小勇（2010）采用 Logistic 回归方法，基于陕西 1 151 户农户的调研数据，检验了收入水平、非农程度、风险规避趋向、社会网络等农户个体特征对农户正规和非正规信贷约束的影响。研究结果表明，收入水平和非农程度对农户两类信贷约束都具有负向影响；正规信贷约束受到"关系"的影响显著，但不受农户在内的风险规避趋向影响；非正规信贷约束不受"关系"的影响显著，但受到农户在内的风险规避趋向等因素影响。钟春平等（2010）基于安徽的问卷调查，研究认为安徽农村信贷约束现象并不普遍，大部分农户的信贷需求可以从各种渠道得到满足，农户收入较低和投机机会较少等因素是农民参与信贷市场不积极的重要原因。马永强（2011）基于全国 10 省（直辖市）农户借贷的微观数据，分析了影响农户民间借贷的主要因素。结果发现，信贷约束、利息成本、风险、家庭经济和人口特征是农户选择民间借贷的显著因素，并且这些因素对不同类型的民间借贷影响不同。李程等（2018）基于对河北省唐山市农村居民的实地调研，通过因子分析、分类有序 Logit 和多重响应交叉表等多种统计计量方法进行分析和检验后发现，供给层面正规的银行贷款利率高、额度小、手续繁琐、还款期限短、审批周期长成为农户贷款额度低的主要原因，需求层面农村居民的金融意识和偿债能力也制约了信贷参与度。肖时花等（2019）基于武陵山集中连片特困地区 485 户农户的调研数据，从信贷配给与农户需求两方面入手，运用多元线性回归模型和多元 Logit 模型对武陵山集中连片特困地区农户的地理区位与农户信贷约束程度的关系进行了实证检验。研究发现：在贫困地区，地理区位对农户信贷约束的影响主要是通过影响农户的有效需求而非金融机构的信贷配给来实现的；偏远贫困地区的农村金融问题更多的是有效需求不足问题而非信贷配给问题。杜君楠等（2019）基于正规信贷约束的识别与测度，运用 Probit 和 Tobit 模型实证研究了需求型约束和供给型约束的影响因素，建议通过放宽贷款条件、发展新型农业经营主体、优化信用评估机制、出台土地承包经营权抵押管理办法等途径，降低正规信贷约束。赵傲（2020）通过对大连市 137 户农村居民的实地调查研究发现，农户正规信贷约束受到供给和需求双方面的影响，从需求角度看，影响因素主要有农户家庭基本情况、农户所在地理位置、家庭收入来源、家庭经营主业、家庭经营耕地面积、农户家庭资产和支出情况；从供给角度看，影响因素主要有正规金融机构的规模和组织结构、农村金融机构的管理情况、农村金融机构财务状况。王芳（2021）基于河南、山东和陕西三个省份的实地调研数据，运用有序 Logistic 模型实证分析了农户特征、金融环境特征、政策认知和正规信贷约束类型等因素对农户参与农地抵押融资意愿的影响。研究表明：农户参与农地抵押融资意愿较高，且潜在需求大，但农户对农地抵押融资政策的认知水平普遍不高，受信贷约束的情况较为普遍。户主年龄、家庭常住人口、外出务工人数等因素对农户参与农地抵押融资意愿均有显著影响。了解农地抵押融资政策以及数量约束型信贷约束对农户参与农地抵押融资意愿有显著正向影响，所在地区开展了农地抵押贷款以及风险约束型信贷约束则对农户的参与意愿有显著负向影响。冯文秀（2022）利用 2017 年中国家庭金融调查（CHFS）数据，基于 1 735 份生产经营性信贷和 2 537 份消费性信贷农户样本，以农户家庭财富和社会资本作为切入点，运用 Probit、Logit、IV-Probit 与 OLS 模型，分析了影响农户正规信贷约束的各种因素及其影响机制。研究结果表明：第一，家庭财富对农户生产经营性信贷的正规信贷约束存在显著的负向影响，社会资本对农户生产经营性信贷的正规信贷约束显著为正；第二，在农户消费性信贷中，家庭财富和社会资本都显著负向影响农户消费性信贷的正规信贷约束；第三，在生产经营性信贷中，家庭财富对农户正规信贷约束的影响小于社会资本，而在消费性信贷中，家庭财富对农户正规信贷约束的影响大于社会资本；第四，现阶段家庭财富提高了农户社会资本的投资，从而降低了农户受信贷约束的可能性。

五、农村金融发展对策研究

Stiglitz（1981）的研究表明，发展中国家的金融市场普遍还属于非完全竞争市场的类型，借贷交易双方信息不透明，政府的适当干预以弥补市场失灵是必不可少的。Vega（2003）将发展中国家农村金融市场中的问题归结于体制的不健全，导致各主体之间关系模糊，扭曲了正常的市场规律。其解决途径是进行农村金融深化，即政府减少对于农村金融市场的过度干预，放松对利率的管制，完善相关法律法规，明确各方利益主体的权利义务，并增加正规金融的信贷供给。Fleising（2003）从法律的角度对农村金融市场做出了分析，不论是发达国家还是发展中国家，农村金融市场的健康有序运行都离不开必要的法律支持，应从以下几个方面予以完善：

第一，确保金融交易的安全性；第二，农村金融机构的经营符合法律法规；第三，金融机构进入和退出农村市场的相关立法；第四，土地所有权和使用权的法律明确保护；第五，对于涉农知识产权的保护。Meeker 和 Drabenstott（1997）将研究的重心放在资本对于第一产业的推动作用，以美国农村市场为例，分析了金融需求与供给之间的矛盾，从而推出美国资本市场所存在的弊端。两位学者认为，增加农村金融机构的资金存量、大力开发农村二级市场、建立农村股票市场，能够缓解资金供需之间的矛盾。

新中国成立以来，通过对农村金融改革发展的研究，得出这样几种结论：一是针对农村金融改革体制的“倒逼”观点，兰日旭（2009）研究认为国家之所以对农村进行金融改革，主要是国家在进行其他改革过程中倒逼着农村金融进行改革。二是农村金融改革滞后观点，李明贤（2009）认为农村经济发展缓慢的主要原因在于农村金融改革发展滞后，农户很难获得其他的融资机会，因此农业只能是进行简单的再生产。当然，也有部分学者从其他视角进行分析，徐晓萍等提出政府对农村金融部门的控制方式导致农村金融改革落后。三是针对农村信用体制改革的反思，蔡友才（2010）经过研究后发现农村信用社改革失败的主要原因在于以下六个方面：第一，改革方向被合作制说法所误导；第二，政府过度干预；第三，改革成本由于三种产权制度而变大；第四，改革内部控制人出现严重问题；第五，上级联社管理制度存在问题；第六，由于采用县级法人管理模式，这一模式下的规模极大地约束了改革进程。四是关于农户信贷特征的研究反思，高连水（2010）通过研究后得出必须通过以下四个方面来助推农村金融改革：第一，在尊重农户主体地位的同时设法提高农户的经济收入；第二，根据农户类型变迁改变服务农户模式；第三，提高农户获得贷款的能力，使得农户更容易获得贷款；第四，推进发展社区银行。唐晓旺和张翼飞（2018）认为，应坚持以市场化为导向。祝国平和郭连强（2018）也强调要更充分地发挥市场的力量，以适应农业生产方式和农村金融需求的变化。从研究层面来看，关于农村金融改革的反思还有很多观点，但是主流观点基本上就是以上几个方面，以上观点基本包含了农村金融体制、供给需求以及环境等方面的论述。

针对如何更好地推进农村金融市场化改革，学术界又提出了以下几种具有代表性的对策和建议。舒凯彤（2019）总结了九种代表性对策思路：

一是认为农村金融改革应该走帕累托改进的道路，兼顾公平和效率；二是要根据农村农户的金融需求，提高农村金融行业的服务水平；三是在农村金融制度方面，要进一步规范农村金融改革流程，突出长期性制度安排；四是根据农村金融改革的框架问题，提出农村金融改革应该建立功能完善、分工合理、监管有力的农村金融市场；五是在农村金融改革的体制方面，应着力解决农村信用社产权问题，适当放松政府对农村金融和利率的监管；六是根据企业改革经验，按照股份制和股份合作制对农村信用社进行改革；七是优化农村金融改革结构，提高改革效果，加大农村金融功能的改革；八是从农村金融系统方面进行改革，构建多元化的金融体系，进而促进农村金融发展；九是强调农村金融改革应该在正规金融与民间金融这两个方向共同推进，同轨道进行。总之，目前我国需要建立一个功能全面、层次多样化的现代农村经济体系，而政府在此过程中应试图通过政策层面、财政手段和行政方法来助推农村金融模式以更有效率的方式提高农业资金配置效率，进一步推进农业和农村经济的发展。

第五节　本章小结

国内外关于农村金融发展对农户福利影响的研究文献很多，为本书的研究奠定了良好的理论基础，但是参阅众多文献后，笔者发现依然有值得进一步研究的地方。首先，大部分研究文献以全国或者部分中、东部省市整体作为考察对象，忽视了我国幅员辽阔，地区经济、金融、文化等方面存在的巨大差异这一现实情况，以经济相对欠发达的川渝地区农村农户的金融行为作为考察对象的研究文献较少，如果将中、东部地区的相关研究结论及对策建议应用于相对欠发达地区，其政策效应可能因经济文化差异等诸多因素而南辕北辙，因此专门考察川渝地区农村金融发展、信贷约束及对农户福利影响的作用机制，对于全面认识我国农村金融改革具有重要意义。其次，在研究农村金融发展对农民收入的文献中，各文献把农民的农业收入和非农收入作为一个整体来考察，这忽略了我国贫困地区农村存在的一个普遍现象：农民的农业收入在家庭总收入的比重持续下降，而非农收入在家庭总收入的比重中持续上升。不区分农业收入和非农收入而将二者合为一体进行研究，这可能忽略了农村金融发展对不同类型收入在影响上的差异性。再次，在关于农村金融与农户消费之间关系的研究中，大部分学者是从流动性约束和不确定性的角度来研究二者之间的关系，很少有学者直接在传统的消费函数中引入农村金融发展变量来分析金融发展对农户消费行为的影响。此外，传统的流动性约束对消费影响的实证模型，没有考虑个人消费信贷业务的开展对农户消费行为的影响。最后，关于信贷约束程度及其影响因素的文献几乎都是基于计量模型的角度加以研究，从描述性角度来分析的文献较少，而描述性分析与计量分析相结合，将使得结论更加具有直观性和准确性。此外，在福利指标设计上，大部分学者用家庭总资产或金融资产余额等来作为度量福利的指标之一，本书用家庭净资产替代家庭总资产，是一个更好的福利度量指标。在福利指标的设计上，也有值得改进的地方。传统的福利指标主要包括了收入、消费支出、家庭净资产，本书考虑到川渝农村地区社会经济发展的现实情况，比如娱乐支出在满足农户精神需求方面发挥越来越重要的作用，因此将娱乐支出作为衡量农户福利的指标之一。再比如，2010—2020 年是川渝地区农村自建房数量大规模爆发期，而自建房的面积、环境等反映了农户的改善性需求，也可以作为衡量农户福利的重要指标之一，笔者在本书中均有考虑。

第三章 川渝地区农村金融与农户福利的演变与发展

第一节 研究样本基本情况概述

本书除了以川渝农村作为整体进行宏观考察性研究,还会选择具体的、具有典型代表意义的区县农村进行问卷调查等。本书选定了位于川渝地区的四个原国家级贫困县作为研究样本,它们分别是四川省南充市嘉陵区、四川省仪陇县、重庆市万州区、重庆市云阳县,这四个样本区县均已脱贫,在乡村振兴战略的实施下,先步入巩固脱贫攻坚与乡村振兴有效衔接的新时期。为了把握各地经济发展特点,为后面研究川渝地区农村金融及农户福利提供背景材料和历史经验支持,下面简要介绍一下四个区域的地理、自然环境和经济社会状况。南充市嘉陵区位于四川省东北部,隶属于南充市,紧靠嘉陵江东岸,总面积为 1 179 平方千米,辖 5 个街道、17 个镇、2 个乡,辖区总人口为 67 万人,常住人口为 52 万人,区域内以丘陵地带为主。2021 年,嘉陵区地区生产总值为 227 亿元。南充市仪陇县位于四川省第二大城市南充市东北部,辖 56 个乡镇,总人口为 107 万人,常住人口为 72 万人,总面积为 1 767 平方千米。仪陇属农业经济县,盛产小麦、油菜、水稻、棉花、红苕。仪陇县是传统的农业大县,是四川主要的粮棉油生产基地,也是西部地区最主要的劳动力输出基地之一,年输出劳动力约占仪陇县人口总数的20%。2021 年,仪陇县地区生产总值为 258 亿元。重庆市万州区地处重庆东北部、三峡库区腹心,长江中上游接合部,万州是国家重点扶持开发城市,是长江十大港口之一,三峡库区经济、教育、文化、交通枢纽中心。全区辖区面积为 3 457 平方千米,辖 52 个镇乡街道，总人口为 171 万人，常住人口为 157 万人，建设三峡工程期间，累计搬迁安置移民 26.3 万人，是重庆市人口最多、移民任务最重、城市体量最大、管理单元最多的区县，为重庆市第二大城市。2021 年，万州区地区生产总值为 1 088 亿元。重庆市云阳县位于重庆市东北部，距重庆主城九区 310 千米，是三峡库区生态经济区沿江经济走廊承东启西、南引北联的重要枢纽。云阳县辖 4 个街道、31 个镇、7 个乡（1 个民族乡），总人口为 134 万人，常住人口为 93 万人，其中农业人口占比为 65% 以上，远高于全国平均值。云阳县总面积为 3 649 平方千米，但是辖区内 83% 的面积为山地，耕种面积仅为 607 平方千米，云阳县人多地少，人地矛盾较为紧张。2021 年云阳县地区生产总值为 558 亿元。四个研究样本的基本情况如表 3-1 所示。

表 3-1　调研样本区县简单描述

区县名	地区生产总值/亿元	户籍人口/万人	常住人口/万人	人均地区生产总值/万元	人口净流出/万人	人口流出率/%
嘉陵区	227	67	52	4.37	15	22.39
仪陇县	258	107	72	3.58	35	32.71
万州区	1 088	171	157	7.11	18	10.53
云阳县	558	134	93	6.00	41	30.60

注：人均地区生产总值＝地区生产总值/常住人口。人口净流出＝户籍人口-常住人口。人口流出率＝人口净流出/户籍人口×100%。相关数据根据《四川统计年鉴》《重庆统计年鉴》、样本区县统计资料、百度百科等综合计算得出。数据统计时间截至 2020 年年底。

调研的四个区域的共同特征是四个地区人口众多，人多地少，工业基础薄弱，经济发展相对落后，人均地区生产总值全部低于全国平均值，说明人民收入不高，农民生活水平明显偏低。四个样本区县均表现出人口净流出，其中仪陇县和云阳县人口流出比率高达 30%，人口净流出比率最低的万州区也超过了 10%，说明四个区县外出务工人员较多。

但是四个区域也呈现一定的差异特征：重庆市万州区和重庆云阳县属于典型的山区，位于三峡库区腹心地带，周围群山环绕，出于环境保护的需要，耕地面积少和人口密度大的矛盾尤为突出，农村剩余劳动力众多，农村青年外出务工现象尤为普遍，但是重庆市万州区和云阳县由于毗邻长江，交通位置较为优越，近年得益于西部大开发和乡村振兴战略的大力支持，经济发展相对迅速，其经济发展速度高于其余两个地区，人均地区生产总值也相对较高，其中万州区的经济发展速度近 5 年均高于全国平均水平。四川省南充市嘉陵区和四川省仪陇县，这两个区域地势相对平坦，以丘陵地带为主，农业经济较为发达，但是工业基础薄弱，人均地区生产总值低，整体经济相对落后。

第二节　川渝地区农村金融变革历程

川渝地区农村金融体系的变革历程必须放在全国农村金融发展的大背景下来考察，以改革开放为分水岭，可以分为改革开放前和改革开放后两个大的时期。

一、改革开放前的农村金融体系变革

1949年中华人民共和国成立以后，彻底改造了旧的金融体系，建立新的农村金融体系，以适应公有制的经济模式。1949—1978年改革开放前夕，贫困地区农村金融体系经历了数次变革，但是总的来说可以大致划分为两个阶段：

（一）新中国农村金融体系的建立和形成时期（1949—1957年）

新中国成立后，政府努力恢复和发展农村经济。在金融体系方面，中国人民银行按照"深入农村、帮助农民、解决困难、发展生产"的工作方针，在中国人民银行内部设立专门的农村金融管理机构，成立了农村信用社和中国农业银行。中国人民银行一方面在县级及以下区域普遍建立银行营业所，一方面帮助农民建立农村信用合作社，发展信用合作组织，从而初步形成了以国家银行为主、以农村信用合作社为辅的农村金融体系。在此期间，中国农业银行两次设立但很快被撤销，农村信用从无到有，快速发展。

（二）人民公社时期（1958—1978年）

在社会主义公有制改造基本完成以后，我国农村领域按照苏联的模式实行了人民公社制度，相应的在金融领域形成了以行政管理为基础的高度集中统一金融体系。中国农业银行第三次成立但是由于缺乏生存基础很快再一次被撤销，农村信用合作社失去了合作性质而成为国家银行的基层机构，农村信用社在经历多次改革成为国家银行的附属物。在此期间，农村金融体系虽有多次的调整和整顿，但是基本格局没有根本变化，单一的农

村金融结构使得农村金融体系在计划经济经体制的制约下丧失了生命力。

在 1978 年以前，我国实际上不存在真正的金融体系，银行和信用社仅担当财政出纳的角色，这一时期的资金调拨以行政命令的计划方式为主，单一的资源配置方式更强调的政府的作用，市场的力量完全被抑制。随着1978 年农村经济体制变革，为了建立支持农村经济发展的金融体系，我国开始建立以中国农业银行和农村信用社为主的农村金融体系。随着我国计划经济体制向市场经济体制过渡，真正意义的农村金融体系才开始逐步演变和发展。

二、改革开放后的农村金融体系变革

改革开放以来，为了推动农村经济发展，充分发挥金融在经济增长的积极作用，我国开始重构并逐步完善农村金融体系。从不同的角度来研究农村金融改革，学术界更喜欢研究改革开放之后这一阶段，主要原因在于这一阶段的农村金融改革力度最大，同时效果也比较明显，并且频率集中。有的学者就采用阶段划分的方法是将之一分为二，如周立（2009）将农村金融改革划分为两个阶段：一是"资金供给不足的条件下储蓄动员机器"，二是"资金充裕下的流动性悖论与垂直合作安排"，其划分的依据是农村资金供给形式的变化。

也有学者却认为应该划分为三个阶段，比如陈丹梅（2008）就将农村金融改革划分为三个阶段：第一阶段为 1978—1992 年的重建阶段，第二阶段为 1993—2002 年的构建"三位一体"阶段，第三阶段为 2003 至今的农村信用社改革阶段。此外，王顺等（2010）根据反映农村金融发展状况显著的农村生产力为依据，也将农村金融改革分为三个阶段，即传统农业发展阶段、农村工业化起步阶段和新农村建设发展阶段。这一观点也得到郭连强和祝国平（2018）等学者的认同，将农村金融发展的三个阶段划分为体制重建、机构调整和微观功能完善。

在三阶段划分法的基础上，有些学者从金融体系的角度出发，提出了四阶段划分法，即农村金融的恢复阶段（1978—1983 年）、农村金融的拓展阶段（1984—1995 年）、农村金融的调整与巩固阶段（1996—2002 年）和农村金融的深化改革阶段（2003—2008 年）。除此之外，王曙光（2008）从农村金融机构的改革历程入手，划分出四个阶段，农村信用社体制改革、农村政策性金融改革、农村民间金融管理体制改革以及新型农村金融机构构建。李建伟（2008）则聚焦于国家进行农村改革的进程，将其划分为：农村金融的剥离阶段、农信社改革阶段、"三位一体"农村金融体系构建阶段、新型农村金融机构改革阶段。温涛和王煜宇（2018）以制度变迁为切入点，将四个阶段划分为重新确立阶段、改革转型阶段、现代制度构建阶段和创新深化阶段。

有的学者坚持五阶段划分方法，比如汪小亚（2009）将中国共产党领导农村金融改革划分为：金融机构、金融业务恢复的传统阶段（1979—1993年）；政策性金融、合作性金融与商业性金融"三足鼎立"阶段（1994—1996年）；金融机构统整顿调整阶段（1997—2002年）；全面推进农村信用社改革阶段（2003—2007年）；多元化与创新阶段（2005年以后）。本书根据研究需要，认为农村金融改革可以分为五个阶段：

（一）第一阶段（1979—1993年）

在此阶段，初步确立了以中国农业银行和农村信用社为主体，以农村其他金融机构为辅助的多层次农村金融体系。这一阶段农村金融体系的变化主要体现在四个方面：一是在1979年恢复了中国农业银行，并自上而下设立各级分支机构，明确了农业银行的职责是统一管理支农资金，集中办理农村信贷，领导农村信用社。二是改革农村信用社，增加农信社的独立性。1984—1986年，农村信用社县联社的建设由试点到全面普及，农信社依然在中国农业银行的直接管辖之下。三是给民间金融活动"松绑"，允许成立各类民间金融组织，而后农村合作基金会及各种和会相继成立，比如20世纪80年代末四川成立了首家农村信用合作基金会。此外，民间借贷、乡镇企业集资等活动也异军突起。四是融资方式多元化，由传统的单一贷款融资模式过渡到直接融资和间接融资等多种融资方式并存的局面。

（二）第二阶段（1994—1996年）

此阶段为政策性金融、商业性金融和合作性金融并存的新格局。这一阶段农村金融体系变化的主要内容有：一是组建了中国农业发展银行（1994），将农村信用合作社的政策性业务交由中国农业发展银行办理，以保证政策性信贷资金及时供应和封闭运转。中国农业发展银行的主要职责是承担国家粮棉油储备和农副产品的收购，农业开发等业务中的政策性贷款，代理财政支农款项的拨付及监督使用状况。二是中国农业银行剥离其政策性业务，将其转给中国农业开发银行。中国农业银行全面推行目标责任制，对信贷资金规模经营等，加快了中国农业银行市场化步伐。三是加大农村信用社改革力度。第一步是将农村信用联社从中国农业银行中完全独立出来，真正成为基层信用社联合组织，1995 年开始大规模组建农村信用合作银行。1996 年中国农业银行脱离了对农信社的管辖权，中央人民银行开始承担对农信社的金融监管权。长期以来，农村信用合作社有合作之名而无合作之实，农村信用社的发展实际偏离了合作的道路，其经营目标与其他商业银行机构一样，是为了追求利润最大化，因此在农信社脱离中国农业银行的行政管理后，二者在农村金融市场上实际上是一种竞争关系。四是农村合作基金会的规模和业务领域扩张，但由于管理混乱，积累了大量金融风险。经过以上一系列的改革，我国初步改变了我国农村金融机构长期以来的政策性、商业性和合作性功能混淆不清、结构单一的局面，初步形成了以农村信用社、中国农业发展银行和中国农业银行的多种金融形式并存的金融格局。

（三）第三阶段（1997—2005 年）

在此阶段，农村信用社进一步加大改革力度，确立了农村信用社在农村金融市场的主体地位。农村信用社能够成为农村金融市场唯一的垄断者，与其历史背景密切相关。首先，1997 年亚洲金融危机爆发以后，四大国有商业银行开始大规模撤离农村金融市场，减少在农村的金融网点。其次，国有商业银行开始推行贷款责任制，于是高风险、低收益及较高的交易成本迫使商业银行开始将贷款对象转移到城市，有意或无意地忽略涉农贷款。再次，政府严格限制各种形式的非正规金融活动。比如，全面整顿农村合作基金会（1997 年），取缔农村合作基金会（1999 年）。最后，将农村信用社的改革作为农村金融改革的重点。其主要措施有：扩大农村信用合作社贷款的利率的浮动范围，增加国家财政投入解决农村信用社长期存在的资产不良问题，推动农村信用社改革试点工作。2003 年 11 月底，国务院批准重庆等省（市）的农村信用社改革方案。2004 年 8 月，包括四川在内的 21 个省（区、市）的农村信用社被国务院新确立为进一步深化改革的金融机构，改革的目标定位为"逐步形成政策性金融、商业性银行、金融合作组织密切配合的农村金融体系"。从 2004 年开始，时隔 18 年后中央再次出台关于"三农"问题的"中央一号文件"。其间每年的"中央一号文件"均有关于"农村金融"的相关描述，具体如表 3-2 所示。

（四）第四阶段（2006—2016 年）

在此阶段，政府建立和完善多种形式的金融机构，逐步建立分工合理、功能互补、适度竞争并且可持续发展的多层次农村金融体系，建立了大量的各类农村新型金融机构。2006年12月，中国银监会发布新规，放宽农村金融业务准入门槛，而后全国各地开始逐步建立村镇银行、农村资金互助社和贷款公司等新型金融机构，标志着我国农村金融组织形态迈入新阶段。

（五）第五阶段（2017年至今）

该阶段是乡村振兴战略阶段。乡村振兴战略是习近平总书记于2017年10月18日在党的十九大报告中提出的。党的十九大报告指出，农业农村农民问题是关系国计民生的根本性问题，必须始终把解决好"三农"问题作为全党工作的重中之重，实施乡村振兴战略。2018年3月5日，国务院原总理李克强在《政府工作报告》中讲道，大力实施乡村振兴战略。2018年5月31日，中共中央政治局召开会议，审议《国家乡村振兴战略规划（2018—2022年）》。2018年9月，中共中央、国务院印发了《乡村振兴战略规划（2018—2022年）》，并发出通知，要求各地区各部门结合实际认真贯彻落实。2021年2月25日，国务院直属机构国家乡村振兴局正式挂牌。要做好乡村振兴这篇大文章，2021年3月，中共中央、国务院发布了《关于实现巩固拓展脱贫攻坚成果同乡村振兴有效衔接的意见》，提出重点工作。2021年4月29日，十三届全国人大常委会第二十八次会议表决通过《中华人民共和国乡村振兴促进法》。2021年5月18日，司法部印发了《"乡村振兴 法治同行"活动方案》。在乡村振兴战略阶段，党中央国务院对农村金融支农的要求更高了，比如，《中共中央 国务院关于做好2023年全面推进乡村振兴重点工作的意见》提出，健全乡村振兴多元投入机制。健全政府投资与金融、社会投入联动机制，鼓励将符合条件的项目打捆打包按规定由市场主体实施，撬动金融和社会资本按市场化原则更多投向农业农村。用好再贷款再贴现、差别化存款准备金、差异化金融监管和考核评估等政策，推动金融机构增加乡村振兴相关领域贷款投放，重点保障粮食安全信贷资金需求。引导信贷担保业务向农业农村领域倾斜，发挥全国农业信贷担保体系作用。加强农业信用信息共享。发挥多层次资本市场支农作用，优化"保险+期货"。加快农村信用社改革化险，推动村镇银行结构性重组。鼓励发展渔业保险。

表 3-2　2004—2022 年"中央一号文件"关于"农村金融"的表述

年份	关于"农村金融"的表述
2004	明确县域内各金融机构为"三农"服务的义务。 扩大农村贷款利率浮动幅度。 进一步完善邮政储蓄的有关政策，加大农村信用社改革的力度，缓解农村资金外流。 农业银行等商业银行要创新金融产品和服务方式，拓宽信贷资金支农渠道。 农业发展银行等政策性银行要调整职能，合理分工，扩大对农业、农村的服务范围。 要总结农村信用社改革试点经验，创造条件，在全国逐步推开。 继续扩大农户小额信用贷款和农户联保贷款。 鼓励有条件的地方，在严格监管、有效防范金融风险的前提下，通过吸引社会资本和外资，积极兴办直接为"三农"服务的多种所有制的金融组织。 有关部门要针对农户和农村中小企业的实际情况，研究提出多种担保办法，探索实行动产抵押、仓单质押、权益质押等担保形式。 鼓励政府出资的各类信用担保机构积极拓展符合农村特点的担保业务，有条件的地方可设立农业担保机构，鼓励现有商业性担保机构开展农村担保业务。 加快建立政策性农业保险制度，选择部分产品和部分地区率先试点，有条件的地方可对参加种养业保险的农户给予一定的保费补贴
2005	抓紧研究制定农村金融总体改革方案。 继续深化农村信用社改革，要在完善治理结构、强化约束机制、增强支农服务能力等方面取得成效，进一步发挥其农村金融的主力军作用。 抓紧制定县域内各金融机构承担支持"三农"义务的政策措施，明确金融机构在县及县以下机构、网点新增存款用于支持当地农业和农村经济发展的比例。 采取有效办法，引导县及县以下吸收的邮政储蓄资金回流农村。 加大政策性金融支农力度，增加支持农业和农村发展的中长期贷款，在完善运行机制基础上强化农业发展银行的支农作用，拓宽业务范围。 农业银行要继续发挥支持农业、服务农村的作用。 培育竞争性的农村金融市场，有关部门要抓紧制定农村新办多种所有制金融机构的准入条件和监管办法，在有效防范金融风险的前提下，尽快启动试点工作。 有条件的地方，可以探索建立更加贴近农民和农村需要、由自然人或企业发起的小额信贷组织。 加快落实对农户和农村中小企业实行多种抵押担保形式的有关规定。 扩大农业政策性保险的试点范围，鼓励商业性保险机构开展农业保险业务

表3-2(续)

年份	关于"农村金融"的表述
2006	巩固和发展农村信用社改革试点成果,进一步完善治理结构和运行机制。 县域内各金融机构在保证资金安全的前提下,将一定比例的新增存款投放当地,支持农业和农村经济发展,有关部门要抓紧制定管理办法。 扩大邮政储蓄资金的自主运用范围,引导邮政储蓄资金返还农村。 调整农业发展银行职能定位,拓宽业务范围和资金来源。 国家开发银行要支持农村基础设施建设和农业资源开发。 继续发挥农业银行支持农业和农村经济发展的作用。 在保证资本金充足、严格金融监管和建立合理有效的退出机制的前提下,鼓励在县域内设立多种所有制的社区金融机构,允许私有资本、外资等参股。 大力培育由自然人、企业法人或社团法人发起的小额贷款组织,有关部门要抓紧制定管理办法。 引导农户发展资金互助组织。规范民间借贷。 稳步推进农业政策性保险试点工作,加快发展多种形式、多种渠道的农业保险。 各地可通过建立担保基金或担保机构等办法,解决农户和农村中小企业贷款抵押担保难问题,有条件的地方政府可给予适当扶持
2007	加快制定农村金融整体改革方案,努力形成商业金融、合作金融、政策性金融和小额贷款组织互为补充、功能齐备的农村金融体系。 探索建立多种形式的担保机制,引导金融机构增加对"三农"的信贷投放。 加大支农资金整合力度,抓紧建立支农投资规划、计划衔接和部门信息沟通工作机制 完善投入管理办法,集中用于重点地区、重点项目,提高支农资金使用效益。 要注重发挥政府资金的带动作用,引导农民和社会各方面资金投入农村建设
2008	加快推进调整放宽农村地区银行业金融机构准入政策试点工作。 加大农业发展银行支持"三农"的力度。推进农业银行改革。 继续深化农村信用社改革,加大支持力度,完善治理结构,维护和保持县级联社的独立法人地位。 邮政储蓄银行要通过多种方式积极扩大涉农业务范围。 积极培育小额信贷组织,鼓励发展信用贷款和联保贷款。 通过批发或转贷等方式,解决部分农村信用社及新型农村金融机构资金来源不足的问题。 加快落实县域内银行业金融机构将一定比例新增存款投放当地的政策。 推进农村担保方式创新,扩大有效抵押品范围,探索建立政府支持、企业和银行多方参与的农村信贷担保机制。 制定符合农村信贷业务特点的监管制度。 加强财税、货币政策的协调和支持,引导各类金融机构到农村开展业务。 完善政策性农业保险经营机制和发展模式。 建立健全农业再保险体系,逐步形成农业巨灾风险转移分担机制

表3-2(续)

年份	关于"农村金融"的表述
2009	抓紧制定鼓励县域内银行业金融机构新吸收的存款主要用于当地发放贷款的实施办法，建立独立考核机制。 在加强监管、防范风险的前提下，加快发展多种形式新型农村金融组织和以服务农村为主的地区性中小银行。 鼓励和支持金融机构创新农村金融产品和金融服务，大力发展小额信贷和微型金融服务，农村微小型金融组织可通过多种方式从金融机构融入资金。 积极扩大农村消费信贷市场。 依法开展权属清晰、风险可控的大型农用生产设备、林权、四荒地使用权等抵押贷款和应收账款、仓单、可转让股权、专利权、商标专用权等权利质押贷款。 抓紧出台对涉农贷款定向实行税收减免和费用补贴、政策性金融对农业中长期信贷支持、农民专业合作社开展信用合作试点的具体办法。 放宽金融机构对涉农贷款的呆账核销条件。 加快发展政策性农业保险，扩大试点范围、增加险种，加大中央财政对中西部地区保费补贴力度，加快建立农业再保险体系和财政支持的巨灾风险分散机制，鼓励在农村发展互助合作保险和商业保险业务。 探索建立农村信贷与农业保险相结合的银保互动机制。
2010	加强财税政策与农村金融政策的有效衔接，引导更多信贷资金投向"三农"，切实解决农村融资难问题。 落实和完善涉农贷款税收优惠、定向费用补贴、增量奖励等政策。 进一步完善县域内银行业金融机构新吸收存款主要用于当地发放贷款政策。 加大政策性金融对农村改革发展重点领域和薄弱环节支持力度，拓展农业发展银行支农领域，大力开展农业开发和农村基础设施建设中长期政策性信贷业务。 农业银行、农村信用社、邮政储蓄银行等银行业金融机构都要进一步增加涉农信贷投放。 积极推广农村小额信用贷款。 加快培育村镇银行、贷款公司、农村资金互助社，有序发展小额贷款组织，引导社会资金投资设立适应"三农"需要的各类新型金融组织。 抓紧制定对偏远地区新设农村金融机构费用补贴等办法，确保3年内消除基础金融服务空白乡镇。 针对农业农村特点，创新金融产品和服务方式，搞好农村信用环境建设，加强和改进农村金融监管。 建立农业产业发展基金。 积极扩大农业保险保费补贴的品种和区域覆盖范围，加大中央财政对中西部地区保费补贴力度。 鼓励各地对特色农业、农房等保险进行保费补贴。发展农村小额保险。 健全农业再保险体系，建立财政支持的巨灾风险分散机制。支持符合条件的涉农企业上市

表3-2(续)

年份	关于"农村金融"的表述
2011	综合运用财政和货币政策，引导金融机构增加水利信贷资金。 有条件的地方根据不同水利工程的建设特点和项目性质，确定财政贴息的规模、期限和贴息率。 在风险可控的前提下，支持农业发展银行积极开展水利建设中长期政策性贷款业务。 鼓励国家开发银行、农业银行、农村信用社、邮政储蓄银行等银行业金融机构进一步增加农田水利建设的信贷资金。 支持符合条件的水利企业上市和发行债券，探索发展大型水利设备设施的融资租赁业务，积极开展水利项目收益权质押贷款等多种形式融资。 鼓励和支持发展洪水保险
2012	加大农村金融政策支持力度，持续增加农村信贷投入，确保银行业金融机构涉农贷款增速高于全部贷款平均增速。 完善涉农贷款税收激励政策，健全金融机构县域金融服务考核评价办法，引导县域银行业金融机构强化农村信贷服务。 大力推进农村信用体系建设，完善农户信用评价机制。 深化农村信用社改革，稳定县（市）农村信用社法人地位。 发展多元化农村金融机构，鼓励民间资本进入农村金融服务领域，支持商业银行到中西部地区县域设立村镇银行。 有序发展农村资金互助组织，引导农民专业合作社规范开展信用合作。 完善符合农村银行业金融机构和业务特点的差别化监管政策，适当提高涉农贷款风险容忍度，实行适度宽松的市场准入、弹性存贷比政策。 继续发展农户小额信贷业务，加大对种养大户、农民专业合作社、县域小型微型企业的信贷投放力度。 加大对科技型农村企业、科技特派员下乡创业的信贷支持力度，积极探索农业科技专利质押融资业务。 支持农业发展银行加大对农业科技的贷款力度。 鼓励符合条件的涉农企业开展直接融资，积极发展涉农金融租赁业务。 扩大农业保险险种和覆盖面，开展设施农业保费补贴试点，扩大森林保险保费补贴试点范围，扶持发展渔业互助保险，鼓励地方开展优势农产品生产保险。 健全农业再保险体系，逐步建立中央财政支持下的农业大灾风险转移分散机制

表3-2(续)

年份	关于"农村金融"的表述
2013	加强国家对农村金融改革发展的扶持和引导,切实加大商业性金融支农力度,充分发挥政策性金融和合作性金融作用,确保持续加大涉农信贷投放。 创新金融产品和服务,优先满足农户信贷需求,加大新型生产经营主体信贷支持力度。 加强财税杠杆与金融政策的有效配合,落实县域金融机构涉农贷款增量奖励、农村金融机构定向费用补贴、农户贷款税收优惠、小额担保贷款贴息等政策。 稳定县(市)农村信用社法人地位,继续深化农村信用社改革。 探索农业银行服务"三农"新模式,强化农业发展银行政策性职能定位,鼓励国家开发银行推动现代农业和新农村建设。 支持社会资本参与设立新型农村金融机构。 改善农村支付服务条件,畅通支付结算渠道。 加强涉农信贷与保险协作配合,创新符合农村特点的抵(质)押担保方式和融资工具,建立多层次、多形式的农业信用担保体系。 扩大林权抵押贷款规模,完善林业贷款贴息政策。 健全政策性农业保险制度,完善农业保险保费补贴政策,加大对中西部地区、生产大县农业保险保费补贴力度,适当提高部分险种的保费补贴比例。 开展农作物制种、渔业、农机、农房保险和重点国有林区森林保险保费补贴试点。 推进建立财政支持的农业保险大灾风险分散机制。 支持符合条件的农业产业化龙头企业和各类农业相关企业通过多层次资本市场筹集发展资金
2014	稳定大中型商业银行的县域网点,扩展乡镇服务网络,根据自身业务结构和特点,建立适应"三农"需要的专门机构和独立运营机制。 强化商业金融对"三农"和县域小微企业的服务能力,扩大县域分支机构业务授权,不断提高存贷比和涉农贷款比例,将涉农信贷投放情况纳入信贷政策导向效果评估和综合考评体系。 稳步扩大农业银行三农金融事业部改革试点。 鼓励邮政储蓄银行拓展农村金融业务。 支持农业发展银行开展农业开发和农村基础设施建设中长期贷款业务,建立差别监管体制。 增强农村信用社支农服务功能,保持县域法人地位长期稳定。 积极发展村镇银行,逐步实现县市全覆盖,符合条件的适当调整主发起行与其他股东的持股比例。 支持由社会资本发起设立服务"三农"的县域中小型银行和金融租赁公司。 对小额贷款公司,要拓宽融资渠道,完善管理政策,加快接入征信系统,发挥支农支小作用。 支持符合条件的农业企业在主板、创业板发行上市,督促上市农业企业改善治理结构,引导暂不具备上市条件的高成长性、创新型农业企业到全国中小企股份转让系统进行股权公开挂牌与转让,推动证券期货经营机构开发适合"三农"的个性化产品

表3-2(续)

年份	关于"农村金融"的表述
	在管理民主、运行规范、带动力强的农民合作社和供销合作社基础上,培育发展农村合作金融,不断丰富农村地区金融机构类型。 坚持社员制、封闭性原则,在不对外吸储放贷、不支付固定回报的前提下,推动社区性农村资金互助组织发展。 完善地方农村金融管理体制,明确地方政府对新型农村合作金融监管职责,鼓励地方建立风险补偿基金,有效防范金融风险。 适时制定农村合作金融发展管理办法。 提高中央、省级财政对主要粮食作物保险的保费补贴比例,逐步减少或取消产粮大县县级保费补贴,不断提高稻谷、小麦、玉米三大粮食品种保险的覆盖面和风险保障水平。 鼓励保险机构开展特色优势农产品保险,有条件的地方提供保费补贴,中央财政通过以奖代补等方式予以支持。 扩大畜产品及森林保险范围和覆盖区域。 鼓励开展多种形式的互助合作保险。 规范农业保险大灾风险准备金管理,加快建立财政支持的农业保险大灾风险分散机制。 探索开办涉农金融领域的贷款保证保险和信用保险等业务
2015	要主动适应农村实际、农业特点、农民需求,不断深化农村金融改革创新。 综合运用财政税收、货币信贷、金融监管等政策措施,推动金融资源继续向"三农"倾斜,确保农业信贷总量持续增加、涉农贷款比例不降低。 完善涉农贷款统计制度,优化涉农贷款结构。延续并完善支持农村金融发展的有关税收政策。 开展信贷资产质押再贷款试点,提供更优惠的支农再贷款利率。 鼓励各类商业银行创新"三农"金融服务。农业银行三农金融事业部改革试点覆盖全部县域支行。 农业发展银行要在强化政策性功能定位的同时,加大对水利、贫困地区公路等农业农村基础设施建设的贷款力度,审慎发展自营性业务。 国家开发银行要创新服务"三农"融资模式,进一步加大对农业农村建设的中长期信贷投放。 提高农村信用社资本实力和治理水平,牢牢坚持立足县域、服务"三农"的定位。 鼓励邮政储蓄银行拓展农村金融业务。 提高村镇银行在农村的覆盖面。积极探索新型农村合作金融发展的有效途径,稳妥开展农民合作社内部资金互助试点,落实地方政府监管责任。 做好承包土地的经营权和农民住房财产权抵押担保贷款试点工作。 鼓励开展"三农"融资担保业务,大力发展政府支持的"三农"融资担保和再担保机构,完善银担合作机制。 支持银行业金融机构发行"三农"专项金融债,鼓励符合条件的涉农企业发行债券。 开展大型农机具融资租赁试点。 完善对新型农业经营主体的金融服务。 强化农村普惠金融。 继续加大小额担保财政贴息贷款等对农村妇女的支持力度

表3-2（续）

年份	关于"农村金融"的表述
2016	加快构建多层次、广覆盖、可持续的农村金融服务体系，发展农村普惠金融，降低融资成本，全面激活农村金融服务链条。 进一步改善存取款、支付等基本金融服务。 稳定农村信用社县域法人地位，提高治理水平和服务能力。 开展农村信用社省联社改革试点，逐步淡出行政管理，强化服务职能。 鼓励国有和股份制金融机构拓展"三农"业务。 深化中国农业银行三农金融事业部改革，加大"三农"金融产品创新和重点领域信贷投入力度。 发挥国家开发银行优势和作用，加强服务"三农"融资模式创新。 强化中国农业发展银行政策性职能，加大中长期"三农"信贷投放力度。 支持中国邮政储蓄银行建立三农金融事业部，打造专业化为农服务体系。 创新村镇银行设立模式，扩大覆盖面。 引导互联网金融、移动金融在农村规范发展。 扩大在农民合作社内部开展信用合作试点的范围，健全风险防范化解机制，落实地方政府监管责任。 开展农村金融综合改革试验，探索创新农村金融组织和服务。 发展农村金融租赁业务。 在风险可控前提下，稳妥有序推进农村承包土地的经营权和农民住房财产权抵押贷款试点。 积极发展林权抵押贷款。 创设农产品期货品种，开展农产品期权试点。 支持涉农企业依托多层次资本市场融资，加大债券市场服务"三农"力度。 全面推进农村信用体系建设。 加快建立"三农"融资担保体系。 完善中央与地方双层金融监管机制，切实防范农村金融风险。 强化农村金融消费者风险教育和保护。 完善"三农"贷款统计，突出农户贷款、新型农业经营主体贷款、扶贫贴息贷款等

表3-2（续）

年份	关于"农村金融"的表述
2017	强化激励约束机制，确保"三农"贷款投放持续增长。 支持金融机构增加县域网点，适当下放县域分支机构业务审批权限。对涉农业务较多的金融机构，进一步完善差别化考核办法。 落实涉农贷款增量奖励政策。 支持农村商业银行、农村合作银行、村镇银行等农村中小金融机构立足县域，加大服务"三农"力度，健全内部控制和风险管理制度。 规范发展农村资金互助组织，严格落实监管主体和责任。 开展农民合作社内部信用合作试点，鼓励发展农业互助保险。支持国家开发银行创新信贷投放方式。 完善农业发展银行风险补偿机制和资本金补充制度，加大对粮食多元市场主体入市收购的信贷支持力度。 深化农业银行三农金融事业部改革，对达标县域机构执行优惠的存款准备金率。 加快完善邮储银行三农金融事业部运作机制，研究给予相关优惠政策。抓紧研究制定农村信用社省联社改革方案。优化村镇银行设立模式，提高县市覆盖面。 鼓励金融机构积极利用互联网技术，为农业经营主体提供小额存贷款、支付结算和保险等金融服务。 推进信用户、信用村、信用乡镇创建。支持金融机构开展适合新型农业经营主体的订单融资和应收账款融资业务。 深入推进承包土地的经营权和农民住房财产权抵押贷款试点，探索开展大型农机具、农业生产设施抵押贷款业务。 加快农村各类资源资产权属认定，推动部门确权信息与银行业金融机构联网共享。 持续推进农业保险扩面、增品、提标，开发满足新型农业经营主体需求的保险产品，采取以奖代补方式支持地方开展特色农产品保险。 鼓励地方多渠道筹集资金，支持扩大农产品价格指数保险试点。 探索建立农产品收入保险制度。支持符合条件的涉农企业上市融资、发行债券、兼并重组。在健全风险阻断机制前提下，完善财政与金融支农协作模式。 鼓励金融机构发行"三农"专项金融债。 扩大银行与保险公司合作，发展保证保险贷款产品。深入推进农产品期货、期权市场建设，积极引导涉农企业利用期货、期权管理市场风险，稳步扩大"保险+期货"试点。 严厉打击农村非法集资和金融诈骗。 积极推动农村金融立法

表3-2(续)

年份	关于"农村金融"的表述
2018	坚持农村金融改革发展的正确方向，健全适合农业农村特点的农村金融体系，推动农村金融机构回归本源，把更多金融资源配置到农村经济社会发展的重点领域和薄弱环节，更好满足乡村振兴多样化金融需求。 要强化金融服务方式创新，防止脱实向虚倾向，严格管控风险，提高金融服务乡村振兴能力和水平。抓紧出台金融服务乡村振兴的指导意见。 加大中国农业银行、中国邮政储蓄银行"三农"金融事业部对乡村振兴支持力度。明确国家开发银行、中国农业发展银行在乡村振兴中的职责定位，强化金融服务方式创新，加大对乡村振兴中长期信贷支持。推动农村信用社省联社改革，保持农村信用社县域法人地位和数量总体稳定，完善村镇银行准入条件，地方法人金融机构要服务好乡村振兴。 普惠金融重点要放在乡村。推动出台非存款类放贷组织条例。制定金融机构服务乡村振兴考核评估办法。 支持符合条件的涉农企业发行上市、新三板挂牌和融资、并购重组，深入推进农产品期货期权市场建设，稳步扩大"保险+期货"试点，探索"订单农业+保险+期货（权）"试点。 改进农村金融差异化监管体系，强化地方政府金融风险防范处置责任
2019	按照扩面增品提标的要求，完善农业保险政策。推进稻谷、小麦、玉米完全成本保险和收入保险试点。 扩大农业大灾保险试点和"保险+期货"试点。探索对地方优势特色农产品保险实施以奖代补试点。打通金融服务"三农"各个环节，建立县域银行业金融机构服务"三农"的激励约束机制，实现普惠性涉农贷款增速总体高于各项贷款平均增速。 推动农村商业银行、农村合作银行、农村信用社逐步回归本源，为本地"三农"服务。 研究制定商业银行"三农"事业部绩效考核和激励的具体办法。 用好差别化准备金率和差异化监管等政策，切实降低"三农"信贷担保服务门槛，鼓励银行业金融机构加大对乡村振兴和脱贫攻坚中长期信贷支持力度。 支持重点领域特色农产品期货期权品种上市
2020	强化对"三农"信贷的货币、财税、监管政策正向激励，给予低成本资金支持，提高风险容忍度，优化精准奖补措施。 对机构法人在县域、业务在县域的金融机构，适度扩大支农支小再贷款额度。深化农村信用社改革，坚持县域法人地位。加强考核引导，合理提升资金外流严重县的存贷比。 鼓励商业银行发行"三农"、小微企业等专项金融债券。落实农户小额贷款税收优惠政策。符合条件的家庭农场等新型农业经营主体可按规定享受现行小微企业相关贷款税收减免政策。 合理设置农业贷款期限，使其与农业生产周期相匹配。发挥全国农业信贷担保体系作用，做大面向新型农业经营主体的担保业务。推动温室大棚、养殖圈舍、大型农机、土地经营权依法合规抵押融资

表3-2（续）

年份	关于"农村金融"的表述
	稳妥扩大农村普惠金融改革试点，鼓励地方政府开展县域农户、中小企业信用等级评价，加快构建线上线下相结合、"银保担"风险共担的普惠金融服务体系，推出更多免抵押、免担保、低利率、可持续的普惠金融产品。抓好农业保险保费补贴政策落实，督促保险机构及时足额理赔。优化"保险+期货"试点模式，继续推进农产品期货期权品种上市
2021	发挥财政投入引领作用，支持以市场化方式设立乡村振兴基金，撬动金融资本、社会力量参与，重点支持乡村产业发展。 坚持为农服务宗旨，持续深化农村金融改革。运用支农支小再贷款、再贴现等政策工具，实施最优的存款准备金率，加大对机构法人在县域、业务在县域的金融机构的支持力度，推动农村金融机构回归本源。 鼓励银行业金融机构建立服务乡村振兴的内设机构。明确地方政府监管和风险处置责任，稳妥规范开展农民合作社内部信用合作试点。 保持农村信用合作社等县域农村金融机构法人地位和数量总体稳定，做好监督管理、风险化解、深化改革工作。 完善涉农金融机构治理结构和内控机制，强化金融监管部门的监管责任。支持市县构建域内共享的涉农信用信息数据库，用 3 年时间基本建成比较完善的新型农业经营主体信用体系。 发展农村数字普惠金融。 大力开展农户小额信用贷款、保单质押贷款、农机具和大棚设施抵押贷款业务。鼓励开发专属金融产品支持新型农业经营主体和农村新产业新业态，增加首贷、信用贷。 加大对农业农村基础设施投融资的中长期信贷支持。加强对农业信贷担保放大倍数的量化考核，提高农业信贷担保规模。 将地方优势特色农产品保险以奖代补做法逐步扩大到全国。健全农业再保险制度。 发挥"保险+期货"在服务乡村产业发展中的作用
2022	对机构法人在县域、业务在县域、资金主要用于乡村振兴的地方法人金融机构，加大支农支小再贷款、再贴现支持力度，实施更加优惠的存款准备金政策。 支持各类金融机构探索农业农村基础设施中长期信贷模式。加快农村信用社改革，完善省（区、市）农村信用社联合社治理机制，稳妥化解风险。 完善乡村振兴金融服务统计制度，开展金融机构服务乡村振兴考核评估。 深入开展农村信用体系建设，发展农户信用贷款。 加强农村金融知识普及教育和金融消费权益保护。 积极发展农业保险和再保险，优化完善"保险+期货"模式。强化涉农信贷风险市场化分担和补偿，发挥好农业信贷担保作用

始于 1978 年的农村金融体系变革，推动了我国农村金融的发展，截至目前，川渝广大农村地区已经形成了包括商业金融、政策金融、合作性金融等正规金融机构，以及以村镇银行、农村资金互助社等为代表的新型农村金融机构多种农村金融组织并存的新局面。我国川渝地区农村金融体系的基本框架如图 3-1 所示。

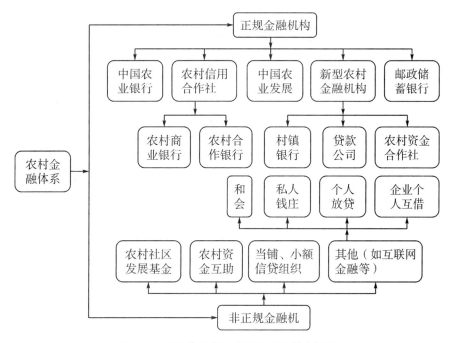

图 3-1　川渝地区农村金融体系的基本框架

第三节　川渝地区农村金融发展指标系统描述

金融发展虽无一个统一的概念，但是在实证研究中经济学家们构建了一套较为完整的金融发展指标体系来度量金融发展水平，国内学者彭新韵（2002）曾对金融指标体系的构建做了较为完整的综述。参照国内外学者的做法（King & Levin，1993；彭新韵，2002；冉光和 等，2005；贾立，2011），同时基于川渝地区农村的现实情况和数据的可获得性，本书用农村金融发展规模、农村金融发展效率、农村金融发展结构和农村金融覆盖密度四个指标来度量川渝地区农村金融发展水平。下面对各指标进行较为系统的描述。

一、农村金融发展规模

金融发展规模是金融发展水平最重要的指标之一，早期衡量金融发展规模的指标主要有两种：戈德史密斯于 1969 年提出的金融相关率（FIR）和麦金龙于 1973 年提出的货币化程度（$M2/\text{GDP}$），通常简称为戈氏指标和麦氏指标。现在各类实证研究的文献中，关于金融发展规模的指标都是基于戈氏指标和麦氏指标演变而来。金融相关率（FIR）是指某一时点金融资产存量与同一时期名义 GDP 的比值，金融资产存量包括居民的各类金融资产余额，最常见的为货币、长期存款、股票、债券和基金等。当然，不同的学者在实证研究中对金融资产指标的选择存在差异性，比如张杰（2005）对戈氏指标进行了修正，修正后的戈氏指标表达式为（$M2 + L + S$）$/\text{GDP}$，其中 $M2$、L、S 分别表示货币存量，各类贷款余额和各类有价证券的价值。也有学者认为，农村金融市场不发达，农户的主要金融资产为存贷款余额，诸如股票、债券和基金等有价证券规模极小，基本可以忽略不计，因此常用存贷款余额来度量金融资产的数量（谢平，1992；易纲，1996）。

麦氏指标是货币存量 $M2$ 与当期名义国内生产总值 GDP 的比值，该指标衡量经济的货币化程度。麦氏指标在早期的实证研究中应用广泛，但是也备受争议，有学者认为该指标不能准确或真实地反映金融发展水平（Levine & Zexvos，1998；王毅，2002；李广众、陈平，2002）。比如在很多发展中国家，资本市场和债券市场发展严重滞后，居民无法通过金融市场有效配置自己的"剩余"资金，银行储蓄往往成为居民唯一的投资渠道，此时 $M2/\text{GDP}$ 比值明显偏高，但是这并不意味着发展中国家金融发展水平高，由此说明 $M2/\text{GDP}$ 不能反映出金融体系配置资源的效率，与经济增长速度和经济发展水平之间不存在必然联系。再比如，我国 $M2/\text{GDP}$ 比值远高于美国、日本和西欧等发达国家和地区，该比值在 2011 年年末已超过 1.8，这个数值在全球范围内都算较高的，但是这并不意味着我国金融发展水平很高，反而是我国金融市场不成熟的表现，原因我国货币增速较快和通过银行的间接融资比例过高，因此在我国 $M2/\text{GDP}$ 只能反映出货币超发和物价上涨的现实情况。

我国是典型的城乡二元经济结构，在金融发展上表现为城市金融的多元化与农村金融的单一性。我国农村地区，特别是经济相对落后的川渝地区，农村金融市场比较单一，农户有限的盈余资金大多存在农村信用社和邮政储蓄银行，农户闲余资金储存在金融机构的比例可以达 70% 以上（李子奈，2010），用于购买债券、股票和基金的比例极低。2010 年笔者调研四个样本区县发现，只有不到 2% 的农户利用了证券市场来增加自己的投资渠道，并且规模远低于储蓄规模。2020 年再次调研时，也发现只有仅4% 的农户投资了股票、债券、基金或其他理财产品，而且投资金额和占金融资产的比例也不高，储蓄依然是农户投资的首选渠道。因此川渝地区农村债券市场和股票市场等因素对农户金融资产的影响可以忽略不计。川渝地区农村最主要的金融工具是存款和贷款，基于川渝地区的这一现实情况，借鉴国外学者（King & Levin，1993）和国内学者（谢平，1992；易纲，1996；冉光和 等，2005）的做法，利用 $(L + D)/RGDP \times 100$ 来度量川渝地区农村金融发展规模 RFS。其中 D 为样本地区的农村存款余额，其为农业存款余额与农村居民储蓄存款余额之和；L 为样本地区的农村贷款余额，其值为农业贷款余额与乡镇企业贷款余额之和；RGDP 为样本地区的农村 GDP，其值为第一产业增加值与乡镇企业增加值的总和。利用 1985—2019 年样本地区的官方统计资料，可以算出川渝地区金融发展规模 RFS，如图 3-2 所示。特别说明的是，尽管能够查询到 2020 年、2021 年和 2022年的相关数据，但是由于疫情影响，相关数据不具有代表性，特别是用于后面的计量分析，会出现失真现象，因此本书宏观数据截至 2019 年年底。其中，在计算过程中，农村存款余额、农村贷款余额、乡镇企业贷款余额和农村生产总值都是四个研究样本区域的总和，其单位为亿元。农村金融发展规模是以 100 为基准。

从图 3-2 可以看出，尽管川渝地区农村金融发展规模有小幅波动，但是总体趋势是不断上升，从 1999 年以后数值基本稳定在 150 以上（基数为100）。特别是在 2017 年乡村振兴战略实施以后，农村金融发展规模指标有了一个较大幅度的上升。但是，通过对比发现，川渝地区农村金融发展规模的数值与东部地区差距较大，也低于同期全国的平均水平。从图 3-2可以看出，川渝地区农村金融发展规模指标与全国同期数值相比较，两者之间的差额不但没有缩小，反而呈现出扩大趋势。乡村振兴战略实施后，这一趋势也没有改变，说明川渝地区农村金融发展规模相对偏小，这与川渝地区农村经济相对落后的现实情况基本吻合。

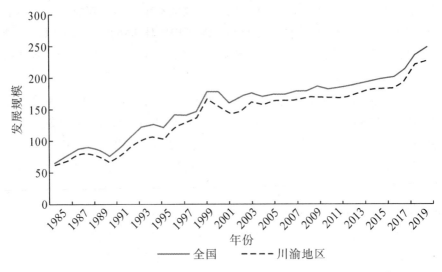

图 3-2　全国农村和川渝地区农村金融发展规模比较（1985—2019 年）

二、农村金融发展效率

金融规模的扩大只能体现金融发展水平"量"的问题，不能体现金融发展水平"质"的问题，因此该指标不能全面准确地反映金融发展水平。甚至有学者认为，金融发展规模与经济增长之间不存在必然联系，金融发展规模不能体现金融中介的功能，用该指标度量金融发展水平是无效的（Levine & Zexvos，1998）。Levine（1996）指出，金融中介功能主要体现在五个方面[①]，其中动员和运用储蓄功能位于五大功能之首，是金融中介最主要的功能。我国农村金融机构在动员农户储蓄方面是高效的，原因如下：首先，勤俭节约是我国农民的优良传统，农户或多或少拥有盈余资金。其次，农户投资渠道单一，农户极少投资股票、债基和基金等金融资产，绝大部分农户将盈余资金根据就近原则存储在各类农村金融结构或商业银行（《中国农村金融发展报告》，2019—2020）。再次，我国尚未建立完善的社会保障体系，出于对教育、医疗、住房和养老等方面的考虑，农户为了应对未来不确定事件的发生，不得不"强制"储蓄，经济学上称之为预防性储蓄。通过调研发现，贫困地区农村居民预防性储蓄趋向是明显

---

① Levine 金融中介的五个功能分别是动员和运用储蓄、监督管理者和公司控制、获取有关投资和资源配置的信息、便利风险管理、便利经济交易。

的。最后，国家信誉增加了农户的安全感，农户作为一个群体是规避风险的，出于对资金安全性的考虑，农户愿意把盈余资金存储在国家的金融机构而非用于高风险的民间借贷，在贫困地区这种风险规避趋向尤为突出。由此可见，金融机构在动员农户储蓄方面是有效的，因此金融中介功能效率的高低主要取决于运用储蓄的效率。

国外学者采用银行信贷余额 Loan 与同期国内生产总值 GDP 的比值（Loan/GDP）来度量金融中介的效率（Arestis et al.，2001），该指标对于发达国家是有效的，但是对于城乡分离的二元经济结构来说，该指标失之偏颇。发达国家城乡一体化程度高，金融发展均衡化，而我国城乡金融是明显的二元结构，农村金融远远落后于城市金融，因此用 Loan/GDP 来度量农村金融发展效率就掩饰了我国城乡差距这一现实情况。

国内学者也构建了不同指标来度量我国农村金融效率，大多采用农村贷款余额 L 与农村存款余额 D 的比值（L/D）加以度量（王志强、孙刚，2003；姚耀军，2004）。本书认为，采用 L/D 作为农村金融发展效率的指标具有合理性，根据 Levine 的理论，金融中介的效率主要通过动员储蓄和运用储蓄的效率来体现，我国贫困地区农村金融中介的动员储蓄的能力是高效的，因此金融中介功能效率主要通过运用储蓄的效率来体现。L/D 反映了农村储蓄向农村投资转换的效率，能够较好衡量金融中介发挥状况。在传统的经济增长理论中，假定储蓄完全转化为投资，而事实上储蓄转化为投资的过程中存在"损耗"，这些"损耗"往往以利差、手续费、佣金或其他成本的形式为金融体系所吸纳，如果"损耗"部分过大，那么储蓄转化为投资的比率就较低。显然，如果金融中介能够高效发挥作用，损耗率则低，储蓄转化为投资的比例就高，相反储蓄转化为投资的比例就低。储蓄转化为投资的过程中的"损耗率"是由整个金融体系决定的，全国大致相似，我们可以假定是外生决定的。农村资金外流是导致农村金融发展效率 L/D 水平偏低的更主要原因，因为农村储蓄可能部分转化为农村投资，也有可能部分农村储蓄资金外流进入非农领域，比如通过金融体系将农村盈余资金流向城市。资金外流越严重则农村储蓄支农功能越低效。因此，如果我们假定金融系统将储蓄转化为投资的"漏损率"是固定的话，那么农村金融发展效率 L/D 主要由农村资金外流的状况决定，如果农村盈余资金外流现象严重则农村金融效率低下，反之农村金融发展效率较高。总的来说，农村贷款余额 L 与农村存款余额 D 的比值（L/D）能够较好地反映贫困地区农村金融发展效率 RFE，根据样本地区的统计数据，计算出贫困地区农村金融发展效率 RFE 的结果如图 3-3 所示。农村金融发展效率是以 100 为基准，即农村金融发展效率 = $L/D \times 100$。从计算出的川渝地区农村金融发展效率 RFE（见图 3-3）来看，在 20 世纪 90 年代中期一度高达 70 左右，但是从 20 世纪 90 年代中后期开始，川渝地区农村金融效率开始不断下滑，到 2011 年该数值低于 60，在 2013 年达到最低值，这意味着农村储蓄资金只有不到一半的比例用于农村地区，超过一半的农村储蓄资金进入城市领域，金融中介的"抽水机"功能不断强化。2014 年以后，川渝地区农村金融发展效率有所改善，该数值有所上升，2019 年达到了 70，但是依然没有回到历史峰值。

图 3-3　全国农村和川渝地区农村金融发展效率比较（1985—2019 年）

如果将川渝地区金融发展效率与全国的平均值做一个比较，我们会发现：川渝地区农村金融效率和全国农村金融效率变化趋势大致相同，但一直低于全国平均水平。在 20 世纪 90 年代早期农村金融效率指数高位运行，即在 1990—1994 年全国农村金融发展效率 L/D 指数超过 100，最高值在 110 左右，这意味在此期间农村贷款余额超过了农村存款余额，全国出现短暂的资金流向农村的情况，而在此期间川渝地区（样本地区）农村金融发展效率也达到历史最高值，在 80 左右，川渝地区农村依然是资金净流出。从 20 世纪 90 年代中后期开始，川渝地区农村和全国农村一样，农村金融发展效率指数急速下滑，全国农村和贫困地区农村资金外流显然日益加重，但是川渝地区农村资金外流现象更为突出。本书计算的结果与部分学者的研究结论相似，国内很多学者认为，在 20 世纪 90 年代中期以前，金融中介功能得到了较好的体现，主要得益于乡镇企业的迅速崛起，乡镇企业规模的迅猛增长导致了对农村信用社等农村金融机构融资需求的增加（姜长云，2000；张军 等，2003），但是 1994 年以后乡镇企业发展速度放缓，农村金融发展效率指标也相应地不断下滑（谭秋成，2003），农村金融中介总体上发挥水平欠佳（林毅夫，2004）。

三、农村金融发展结构

农村金融发展效率只反映了农村储蓄向农村投资转化的程度，但是并未反映农村信贷的投向和投量结构。我国农村信贷的主要对象包括：以棉农油为代表的国有企业和以乡镇企业为代表的集体所有制企业。事实上，农户直接从农村机构获取的信贷资金极为有限，以农村信用社为代表的农村金融机构只能满足部分农户的小额贷款，普通农户难以直接从信用社获取贷款，贫困农户贷款难问题尤为突出（《中国农村金融发展研究报告》，2019），因此我们讨论川渝地区农村信贷结构时暂不考虑农户直接从农村金融机构的贷款余额。农村信贷资金是一种稀缺资源，其投向和投量结构可以促进社会经济结构优化，向更合理的方向发展。显然，农村信贷资金是流向"棉农油"等大型国有企业还是流向乡镇企业对农村经济的影响是不同的，棉农油企业主要是从事农产品的收购，主要职责是保障农产品价格稳定，而乡镇企业发展对农民就业、增加农户收入和消费、发展农村经济等方面更具有现实效应。受姚耀军（2004）、雷启振（2009）、贾立和石倩（2011）等人的启发，本书采用乡镇企业贷款余额 TL 与农村贷款余额 L 的比值（TL/L）来度量农村金融发展结构 RFC。根据样本地区的统计数据，计算出川渝地区农村金融发展结构 RFC 的结果图 3-4 所示。农村金融发展结构是以 100 为基准。

从计算出结果来看，农村金融发展结构与农村金融发展效率经历了大致类似的变化轨迹。农村金融发展结构的指标变化轨迹实质反映了贫困地区农村乡镇企业的发展历程。20 世纪 80 年代开始，贫困地区与全国一样，乡镇企业开始在农村出现并蓬勃发展，乡镇企业的融资需求也迅速增长，乡镇企业贷款占农村贷款的比重迅速上升，由 1984 年的 19.1% 迅速提升到 1995 年的 49.1%，12 年期间提高了 30 个百分点，90 年代中期以前可以说是乡镇企业的黄金时期，相应的金融发展结构 RFC 指标持续上升。20 世纪 90 年代中期以后，乡镇企业发展速度减缓，乡镇企业发展面临诸多困境，乡镇企业贷款余额占农村贷款余额的比值（TL/L）下降明显，从 1995 年的 49.1% 下降到了 2007 年的不足 24.1%。在 2008 年美国金融危机后，由于我国实施扩张性货币政策，流动性充足，乡镇企业的贷款占农村贷款余额的比重下降的趋势开始得到遏制，乡镇企业信贷约束稍有缓解，但是农村金融发展结构 RFC 指标并未明显上升，维持在 30 以下，到 2014 年才回到 40，得益于 2017 年实施的乡村振兴战略，川渝地区农村金融发展结构到 2019 年达到了近 37。

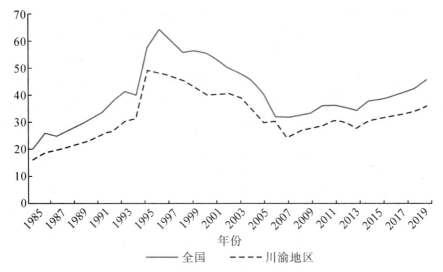

图 3-4　全国农村和川渝地区农村金融发展结构比较（1985—2019 年）

　　如果将川渝地区金融发展结构与全国的平均值做比较，可以看出：川渝地区农村乡镇企业贷款余额占贫困地区农村贷款余额的比值比全国平均值低不少，在 20 世纪 90 年代中后期，这种差距最大，此期间全国的农村金融发展结构 RFC 指标值一直维持在 50 以上，最高达到了 60 左右，而同期贫困地区农村的金融发展结构 RFC 指标值一直在 50 以下（最大值仅为 49），二者相差 10 个百分点以上。进入 20 世纪以来，川渝地区金融发展结构 RFC 的值与全国平均值的差距有所缩小，但是二者差距依然明显。川渝地区农村金融发展水平与全国平均水平的差距正是贫困地区乡镇企业发展落后于全国平均水平的真实反映。川渝地区农村乡镇企业发展落后有很多原因：首先，川渝地区大部分县乡两级的乡镇企业管理机构在多次的机构改革中被撤销，即使是没有被撤销的管理机构，其职能也弱化了很多，乡镇企业没人抓没人管，缺少引导力量；其次，川渝地区农村乡镇企业产业较为落后，产品同质化趋势严重，企业无序竞争加剧，区域经济特色不显著，乡镇企业逐步萎缩；最后，信贷资金在川渝农村地区是一种极为稀缺的资源，乡镇企业面临担保难、融资难和贷款难等问题，乡镇企业难以获取信贷资金导致企业难以做大做强，企业发展困难反过来又制约乡镇企业获取信贷资金，呈现出"企业融资难→乡镇企业发展难，乡镇企业发展难→企业融资难"恶性循环的局面。因此，川渝地区农村乡镇企业存在的种种问题，导致川渝地区农村金融发展结构指标不仅与全国平均值存在较大的差距，而且难以有较大幅度的提高。

四、农村金融覆盖密度

农村金融发展规模、效率和结构在总体上度量了川渝地区农村金融发展程度，但是这些指标没有反映出金融体系内在结构的变化，比如没有考虑金融机构数量的变化。而金融机构数量的变化能够反映出农村金融市场的竞争状况，显然高密度的金融覆盖率比寡头垄断的农村金融机构对农村经济发展和农户福利改善更为有利。因此，我们必须考虑农村金融体系内在结构的变化情况。

戈德史密斯（1963）认为，金融机构的产生和发展是社会经济自身发展的必然产物，其变迁过程并非由人为因素决定。列维与戈德史密斯持相似的观点，他在其代表性著作《金融结构与经济发展》中指出，金融机构的复杂程度与经济发展水平密切相关，经济发展落后的地区金融机构一般比较单一，复杂的金融机构是经济发展到一定阶段的产物。美国耶鲁大学经济学家帕特里克认为农村金融组织存在两种发展模式：一是"需求追随"模式，这种模式强调农村经济主体的需求是导致农村金融体系和农村金融服务产生的根源，这种模式认为金融发展被动地适应农村经济增长的要求，农村经济发展是农村金融发展的动因。二是"供给领先"模式，即先有农村金融体系和农村金融服务的供给，后才有农村经济主体的需求。帕特里克指出，任何的金融机构先是遵循"需求追随"模式，在金融机构和经济更加强大后，就自然演变为了"供给领先"的金融发展模式。

张军洲（1995）在《中国金融区域分析》认为，区域金融是指一个国家金融结构和运行在空间上的分布状态，在外延上它表现为具有不同形态、不同层次和金融活动相对集中的若干金融区域。张杰（1996）提出了衡量金融结构空间分布的两种算法："自然算法"和"经济算法"，后来关于金融机构分布相关的实证研究都以这两种算法为基础。"自然算法"是基于行政区域设置和人口数量来计算金融机构的区域分布密度，比如用每万人所拥有的金融机构数量来度量金融机构的区域分布密度。"经济算法"基于效率优先的原则来计算金融机构的区域分布密度，比如用每亿元第一产业产值所需设置的金融机构的数量来度量金融机构的区域分布密度。有学者用"自然算法"和"经济算法"来计算了我国农村金融的区域分布状况（张杰，1996；郑长德，2007；李阳，2009），发现我国主要以"自然算法"来布局农村金融机构空间分布。本书借鉴大部分国内学者的相关研究成果，用每万农村人口拥有的机构数量来度量川渝地区金融覆盖密度，即用"自然算法"来估计川渝地区农村金融覆盖密度。理论上，农村金融覆盖密度与经济发展水平正相关，因为一个地区经济发展水平越高，农村金融越发达，竞争越激烈，金融机构及其分支机构的数量应该越多，所以貌似采用"经济算法"来计算川渝地区农村金融覆盖密度在理论上更可行，不过这与我国的农村现实情况不合。事实上，尽管以农村信用社为代表的农村金融机构开始优化在贫困地区农村的网点布局，逐步减少和撤销了部分盈利能力不强的分支机构，同时逐步在经济发展水平较高的东部农村地区增加网点数量；但是这并未改变我国通过行政资源来布局农村金融机构的根本局面，我国强大的行政力量在金融资源的分配中往往起着决定性作用，农村金融机构的规模和数量更多的是与区域的行政级别密切相关，因此采用"自然算法"比"经济算法"更符合我国的实际情况。农村金融覆盖密度指标能够有效地衡量贫困地区金融市场的竞争状况，如果农村金融覆盖密度较高意味着农村金融机构数量较多，金融机构竞争较为激烈，这有利于农村金融机构改善服务质量，提升农户获得信贷的概率。相反，如果农村金融覆盖密度低，农村金融机构数量少，农村金融市场可能就是寡头垄断市场，根据经济学基本原理，寡头垄断市场是缺乏效率的，这可能会增加农户信贷约束的程度，从而遏制农户福利的改善。根据样本地区的统计数据，计算出贫困地区农村金融覆盖密度 RFD 的结果如图 3-5 所示。农村金融覆盖密度是每万农村人口拥有的农村金融机构的数量。

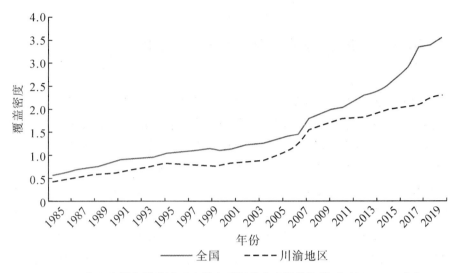

图 3-5 全国农村和川渝地区农村金融覆盖密度结构比较（1985—2019 年）

从计算结果来看，从 20 世纪 80 年代中期到 1995 年，川渝地区农村金融覆盖密度保持平缓的上升趋势，总体来看农村金融机构的扩张速度低于同期经济增长速度，农村金融覆盖密度滞后于全国农村平均水平。1997 年的亚洲金融危机以后，基于盈利和风险等因素的考虑，国有商业银行开始合并、撤离或减少了农村地区的金融分支机构数量，贫困地区农村金融覆盖密度开始下降，直到 20 世纪初这种下降趋势才得到遏制。从 2004 年开始，政府每年出台的"中央一号文件"都强调了发展农村金融的重要性，鼓励各类金融中介反哺农业，特别是 2006 年以来，中国银监会发布规定，放宽农村金融业务准入门槛，川渝地区农村开始逐步出现村镇银行、农村资金互助社和贷款公司等新型金融机构，初步形成了分工合理、功能互补、适度竞争并且可持续发展的多层次农村金融体系。在此阶段，川渝地区农村金融覆盖密度大为改善。尽管川渝地区农村的金融覆盖率有较大程度的提升，但是我们必须清楚地认识到，这与我国中东部地区以及全国平均水平依然有较大的差距，与每万城市人口拥有的金融机构数量差距更大。此外，从金融机构的种类来看，川渝地区农村金融机构依然相对单一，农村信用社几乎垄断了川渝地区农村金融正规信贷市场，其他商业银行数量明显低于全国平均值（《中国农村金融发展报告》，2019）。

第四节 川渝地区农户福利指标系统描述

国内外关于福利方面的实证研究中，学者们从不同角度构建了用来度量福利水平的指标体系。大部分学者采用了与收入或支出相关的指标（刘元春、孙莉，2009；周兴、王芳，2010；陈太明 等，2011；谢乔昕、孔刘柳，2011；王春雷、黄素心，2012），比如学者们曾经采用过纯收入、可支配收入、收入差距及平均消费支出等指标来计量农户福利水平。后来有学者认为收入和支出不能全面衡量福利水平的高低，又加入了家庭金融资产、家庭总资产等资产禀赋指标来进一步度量福利水平（李锐、朱喜，2007；李庆海 等，2011）。本书参照国内外学者关于福利文献的研究，同时基于贫困地区农村的现实情况和数据的可获得性，采用农户的纯收入、消费支出和农户家庭净资产余额三个指标来衡量农户福利水平，其中纯收入和消费支出是最常见的衡量福利水平的指标，家庭净资产是在其他研究文献基础上加入的新的福利指标，本书认为扣除了家庭负债的农户家庭净资产指标能更好地度量农户的财富禀赋，是更好计量农户福利水平的指标之一。下面对各指标进行较为系统的描述：

一、农户收入水平

诺贝尔经济学奖获得者阿玛蒂亚·森（2001）认为，谈到福利问题首先想到的是收入问题。收入是居民物质和精神消费的前提和基础，根据西方经济学基本理论，收入是决定消费最主要的因素，预算约束线与农户的效用函数相切点就是农户效用最大的均衡点，当农户收入增加时，预算约束线外移，农户的消费效用函数与新的预算约束线相切点是农户消费新的均衡点，此时农户处于更高的消费水平，获取更大的效用和满足感。从某种程度来说，贫困地区农户收入水平的高低直接决定了农户福利水平的高低，因此我们先来考察贫困地区农户的收入状况。

本书用农户家庭人均纯收入来度量农户收入水平的高低。由于缺乏贫困地区（样本地区）农户收入的直接数据，我们设定四个调研地区的统计资料计算而得的平均数为贫困地区农户家庭人均纯收入。其具体计算过程为：假设 y_{ij} 为第 i 个样本地区农民在第 j 年人均纯收入（$i = 1, 2, 3, 4$;

$j = 1985$，1986，$\cdots$，2019）。n_{ij} 为 i 个县第 j 年的农业总人口数（$i = 1$，2，3，4；$j = 1985$，1986，$\cdots$，2019），则用每一个样本地区的农民人均纯收入乘以当地当年农村人口数就得到该地区所有的农民纯收入的总和，进而求和计算得到四个样本地区所有农民的纯收入的总和，再将四个地区的总和除以四个地区的农村人口总数，就得到了贫困地区（样本地区）农民的年人均纯收入。其数学表达式：$\bar{y}_j = \sum y_{ij}\, n_{ij} / \sum n_{ij}$。其中 y_{ij} 和 n_{ij} 数据来源于历年《重庆统计年鉴》《四川统计年鉴》以及各样本地区统计局的官方统计数据，由此计算出的样本地区农户的人均名义纯收入和人均实际纯收入如表 3-3 所示。

表 3-3　川渝地区（样本区域）农户收入和消费支出（1985—2019 年）

年份	名义纯收入 /（元·人）	名义消费支出 /（元·人）	实际纯收入 /（元·人）	实际消费支出 /（元·人）	价格指数
1985	207.0	186.4	207.1	186.4	100.0
1986	223.1	214.4	218.2	209.5	102.4
1987	247.1	241.7	230.3	225.3	107.3
1988	295.0	280.1	261.2	248.1	113.0
1989	329.8	327.5	297.2	295.1	111.0
1990	381.7	352.7	346.8	320.4	110.1
1991	400.6	379.2	345.2	326.8	116.0
1992	449.9	424.6	357.1	337.1	126.0
1993	537.4	475.0	409.1	361.6	131.4
1994	723.0	593.6	533.9	438.4	135.4
1995	949.0	801.4	656.5	554.4	144.6
1996	1 176.5	1 005.1	711.1	607.5	165.1
1997	1 296.7	1 121.1	759.7	656.9	170.7
1998	1 362.5	1 135.5	788.7	657.3	172.8
1999	1 414.7	1 154.5	779.2	635.9	181.6
2000	1 464.7	1 190.3	772.0	627.4	189.7
2001	1 561.8	1 243.6	787.8	627.2	198.3
2002	1 669.5	1 316.1	800.6	631.1	208.5
2003	1 783.5	1 395.8	852.3	667.1	209.2
2004	2 119.0	1 567.1	971.8	718.7	218.0
2005	2 392.0	1 814.1	1 020.3	773.8	234.4

表3-3(续)

年份	名义纯收入 /(元·人)	名义消费支出 /(元·人)	实际纯收入 /(元·人)	实际消费支出 /(元·人)	价格 指数
2006	2 537.5	2 024.6	1 068.0	797.1	254.0
2007	3 090.0	2 374.4	1 124.2	863.9	274.9
2008	3 704.5	2 673.2	1 256.9	907.0	294.7
2009	4 141.5	3 038.8	1 314.1	964.2	315.2
2010	5 023.0	3 672.8	1 373.7	1 024.6	325.6
2011	5 921.32	4 315.3	1 544.5	1 135.2	338.9
2012	6 832.1	5 008.9	1 966.6	1 441.8	347.4
2013	7 721.2	5 633.8	2 162.2	1 577.7	357.1
2014	8 567.4	6 429.8	2 349.8	1 763.5	364.6
2015	9 438.6	7 008.3	2 533.2	1 880.9	372.6
2016	10 378.3	7 821.7	2 728.3	2 056.2	380.4
2017	11 284.7	8 637.7	2 880.2	2 204.6	391.8
2018	11 987.3	9 227.6	2 956.2	2 275.6	405.5
2019	12 846.6	10 773.2	3 052.2	2 559.6	420.9

注：价格指数以 1985 年为基期。

从样本地区农户的名义纯收入来看，农户的人均纯收入从 1985 年的 207 元增加到了 2019 年的 12 846.6 元，增长了大约 62.1 倍，年均增长率约为 11.8%，川渝地区农户纯收入的高增长率可能与川渝地区农户纯收入的低基数有关，或与物价上涨因素有关。名义收入的大幅度上升忽略了川渝物价上涨的现实情况，不能真实反映出川渝地区农户的收入增长情况，因此我们需要计算出扣除物价因素影响的实际人均纯收入，即实际人均纯收入=名义人均纯收入/价格指数，其中由于缺乏四个样本区县农村物价指数的相关数据，本书以川渝地区农村整体的消费价格指数来作为样本地区农村物价指数的替代变量，其原始数据来源于历年《四川农村年鉴》《重庆统计年鉴》等，由此计算得到的川渝样本地区农户实际人均纯收入的数据如表 3-3 的第四列所示。扣除价格因素的影响，农户的实际人均纯收入从 1985 年的 207.1 元上升到 2019 年的 3 052.2 元，增长了大约 14.7 倍，实际纯收入的年均增长率为 7.2% 左右，这一数据低于名义收入增长率。

将川渝地区农户的名义纯收入与全国平均水平进行简单比较，我们发现：全国农民的人均纯收入从 1985 年的 320 元上涨到了 2019 年的 16 021

元，川渝地区农民人均增速略高于全国平均速度，可能是川渝地区农户人均纯收入的基数太低所致。从图3-6我们可以看出，川渝地区农户纯收入与全国农户人均纯收入经历了大致相似的变化轨迹，但是在20世纪90年代中期以前，川渝地区农户纯收入与全国平均水平的绝对差值较小，原因可能是在改革开放的后十几年，由于农民增收主要依靠农业收入的增加，家庭联产承包责任制的实施使得贫困地区农户收入与全国平均水平的差距不是很大，没有呈现扩大化的趋势。但是从20世纪90年代中后期开始，川渝地区农户人均纯收入与全国平均水平差距的绝对值迅速拉大，到2019年全国农户人均纯收入比川渝地区农户人均纯收入高3 553元，川渝地区农户人均纯收入仅为全国平均水平的79%。造成川渝地区与全国农民平均收入水平差距拉大的原因可能是随着城镇化和工业化的加剧，非农收入在农民总收入中的比重持续增加，而经济和工业相对落后的川渝地区农户的非农收入比重低于全国平均值。

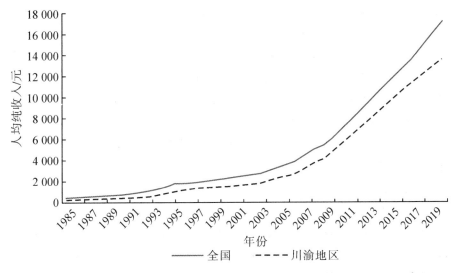

图3-6 全国农村和川渝地区农村农民人均纯收入变化趋势（1985—2019年）

从城乡差距来看，同期城市居民人均纯收入从1985年的608元增加到2019年的42 359元，增长了70倍，年均名义增长率为17%，扣除物价因素影响后的实际年均增长率为8%，因此无论从名义增长率还是实际增长率来看，城市居民的收入增速均高于川渝地区农户收入增速。因此无论是从城乡差距，还是区域差距，川渝地区农户的收入增长都相对缓慢，享受经济高速增长带来的实惠较少。

为了考察川渝地区农村金融发展对农户不同类型收入影响的差异性，本书根据农户收入的来源将农户的收入分成了两大类：农业收入和非农收入。农业收入是指农民人均纯收入中的第一产业收入，主要依靠土地等自然资源生产要素获取的收入，主要是指家庭经营收入中的农林牧渔业的收入。农民的非农收入是指农民在第二产业和第三产业中获取的收入，也就是工资性收入与家庭经营性收入减去农业收入的剩余部分。农民的总收入是指农业收入和非农业收入的总和，即总收入＝农业收入＋非农收入。样本地区农户的农业收入和非农收入相关数据根据历年《重庆统计年鉴》和《四川统计年鉴》计算得到。

从图 3-7 可以看出，川渝地区农民的农业收入和非农收入在 1985—2019 年都呈现上升趋势，但是非农收入增速更快，2002 年川渝地区的农民人均非农收入首次超过农业收入，农业收入与非农年收入比值也由 1985 年的 2.7∶1 降低为 2011 年的 0.7∶1，农业收入和非农收入呈现此消彼长的格局，特别是 2003 年以后，农户非农收入增速明显高于农业收入增速，截至 2019 年年底，农业收入与非农收入比值降为 0.4∶1。川渝地区农户收入结构的变迁与川渝地区农村环境的变迁相吻合。自 21 世纪初以来，川渝地区农村剩余劳动力外出务工现象极为普遍，本次调研的重庆市云阳县和四川省仪陇县均为有名的劳动力输出大县，重庆市万州区和四川省南充市嘉陵区农村剩余劳力外出打工现象也极为普遍，在本次调研的村庄中，几乎家家有人外出务工，很多偏僻村庄很难看见青壮劳动力。不过从全国农村的平均水平来看，川渝地区农户非农收入占总收入的比重依然低于其他地区，比如东部地区的山东和辽宁，2019 年农户非农收入占总收入的比率分别高达 92.7% 和 85%，即使是西部地区的陕西，这一比例也达到了 78%（《中国农村金融发展报告》，2020）。川渝地区 2019 年非农收入占总收入的比重为 71%，明显低于其他地区，原因可能是：川渝地区大量老年劳动力的存在，使得农业收入依然是农户家庭收入的重要组成部分。此外，川渝地区非农就业岗位相对有限，非农收入的增速相对其他地区更为缓慢。

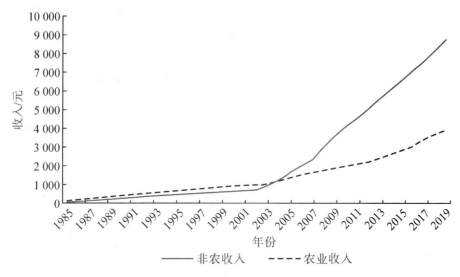

图 3-7　川渝地区农民收入结构变化趋势（1985—2019 年）

二、农户消费水平

消费支出也是衡量农户福利水平高低的重要指标。根据西方经济学的效用理论，消费的多少与效用的高低密切相关，消费越多农户的边际效用虽然递减但是总效用是不断增加的，而对于贫困地区的农户来说由于其消费水平本身有限，其边际效用递减的速度较其他农村地区低很多，农户消费支出越多会给农户家庭带来更多的满足感，其家庭总效用越大，福利水平越高，反之农户的福利水平就较低。

与计算川渝地区（样本地区）农户的人均纯收入方法一样，我们先计算出川渝地区（样本地区）农户的消费水平。川渝地区农户的人均消费支出是四个调研地区的统计资料计算而得的平均数。其具体的计算过程为：假设 C_{ij} 为第 i 个县的农民在第 j 年人均消费支出（$i = 1, 2, 3, 4; j = 1985, 1986, \cdots, 2019$）。$n_{ij}$ 为 i 个县（区）第 j 年的农业总人口数，则用每一个地区的农民的人均消费支出乘以当地当年农村人口数就得到该地区的农民消费支出的总和，进而通过求和可以求得川渝地区（样本地区）农民的消费总支出，然后将样本地区的农民消费总支出除以四个地区的农村人口总数，就得到了川渝地区农民年人均消费支出的值。其具体的数学表达式为 $\bar{C}_j = \sum C_{ij} n_{ij} / \sum n_{ij}$。其中，$C_{ij}$ 和 n_{ij} 数据来源于历年《重庆统计年鉴》《四川统计年鉴》以及各样本地区统计局的官方统计数据，由此可以计算得到川渝地区（样本地区）农户的人均消费支出的时间序列数据。

从名义消费支出来看，农户的人均消费支出从1985年的186元增加到了2019年的10 773元，增长了大约58倍，年均增长率约为10.2%，这种较高的增长率可能与农户消费的低基数或者物价上涨因素有关。从扣除物价因素影响的实际值来看，农户实际消费支出从1985年的186元增加到了2019年的2 560元，增长了大约14倍，年均增长率约为6.3%。从农户消费支出的名义值和实际值来看，其增长速度都低于农户名义纯收入和实际纯收入的增长速度，说明我国川渝地区农户的消费支出满足凯恩斯的边际消费递减规律，即农户消费是随收入增加而相应增加的，但消费增加的幅度低于收入增加的幅度。通过表3-4，我们可以计算出川渝地区农户的边际消费趋向，结果发现川渝地区农户的边际消费趋向从1985年的0.89下降到了2019年的0.62，边际消费趋向虽然有所下降，不过总的看来，川渝地区农户的边际消费趋向依然偏高，这可能与川渝地区收入较低和生活成本上升有关。

表3-4　川渝地区农户户均消费结构（2010年调研数据）　　单位:%

支出项目	万州区	云阳县	嘉陵区	仪陇县	平均值
粮食和食品	20.17	22.31	19.32	18.17	19.99
教育	17.81	18.46	16.32	15.81	17.10
医疗	9.32	8.21	7.32	7.47	8.08
住房	25.35	23.72	23.17	24.37	24.15
耐用消费品	12.17	13.25	16.89	17.32	14.91
人情消费	8.21	6.73	7.21	6.02	7.04
其他	6.97	7.32	9.77	10.84	8.73

资料来源：根据调研数据整理得出。

将川渝地区农户的名义消费支出与全国农民名义消费支出进行简单比较，可以发现：全国农民的人均消费支出入从1985年的317元上涨到了2019年的13 328元，增长了大约42倍，年均增速低于川渝地区农户名义消费支出的增长率，这可能与川渝地区农户人均消费支出的低基数相关。图3-8表明，川渝地区农户名义消费支出与全国民平均名义消费支出变化轨迹类似。在1995年以前川渝地区和全国农民的名义消费支出水平都较低且增速缓慢，两者之间的差距不大，但是在 20 世纪 90 年代中后期开始，川渝地区农户消费支出与全国的平均水平差距开始拉大，到 2019 年年底全国农民平均消费支出为 15 382 元，同期贫困地区的数值为 10 921 元，仅为全国平均值的 71%，而这一数值在 2011 年年底时为 78.2%，说明川渝地区（样本区域）农户的消费支出水平有相对下降的趋势。通过比较发现，图 3-8 与图 3-6 具有较大的相似性，这说明我国农民的消费支出与收入高度相关，说明消费对收入具有较高的敏感性，即农户消费需求的扩大主要依赖于收入的增长。

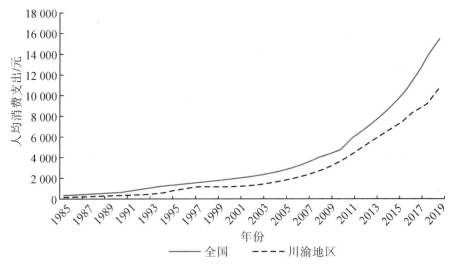

图 3-8　全国农村和川渝地区农村农民人均消费支出变化趋势（1985—2019 年）

从城乡差距来看，同期城市居民人均消费支出从 1985 年的 673 元增加到 2019 年的 21 559 元，增长了 32 倍，名义消费支出的年均增长率为 11%，扣除物价因素影响后的实际年均增长率为 7%，无论从名义增长率还是从实际增长率来看，城市居民的消费水平远远高于川渝地区农户的消费水平。此外，全国农户平均消费支出与贫困地区农户消费支出之比由 1985 年的 3.3∶1 上升到 2019 年的 5.1∶1，城乡消费差距有进一步扩大化的趋势。因此无论是从城乡差距，还是与全国农村的平均水平相比，川渝地区农户的消费支出较少且增速缓慢。

随着经济和社会的发展，川渝地区农户的消费结构也发生了显著变化，但是由于缺乏相关统计数据，我们无法获得农户消费支出结构变化的时间序列数据。从 2010 年的调研数据来看，粮食和食品消费支出占总消费支出的比例约为20%，住房、教育和耐用品消费支出为农户消费支出的大头，比例分别为24.52%、17.21%和13.17%，这一点与全国其他地区的消费结构变化趋势大致相似（《中国农村金融发展报告》，2010）。值得注意的是，川渝地区农户的医疗支出费用较高，占总消费的比例为8.02%，人情消费支出占总消费支出的比例高达7.18%，这一比例明显高于全国大部分地区（《中国农村金融发展报告》，2010），说明贫困地区农村社会"关系"作为农户的一项社会资本的重要性。其他消费支出的比例仅为10%左右，其中包括了衣服、交通通信、水电燃料、旅游娱乐等支出，这部分消费支出的比例明显偏低。考察农户消费结构的特征，特别是了解"人情消费"这种特殊的消费支出特征，主要是在第七章我们会分析"人情消费"或者说"关系"这种特殊的社会资本对农户信贷需求和信贷约束的影响。

从2020年的调研数据来看，川渝地区农户的粮食和食品支出有下降的趋势，这符合恩格尔定律，即随着收入的增加，用于粮食和食品消费支出占总支出的比重会下降。教育支出和医疗支出略有下降。随着2010—2020年房价的上涨，住房消费支出比重有较大的幅度的上升，很多农户都在县城买了住房或在农村盖了新房，住房消费支出已成为农户最大的消费支出。随着汽车、摩托车等交通工具进入千家万户，农户耐用品消费支出比重有所上升。值得注意的是，农民的消费总额增加了，但是人情消费支出的比重不降反升，该数值从2010年的7.18%上升到了2020年的9.37%（见表3-5），原因可能是川渝地区受到外界影响，彩礼费等人情费用从无到有，而且呈现上升趋势。

表3-5 川渝地区农户户均消费结构（2020年调研数据）　　　单位:%

支出项目	万州区	云阳县	嘉陵区	仪陇县	平均值
粮食和食品	15.23	16.21	15.34	17.19	15.99
教育	13.21	15.43	15.21	13.59	14.36
医疗	7.25	6.98	8.31	8.33	7.72
住房	35.33	32.17	31.59	33.17	33.07
耐用消费品	15.32	14.49	15.21	16.38	15.35
人情消费	9.13	10.21	9.15	8.97	9.37
其他	4.53	4.51	5.19	2.37	4.15

资料来源：根据调研数据整理得出。

三、农户家庭资产禀赋——家庭净资产

传统的凯恩斯消费理论仅强调了当前收入对消费支出的影响，因而认为收入是影响农户消费进而影响农户福利的重要因素。事实上，凯恩斯的绝对收入消费理论备受争议，比如诺贝尔经济学奖获得者弗里德曼认为，消费不由当前的收入唯一决定，影响消费的因素很多，比如家庭的财产禀赋等。莫迪利亚尼与布伦贝在《效用分析与消费函数——对横截面资料的一个解释》一文中提出：消费不仅取决于当前收入，而且取决于一生收入，他们给出的消费函数为：$C = a\mathrm{WR} + c\mathrm{YL}$，其中 WR 为实际财富，$a$ 为财富的边际消费趋向，即每年消耗掉的财富的比例。YL 为当前收入，c 为当前收入的边际消费趋向，即每年消耗掉当前收入的比例。从该消费函数我们可以看出，家庭财富的多寡与农户消费密切相关，进而与农户福利水平高低密切相关，由此我们不能忽略农户家庭财产因素对农户福利的影响。显然，净财富越多的家庭可能消费支出越多，进而农户家庭获得的总效用越大，农户的福利水平越高。

以往的研究一般用农户的家庭金融资产余额和家庭总资产的多寡作为度量农户福利水平的指标之一，这两个指标固然有其合理性，因为金融资产是流动性最强的资产，特别是活期存款和短期国债等金融资产等同于现金，农户可以随时用其满足生产生活所需。家庭总资产的高低意味着农户家庭财富的多寡，直接决定农户消费的多少，进而与农户福利密切相关。但是本书认为家庭净资产是度量农户福利更好的指标：首先，金融资产不能完全反映农户家庭财富状况，金融资产只是农户家庭众多资产种类的一种，其在贫困地区农户家庭资产的比重相对较低。其次，家庭总资产包括了农户的家庭负债，高资产家庭可能是高负债的结果，农户现在的负债未来必须偿还。因此，用扣除农户家庭债务后的家庭净资产更能真实地反映农户家庭的资产禀赋，由于农户考虑的是终身效用最大化，农户的福利水平更应该与净资产密切相关。

考虑到统计年鉴缺乏农户家庭净资产的相关数据，因此无法得到农户家庭净资产的时间序列数据（历史宏观数据），因此本书只能通过调研获取农户 2019 年家庭资产存量数据。农户家庭资产主要是指除土地以外的其他资产的价值，主要包括生产性固定资产价值、房产价值、家庭耐用消费品价值和金融资产余额四类。其中，生产性固定资产价值和家庭耐用品价

值以原值计算，没有考虑折旧问题。贫困地区农村的房产由于无法进行市场交易，难以实现其市场价值，因此用其房屋的建筑成本来计量。调研中没有包括农户土地资产的价值，原因有二：一是土地属于集体所有，农户只有耕种权，没有所有权。二是贫困地区农村土地由于位置等，土地使用权难以流转，很难估量其价值。准确点说，农户的资产价值还不能完全反映其福利水平的高低，农户资产净值是一个更准确反映农户福利水平的指标，其值等于农户家庭资产总值减去农户家庭债务余额。农户的家庭资产信息如表3-6所示。从调研结果来看，嘉陵区和仪陇县的生产性固定资产价格高于其余两个地区，因为嘉陵区和仪陇县为丘陵地带，而万州区和云阳县为山区，前者更适宜农耕生产。四个地区农户的家庭耐用消费品的价值差距不大，耐用消费品主要包括冰箱、洗衣机、电视机、摩托车等，说明常用的家庭耐用消费品在四个区域的普及程度不存在显著性差异。从家庭总资产来看，万州区和云阳县较高，原因是其房产价值较高。房产价值最低的是仪陇县，但是仪陇县的家庭金融资产余额均值最高，原因可能是外出务工人员过多，很多农民长期在外，疏于对房产的投资。总的来看，经济发展水平较高的万州区和云阳县，农户的家庭资产净值较高。

表 3-6　川渝地区农户户均资产结构（2020 年调研数据）　　　单位:%

资产和债务	万州区	云阳县	嘉陵区	仪陇县	平均值
生产性固定资产价值	3 957. 86	3 792. 52	7 948. 82	8 243. 33	5 985. 63
房产价值	87 950. 96	70 688	62 607. 12	46 927. 95	67 043. 51
家庭耐用品价值	6 928. 72	7 177. 46	6 580. 47	6 814. 57	6 875. 31
金融资产余额	11 878. 43	17 489. 64	15 713. 18	19 141. 2	16 055. 61
（加）资产总额	106 758. 11	95 355. 1	84 900. 77	72 883. 73	89 974. 43
（减）家庭债务余额	12 858. 49	9 207. 3	9 931. 31	6 106. 00	9 525. 78
家庭资产净值	93 899. 62	86 147. 8	74 969. 46	66 777. 72	80 448. 65

资料来源：根据 2020 年调研数据整理得出。

与全国其他地区相比，川渝地区农户户均资产和负债余额均明显偏低（《中国农村金融发展报告》，2020）。根据 2020 年西南财经大学中国家庭金融调查与研究中心发布的《中国家庭金融调查报告》来看，农村家庭金融资产平均值为 4.08 万元，家庭资产总值为 32.32 万元，川渝地区与全国平均值差距很大。此外，川渝地区户均家庭生产性固定资产价值很低，这可能与川渝地区的特殊地形相关，调研的川渝地区人多地少，耕地以山地和坡地为主，农户投资意愿弱，农户主要采用传统的生产设备和技术，没有采用新设备的条件和意愿。农户其他资产价值也低于全国平均水平，农户的户均家庭资产净值较低，这可能与川渝地区的经济发展水平落后和农户收入水平普遍不高相关。

第五节　本章小结

本章对四个样本区县进行了概述，回顾了川渝地区农村金融变革历程，全面梳理了 2004—2022 年"中央一号文件"关于"农村金融"的表述，从总体上把握农村金融的改革背景和思路。对川渝地区农村金融发展水平进行了量化处理，将农村金融发展水平分解为农村金融发展规模、农村金融发展效率、农村金融发展结构和农村金融覆盖密度四个指标。利用四个样本区县的统计数据，分别计算了四个指标 1985—2019 年的时间序列数据，对四个指标的发展趋势进行了分析，并与全国的指标进行了对比分析，分析差距及其原因。用农户收入水平、农户消费水平、农户家庭资产禀赋等指标度量川渝地区农户福利发展水平，对各指标进行了系统描述，为后续研究提供数据来源。

第四章 农村金融发展对农户福利影响的框架构建

本章基于传统的收入增长理论和消费理论，在传统经典的收入函数和消费函数中引入"农村金融发展"这一解释变量，分析农村金融发展对农户收入和消费的作用机制，得出农村金融发展对农户收入影响和消费影响的理论框架。从微观层面来看，农户贷款难问题长期存在，与之相伴随的现象是农户增收难和消费不足，普遍存在的农村信贷约束对农户的福利产生了不可忽视的负面影响。本章将构建 Probit 模型分析贫困地区农村信贷约束的影响因素及信贷约束的程度，并在此基础上设计模型来估算信贷约束的福利（收入、消费和家庭净资产）损失效应，得出信贷约束对农户福利影响的理论框架。本章详尽描述本书的研究框架，提出本书的研究思路，探讨实证分析所采用的研究方法，并对本章所需的数据做出进一步说明。

第一节 农村金融发展对农户收入影响的理论框架

一、农村金融发展对农户收入影响的理论分析

从国内外研究文献来看，金融发展对农民收入影响的研究，一直隐藏在金融发展与经济增长关系的研究之中，有关研究金融与收入的关系几乎都从金融与经济增长的关系衍生而来（温涛 等，2005）。基于此，本章以传统的 Solow 模型为基础，得出农村金融发展对农户收入的理论框架。假设经济中的总产出为 Y，投入要素为劳动 L 和资本 K，且生产规模报酬不

变。则农业经济的生产函数为

$$Y = F(L, K) \tag{4-1}$$

在上述生产函数中，技术进步是外生给定，产出 Y 是资本 K 和劳动 L 的一次齐次函数。由于规模报酬不变，则有：$\lambda Y = F(\lambda L, \lambda K)$，令 $\lambda = 1/L$，则有 $Y/L = F(1, K/L)$，其中 Y/L 表示有效劳动的平均产出 y，K/L 表示有效劳动的平均资本拥有量 k，则有

$$y = F(1, k) = f(k) \tag{4-2}$$

由于生产要素边际报酬递减规律的存在，$f'(k) > 0$，$f_\circ$ 假定劳动力按照不变的比率 n 增长，资本折旧率为 δ 并保持不变，技术状态以一个固定的比率 g 增长。社会的边际储蓄倾向为 s，即社会的储蓄函数为 $S = sY$。当经济处于均衡状态的路径上，假设经济中的储蓄全部转化为投资，即 $I = S = sY$，于是推导出表达式（4-3）。

$$\Delta k = sf(k) - (n + g + \delta)k \tag{4-3}$$

在上述方程中，人均储蓄超过 $(n + g + \delta)k$ 的部分导致了人均资本存量的上升，即 $\Delta k > 0$，超出的这部分被称为资本的深化。因此，资本深化=人均储蓄-资本广化。图 4-1 可以说明农业生产中产出、投资与储蓄三者之间的关系。随着每个劳动者人均资本存量的上升，即随着 k 值的增加，人均产出也增加，但是由于报酬递减规律，人均产出的增加速度是递减的，因此人均生产函数曲线 $f(k)$ 是增函数，但其斜率逐步减小，如图 4-1 中的 $f(k_0)$ 的形状所示。由于储蓄率 $0 < s < 1$，人均储蓄曲线与人均产出曲线具有相同形状，但位于人均生产函数曲线的下方，如图 4-1 中的 $s_0 f(k_0)$ 的形状所示。

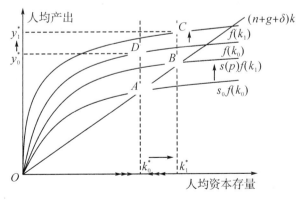

图 4-1　考虑金融发展的产出增长模型

当人均资本存量达到均衡值并维持在均衡值水平不变时，经济处于均衡状态。在经济处于均衡状态下，则有 $\Delta k = 0$，即 $sf(k) = (n + g + \delta)k$，$sf(k)$ 与 $(n + g + \delta)k$ 相交于 A 点。在交点 A 人均资本存量为 k_0^*，人均产出为 y_0^*，此时人均储蓄刚好等于资本广化的需要。换句话说，人均储蓄恰好能够为不断增长的人口提供资本、替换资本折旧和满足技术进步所需的资本，而不引起人均资本的变化。在 A 点的左边，$sf(k)$ 曲线位于 $(n + g + \delta)k$ 曲线上方，这表明人均储蓄高于资本广化的需要，因此经济运行在 A 以左时，就存在资本深化。资本深化意味着人均资本存量的上升，即 $\Delta k > 0$。因此，在 A 左侧，人均资本存量 k 有上升的趋势，如横轴上的箭头所示。随着时间的推移 k 向 k_0^* 靠近，当达到 k_0^* 时，所有的储蓄仅用于保持人均资本存量 k 不变，经济处于均衡状态。在 A 点右侧，情形刚好相反，人均储蓄不能满足资本广化的需要，此时 $\Delta k < 0$，因此 A 点右侧人均资本存量 k 有不断下降的趋势，如图中横轴上的箭头所示。

Solow 模型假设储蓄完全转化为投资，将金融变量作为外生变量，考察储蓄与投资对人均产出的影响。这隐含着一个前提假设：金融体系是完善的，金融市场是有效率的，金融中介能够顺利地将全部储蓄转化为投资。而事实上，发展中国家的金融抑制现象较为严重，金融机构缺乏效率，储蓄转化为投资的机制并不健全。因此，将金融视为外生不变的既定因素，忽略金融发展在农民增收中的作用，这显然忽视了金融体系在优化资源配置的方面的积极作用。

由式（4-2）可知，农民人均产出受人均资本存量的影响，显然完善的金融市场可以提高储蓄向投资转化的效率，更能动员社会的闲散资金，有利于提高农民人均资本存量，进而提高农民人均产出。因此，我们将金融发展变量引入 Solow 模型中来，考察金融变量对农民增收的影响。假设资本积累程度用储蓄趋向 s 表示，把影响资本积累程度的诸多因素简化为一种金融变量，即金融发展水平 p。显然，s 与金融发展水平 p 正相关。资本积累程度与金融发展水平之间的关系可以用函数式表达：$s = s(p)$，$ds/dp > 0$。于是有

$$\Delta k = s(p)f(k) - (n + g + \delta)k \tag{4-4}$$

现在假设金融体系获得发展，金融规模、效率和结构等得到显著改善，比如金融机构在动员社会闲散资金方面更有效率，公众的储蓄意愿增强，社会的边际储蓄倾向和储蓄总额增加，则储蓄曲线将从 $s_0f(k_0)$ 移到

$s(p)f(k_1)$，均衡点将从 A 点移动到 B 点。人均资本存量从 k_0^* 提升到 k_1^*，此时相应的人均产出从 y_0^* 增加到 y_1^*。因此，金融发展使得整个经济体系中的人均储蓄和人均产出有所增加。再比如，在现实经济中，储蓄不可能完全转化为投资，储蓄转化为投资的比率与金融发展程度有关。假设部分储蓄被金融体系吸纳和消耗，比如由于法定存款准率和超额存款准备率的等因素的存在，储蓄不可能百分之百地转化为投资。假定在 t 时期漏损掉的储蓄的比率为 η_t，则储蓄转化为投资的比例为 $(1-\eta_t)$，因此在第 t 期的投资函数可以表示为 $I_t = (1-\eta_t)S_t$，则经济增长速度 ω 可以表示为

$$\omega_t = \Delta Y_t / Y_t = (\Delta Y_t / \Delta K_t) \times (\Delta K_t / Y_t) = (\Delta Y_t / \Delta K_t) \times (I_t / Y_t)$$

$$= (\Delta Y_t / \Delta K_t) \times [(1-\eta)S_t / Y_t] = (\Delta Y_t / \Delta K_t) \times (1-\eta_t)s_t \quad (4-5)$$

在式（4-5）中，$\Delta Y_t / \Delta K_t$ 为资本产出比率，即单位资本的产出，意味着单位资本的使用效率，令 $\Delta Y_t / \Delta K_t = b_t$，则经济增长率方程可以改为

$$\omega_t = b_t \times (1-\eta_t)s_t \quad (4-6)$$

显然，$d\omega_t / db_t > 0$，$d\omega_t / d\eta_t < 0$，$d\omega_t / ds_t > 0$，$0 < \eta < 1$，即经济增长速度与资本产出比率和储蓄率正相关，与储蓄漏损率负相关。因此，要提高产出增长率有四种途径：第一，提高资本产出比例，即提高单位资本的产出量。要提高资本产出比率，要是依靠科技进步，技术的进步使得单位资本的产能提升。第二，完善的金融体系有利于资源的优化配置，可以使得生产要素在不同行业和不同地区间更为高效地流动，生产要素更青睐边际产出高的行业和地区，从而提高资本的边际产出。第三，降低金融系统的漏损比率。金融体系中的漏损，即金融中介在"转化"过程中消耗的那部分储蓄，往往以利差、手续费及佣金的形式被金融体系所吸纳，如果金融体系额外消耗的资源较多，那么储蓄转化为投资的比率就较低，全社会的积累放缓，金融体系"转化"的净效率就会降低。当 $\eta = 1$ 时，意味着社会中不存在金融系统，即使存在金融系统也形同虚设，此时经济发展极为缓慢，经济近乎停滞。当 $\eta = 0$ 时，意味着金融体系高度发达，金融资源配置效率极高。当然，现实社会中的漏损率不会为 0，但随着金融系统的完善，漏损率可以不断降低，从而促进人均产出增长。第四，提高边际储蓄倾向可以提高经济增长率。单一的市场体系，缺乏有效竞争，设计的金融产品也较为单一，难以满足各类投资者的需求。但是完善的金融市场，可以不断创新出更多的收益和风险各异的金融产品，满足各类对风险偏好不同的投资者的金融需求，从而更能有效地提高整个社会的储蓄趋向

和社会储蓄总额，促进人均产出增长。由此可以看出，在传统的生产函数的基础上加入金融发展这一变量后，在理论上可以得出金融发展有利于人均产出的增长的结论。

二、农村金融发展的收入效应模型

传统的经济增长理论普遍强调土地、劳动、资本等实体变量在经济发展中的积极作用，往往将金融要素被视为既定的变量，其在经济发展中的地位和作用长期被忽视。从前文理论分析可以看出，金融发展变量是影响人均产出的重要变量，而非既定因素，因此本章在传统的经济增长的理论基础之上，将金融发展水平作为影响农户收入的一个重要解释变量引入传统生产函数中来，由此可以得到反映农村金融发展和农户人均产出水平的函数关系表达式：

$$Y = F(L, \ K, \ P) \tag{4-7}$$

其中，Y 为总产出，L 为劳动力投入量，K 为资本存量，P 为金融发展水平。为了单独衡量金融发展水平和与金融发展水平相关的资本要素对产出增长的贡献程度，本书采用 Parente 和 Prescott（1991）的做法，对劳动投入量加一个容量限制 $\bar{L}$，从而有

$$Y = F(K, \ P) \min(L, \ \bar{L})^i, \ i > 0 \tag{4-8}$$

令 $m = (\bar{L})^i$，表示经济的最大生产能力，经济体系一旦达到最大的劳动容量限制，经济的总产出就仅仅取决于总资本存量和金融发展水平。因此，生产函数可以改为

$$Y = mF(K, \ P) \tag{4-9}$$

取全微分得

$$dY = m \frac{\partial F}{\partial K} dK + m \frac{\partial F}{\partial P} dP \tag{4-10}$$

参照金和莱文（King & Levin，1993）的方法，结合我国农村实际，本书设置了四个金融发展指标来度量农村金融发展水平：农村金融发展规模 RFS，农村金融发展效率 RFE，农村金融发展结构 RFC 和农村金融覆盖密度 RFD，因此农村金融发展水平 P 可以看成农村金融发展各变量的函数：

$$P = H(\mathrm{RFS}, \ \mathrm{RFE}, \ \mathrm{RFC}, \ \mathrm{RFD}) \tag{4-11}$$

对式（4-11）取全微分有

$$dP = \partial P/\partial \text{RFS} \cdot d\text{RFS} + \partial P/\partial \text{RFE} \cdot d\text{RFE} + \partial P/\partial \text{RFC} \cdot d\text{RFC} +$$
$$\partial P/\partial \text{RFD} \cdot d\text{RFD} \qquad (4-12)$$

将式（4-12）代入式（4-10）整理可得

$$\frac{dY}{m} = \frac{\partial F}{\partial K}dK + \frac{\partial F}{\partial \text{RFS}}d\text{RFS} + \frac{\partial F}{\partial \text{RFE}}d\text{RFE} + \frac{\partial F}{\partial \text{RFC}}d\text{RFC} + \frac{\partial F}{\partial \text{RFD}}d\text{RFD}$$

$$(4-13)$$

分别令 $\partial F/\partial \text{RFS} = \beta_1$，$\partial F/\partial \text{RFE} = \beta_2$，$\partial F/\partial \text{RFC} = \beta_3$，$\partial F/\partial \text{RFD} = \beta_4$。$\beta_1$、$\beta_2$、$\beta_3$、$\beta_4$ 分别表示农村金融发展规模、农村金融发展效率、农村金融发展结构和农村金融覆盖密度的边际产出，即各农村金融发展变量增加 1% 将使得产出增加的百分比。此外，为了单独衡量金融发展水平与收入之间的关系，我们也可将人均资本存量 K 看成是与农村金融发展水平正相关的函数，即 $K = K(P)$，因此便容易得到农村金融发展的收入效应模型：

$$dy_t = \beta_0 + \beta_1 d\text{RFS}_t + \beta_2 d\text{RFE}_t + \beta_3 d\text{RFC}_t + \beta_4 dFD_t + \mu_t \quad (4-14)$$

其中，y_t 表示农民的人均收入，β_0 为常数项，μ_t 为服从正态分布的随机误差项。

改革开放以来，我国农民的收入逐年增加，但是农业收入和非农收入呈现出非对称性的特征：农民的非农收入在农民总收入中的比重持续上升，农业收入在农民总收入中的比率持续下降。在 20 世纪初期，川渝地区农民的人均非农收入已超过人均农业收入，非农收入的增速快于农业收入，在农民家庭收入构成中占据着越来越重要的位置。如果不区分农民的收入结构而将农业收入和非农收入合为一体进行研究，可能会忽略农村金融发展对不同收入结构在影响上存在的差异性。正是基于对这点的考虑，本章对模型（4-14）加以优化：

$$Y_{it} = \alpha_{i0} + \beta_{it}\text{Fina}_{it} + \varepsilon_{it} \qquad (4-15)$$

其中，$i = 1$，2。ε_{it} 为服从正态分布的随机误差项，其中，$\text{Fina}_{it} = \{\text{RFS}_t,$ RFE_t，RFC_t，$\text{RFD}_t\}$。$Y_{it} = \{\text{NRY}_t$，$\text{RY}_t\}$，NRY 为非农收入为，RY 为农业收入。于是可以得到本章所需的实证方程：

$$dY_{it} = \beta_{i0} + \beta_{i1}d\text{RFS}_t + \beta_{i2}d\text{RFE}_t + \beta_{i3}d\text{RFC}_t + \beta_{i4}d\text{RFD}_t + \mu_i t$$

$$(4-16)$$

第二节　农村金融发展对农户消费影响的理论框架

一、农村金融发展对农户消费影响的理论分析

传统的四大消费理论为约翰·梅纳德·凯恩斯（John Maynard Keynes）的绝对收入消费理论，杜森·贝利（James Stemble Duesenberry）的相对收入消费理论，莫迪利亚里（Modigliani）的生命周期消费理论和米尔顿·弗里德曼（Milton Friedman）的永久收入消费理论。本节旨在各消费理论中加入金融发展变量，以此阐述金融发展对消费支出的影响机制，重点基于凯恩斯绝对收入消费理论，引入金融发展变量来阐述金融发展对消费影响的内在机制。

凯恩斯的绝对收入消费理论认为，随着可支配收入的增加，消费也会增加，但是消费的增加不及收入增加得多，换句话说，凯恩斯认为居民消费与可支配收入正相关，但是边际消费趋向是递减的，其消费函数的表达式为 $C = C(Y) = \alpha + \beta Y$，$\alpha$ 为自发消费，即收入为 0 时也必需的消费量。β 为边际消费趋向，即增加的消费与增加的收入之比率，$\beta = \Delta C / \Delta Y$，$0 < \beta < 1$，绝对收入消费理论的函数图象如图 4-2（a）所示。由于边际消费趋向递减规律的存在，所以凯恩斯消费函数曲线斜率逐步减小，是一条逐步趋于平缓的曲线。在凯恩斯消费函数理论的基础之上，下面考虑加入金融发展变量的消费函数，看金融发展变量对消费有何影响。金融发展对消费的影响主要通过两个途径实现：①金融发展对消费的直接影响。金融发展有利于降低居民信贷约束的概率，增加居民获得信贷的可能性，减少居民的预防性储蓄，消费者可以将收入的更高比例部分用于消费。对贫困地区的农村来说，农户受到信贷约束的可能性更大，农户的消费往往直接取决于收入，消费支出呈现较大的波动性。加之我国尚未建立较为完善的农村社会保障体系，农户面临教育、医疗、住房、养老等多重因素的强制约束，为了应对各种可能的突发情况，农户的强制性储蓄倾向尤为明显。金融发展可以让农户在一个较长的时期内更合理配置资源，降低消费对收入的过度敏感性，增加农户消费支出的平滑度，让农村居民更加愿意并且能够舍得花钱。在图 4-2（a）中的凯恩斯消费函数基础上加入金融发展变量，我们可以得到新的消费函数，考虑金融因素的消费函数 $C = C(Y, P)$

位于原始的凯恩斯消费函数 $C = C(Y)$ 的上方，这意味着在同等收入的情况下，农户的消费意愿增强。此外，考虑金融因素的消费函数变得更为陡峭，因为金融发展使得农户的边际消费趋向增加。如图 4-2 所示，即使农户的收入为 Y_1 保持不变，农户消费的均衡点将从 A 点移动到 B 点，农户的消费支出也从 C_1 增加到 C_3，我们可以把 $C_3 - C_1$ 的差额部分看成是金融发展对消费影响的直接效应。②金融发展对消费的间接影响。金融抑制使得储蓄成为农村居民唯一的投资渠道，投资渠道的单一化不但无法实现农户资产的增值保值，而且让农户在历次的通货膨胀中财富迅速缩水，降低了农户消费支出。稳健的金融体系增加了居民的投资渠道，给农户剩余资金找到了更多的出路，更有利于农户资产的升值保值，而促进居民消费增加。

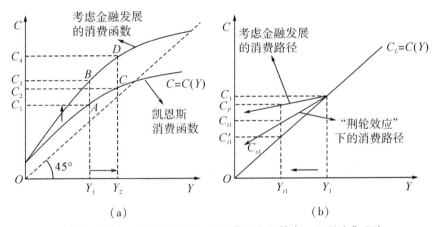

图 4-2　考虑金融发展的凯恩斯消费理论和杜森·贝利消费理论

　　此外从本章第一节分析可以得知，金融发展有利于促进农户增收，而收入是影响农户消费最重要的因素，因此金融发展通过影响农户收入而间接影响农户的消费支出。从图 4-2（a）我们可以看出，当农户收入从 Y_1 增加到 Y_2 时，如果不考虑金融因素，那么农户的消费支出的均衡点将从 A 点移动到 C 点，消费支出将从 C_1 增加到 C_2。如果考虑金融因素，其消费函数位于原始的凯恩斯消费函数的上方，则最终的消费均衡点为 D 点，农户消费支出从 C_1 增加到 C_4。$C_4 - C_1$ 的差额部分为金融发展的消费总效应，其中 $C_4 - C_3$ 差额部分可以看成是金融发展对消费影响的间接效应。在凯恩斯消费函数中加入金融变量后，我们可以发现金融发展会刺激农户消费支出增加。

　　杜森·贝利的相对收入消费理论认为，消费者的消费行为会受到过去的消费习惯及周围消费水准的影响，从而消费是由相对收入决定的。根据他的理论，消费与收入可在长期内维持一定的固定比率，故长期消费函数曲线是从原点出发的一条直线，但短期消费函数则是有正截距的曲线。杜森·贝利认为，按照人们的消费习惯，增加消费容易但是降低消费难[①]。当人们的收入增加时，消费一般会随之增加，即居民的收入逐步增加到 Y_1 时，消费将逐步增加到 C_1。但是当经济发生衰退，人们收入从 Y_1 降低到 Y_{1t} 时，人们的消费水准不会立马从 C_1 下降到 C'_{t1}，而是从 C_1 缓慢下降到 C_{t1}，显然 $C_{t1} > C'_{t1}$，说明人们消费下降不如收入下降得多。因此收入下降时的消费函数曲线如 C_{s1} 所示，而经济长期增长的消费函数曲线如 C_L 所示。杜森·贝利的相对收入消费理论考虑到了人文因素对消费的影响，强调了消费习惯和攀比效应在消费中的作用，其理论通俗地可以概括为：增加消费容易但是降低消费难。因此，短期的消费函数是比长期消费函数更为平缓的曲线。杜森·贝利的相对收入消费理论有其合理性，但是该理论并未阐述金融发展在消费中的作用。下面考虑加入金融发展变量的消费函数，其图形如图4-3所示。加入金融发展变量的消费函数曲线是一条更为平缓的曲线，甚至可能为一条水平线，因为消费者可以通过借贷来维持一个较高的消费水准，其消费支出并不由收入水平唯一决定。当消费者的收入从 Y_1 降低到 Y_{1t} 时，消费者由于消费习惯和周围消费水准的影响，在"荆轮效应"的作用下，消费者的消费水平 $C_1 \rightarrow C_{t1}$，而非 C'_{t1}，显然 $C_{t1} > C'_{t1}$。完善的金融体系可以让消费者借到或部分借到所需资金，则其消费 $C_1 \rightarrow C_P$，而非 C_{t1}，显然 $C_P > C_{t1} > C'_{t1}$，也就是说消费者在能借到所需资金的情况下，消费者的消费水平是最高的，此时消费者的消费能力是由整个社会的金融发展水平决定的。显然，金融发展水平的高低决定消费路径的陡峭程度，金融发展水平越高消费路径越平缓，金融发展水平越低消费路径越陡峭。极端的，如果社会金融体系高度发达，消费者随时可以在自由借贷市场上借到所需的全部款项，消费者并不会因为收入降低而减少消费，其消费水平可以维持不变，此时的短期消费曲线类似一条水平的直线。由此可以看出，金融发展有利于减少消费的波动幅度，降低消费对收入的过度依赖性，消费者可以保持平滑的消费水平。

莫迪利亚里的生命周期理论认为，人们追求的是一生效用的最大化，

[①] 在西方经济学中把这种消费特点称为"荆轮效应"。在中国的古文中也有类似的表达，司马光的《训俭示康》中写道："由俭入奢易，由奢入俭难。"其含义是由俭朴节约的生活转变成奢华富裕的生活比较容易，而由过惯了奢华富裕的生活变成俭朴节约的日子会比较难，这是古人对治家的经验总结和教训警示。

而不是某一时期的效用最大化，因此人们在年轻时收入偏低，这时消费可能超过支出，应当借债消费。当进入中年或壮年时候，这时收入大于消费支出，不但可以偿还年轻时的负债还有一定的积蓄。在老年退休时收入有所下降，消费支出又会超过收入，这时可以用年轻时的储蓄弥补老年消费支出，保持整个生命周期的平滑消费，以达到整个生命周期内消费的最佳配置。生命周期理论隐含着这样的前提假设：完善的金融体系能够让消费者在金融市场上自由借贷。如果没有完善的金融市场，消费者年轻时无法借入资金，中年时投资渠道单一，为弥补老年生活的盈余资金难以实现资产的升值保值，消费者难以在整个生命周期内配置资源实现人生的效用最大化；弗里德曼的永久收入消费理论认为，人们的消费支出不是由其现期收入决定，而是由其永久收入决定，所谓的永久收入是指消费者可以预期的长期收入，只有当消费者预期到其永久收入会增加时，才会提升其消费水平，而在短期内，收入增加时，人们不能确信其收入是否会持续增长下去，而不会马上增加其消费。同样，当期短期内收入下降时，人们也不能断定收入下降是否会持续下去。只有当期预期其收入的变化会长期持续下去时，才会改变其消费模式。该理论同样忽略了金融发展因素对消费的影响，忽视了借贷在消费中的作用，认为消费唯一由永久收入决定。在理论上，信贷约束或流动性约束会提升农户未来预防性储蓄的动机，从而降低农户的消费意愿，如果考虑金融发展对消费的影响，让理性的消费者实现一生总效用的最大化。下面我们考虑金融市场高度发达情形下，可以自由借贷的金融市场对消费者消费行为的影响。

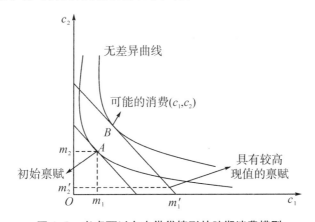

图4-3　考虑可以自由借贷情形的跨期消费模型

（资料来源：范里安. 微观经济学：现代观点［M］. 费方域，译. 上海：上海三联出版社，2018：15.）

我们把消费者生产和消费的时段分为当期和未来两个时间段，假设消费者的消费总效用函数为 $U = U(c_1, c_2)$。假设存在较为完善的金融市场，消费者可以在市场上以利率 r 自由储蓄或自由借贷资金。显然，如果消费者当期消费小于其收入，则消费者是净储蓄者，未来就能够消费大于未来的收入；如果消费者当期消费大于收入，则是净借款者，未来要弥补当前的负债和利息，则未来的消费低于未来的收入。消费者如何在两期选择消费数量，取决于效应函数和是否有较完善的金融体系。总的来说，只要消费者按不变利率自由借贷，与现值较低的禀赋相比，具有较高的现值禀赋总是能在每个时期产生更多的消费。无论消费者对不同时期消费的嗜好如何，消费者都偏好具有较高现值的货币流，而不是现值较低的货币流，因为这种偏好使得消费者在每个时期可能拥有更多的消费，而实现总效应最大化，下面用图4-3具体阐述。图4-3中 (m'_1, m'_2) 是一个比消费者的初始禀赋要差的消费束，因为它位于经过初始禀赋的无差异曲线的下方。但是消费者如果能够按利率 r 自由借贷，他就会偏好 (m'_1, m'_2) 胜过 (m_1, m_2)，这是因为，在禀赋 (m'_1, m'_2) 下，消费者能支付得起像 (c_1, c_2) 那样的消费束，而消费束 (c_1, c_2) 显然优于目前的消费束，因为 (c_1, c_2) 消费束位于更高的效应函数曲线上。由此可以得出结论，如果消费者能够按照市场利率自由借贷，那么具有较高现值的禀赋就会使消费者在每个时期拥有更多消费的可能性。完善的金融市场和充分的竞争机制，更容易搭起资金需求者与资金供给者桥梁，有利于降低资金供给者与需求者的交易成本。消费者能够以市场利率 r 参与自由借贷，需要完善的金融体系，否则消费者面临信贷约束时，不能借到足够的资金以满足当期消费，从而不能在跨期中做出最优消费决策，以实现总效用的最大化，提升消费者福利。

基于传统的四大消费理论，如果考虑金融发展对消费的影响，我们可以发现，金融发展可以减少消费的波动幅度，降低消费对收入的过度敏感性，通过平滑消费实现消费者效用最大化。基于以上分析，本书认为在长期内农村金融发展将刺激农村居民消费增长，农村金融发展与农户消费之间存在一种长期稳定的均衡关系。

二、农村金融发展的消费效应模型

从第一节理论分析中可以看出，农村金融发展有利于促进农户消费支出的增加。而传统的消费理论是建立在非流动性约束的前提之下，把金融发展看成是既定变量，忽略了金融在消费中的作用，这与现实情况不符合，20世纪80年代以后，研究者开始放松自由借贷假说，开始研究信贷约束与居民消费之间的关系（Deaton，1991；Mankwi，1991；Carroll，1992）。因此，本章借助已有的研究成果，在传统的最常见的凯恩斯收入消费理论的基础之上，将金融发展水平作为影响消费需求的解释变量引入传统消费函数中来，于是我们可以得到含有金融发展变量的消费函数的表达式：

$$C = f(Y, P) \tag{4-17}$$

其中，C 表示农民的年人均消费支出，Y 表示农民的可支配收入，这里用农民的年人均纯收入替代。P 表示农村金融发展水平，其含义与本章第一节中的完全一致。对式（4-17）取全微分有

$$dC = \frac{\partial f}{\partial Y} dY + \frac{\partial f}{\partial F} dF \tag{4-18}$$

在农村金融发展的消费模型中关于金融发展变量的指标与农村金融发展的收入消费模型是完全一致的，因此将式（4-12）代入式（4-18）并整理便可得到农村金融发展的消费效应的实证模型：

$$dC_t = \alpha_0 + \alpha_1 dY_t + \eta_1 \mathrm{DFS}_t + \eta_2 \mathrm{DFe}_t + \eta_3 \mathrm{DFC}_t + \eta_4 \mathrm{DFD}_t + \varphi_t$$

$$\tag{4-19}$$

三、流动性约束对农户消费行为影响的理论分析

本部分依然以凯恩斯的绝对收入消费理论为基础，从理论角度来阐述流动性约束对消费行为的影响。流动性约束对农户的消费影响机制与农村金融发展对农户消费影响机制在理论上刚好相反。事实上，流动性约束更符合现实情境，所谓的流动性约束，是指行为人在收入较低时不能通过自由借贷来保持自己正常消费水平这一经济现象（袁志刚，2001）。在第七章的分析中我们将指出，贫困地区的流动性约束是较为普遍的现象。因此，在凯恩斯消费理论中加入流动性约束因素来考察贫困地区农户消费行为具有极强的现实意义。

如果消费者不受到流动约束，则其预算约束表达式为 $W_{t+1} = (1 + r) W_t + Y_t - C_t$，其中 W_t 为农户在 t 时期的财富值，Y_t 为农户在 t 时期的纯收入，C_t 为农户在 t 时期的消费支出，r 为储蓄利率。自由借贷下各期预算约束表达

式的值可正可负，以保持各期的最佳消费水平来实现消费者的效用最大化。但是现实情况是农村信贷市场是非完全的市场结构，农户需要借贷时不能获得信贷支持，因此农户的预算约束表达式的值只能为正数，也就是说农户一生中任何时候的净财富值都不能为负数。由于农村信贷市场的原因，农户的消费更依赖于当前收入，因此流动性约束越紧的消费者，其消费变动对收入变动的"敏感性"越强（Flavin，1985；Jappelli & Pagao，1989；Scheinkman，1986；Campell & Mankiw，1991；Denizer，1988；Ludvigson，1991）。贫困地区由于农村信贷市场的不完全性，农户无法从信贷市场通过自由借贷以应对收入波动，导致农户消费对当前收入的"过度敏感"。作为理性预期的农户，流动性约束不仅对农户当前消费产生影响，农户也要考虑到未来收入发生波动时而不能获得信贷支持的情况下如何保持合适的消费量以维持较高的效用水平，因此农户会增加预防性储蓄。所谓预防性储蓄是指为了应对未来的不确定性而引起的额外储蓄（Leland，1968），显然贫困地区的农户为了应对未来收入波动和流动性约束的情形，因此会增加预防性储蓄，减少当前的消费支出。如图 4-4（a）所示，$C = C(Y)$ 为凯恩斯的绝对收入消费理论下的消费轨迹，在凯恩斯消费理论下，当收入为 Y_1 时，消费支出应该为 C_1，但是农户考虑到自己难以从信贷市场上自由借贷来应对未来收入波动时的消费支出，会"自觉"地降低当前的消费意愿而增加预防性储蓄，消费轨迹会下移，此时农户的消费就从 C_1 降低到 C'_1。事实上，贫困地区的农户不仅仅面临流动性约束的问题，随着市场改革进一步的深化，贫困地区农户在养老、医疗、教育等方面面临的不确定性也在逐步加强，社会环境的迅速变迁会强化农户的"强制性储蓄"以满足未来不确定性环境下的各种支出，因此这可能会增加农户的预防性储蓄（彭秀丽、袁剑雄，2008）。预防性储蓄动机理论（PSH）也指出，不确定情形下，消费者未来预期消费边际效用大于确定环境下的边际消费效用，这会让理性的消费者当前的消费变得更为谨慎，消费者会将"今天"的钱用于"明天"的消费，以实现人生总效用的最大化。因此，在流动性约束和不确定性双重因素影响下，农户的消费轨迹曲线将进一步下移，当农户的收入为 Y_1 时，农户的实际消费支出仅为 C_4，即消费轨迹点均衡点从凯恩斯消费理论下的 A 点移动到了考虑流动性约束和不确定性情形下的 C 点。显然，在凯恩斯消费轨迹下，当农户的收入从 Y_1 增加到 Y_2 时，消费从 A 点移动到 E 点，消费从 C_1 增加到 C_2，消费的增量为 $\Delta C =$

$C_2 - C_1$。而事实上，考虑到流动性约束和不确定性对农户当前消费的影响，农户的消费实际从 C 点移动到 E 点，消费从 C_4 增加到 C_3，消费的增量为 $\Delta C' = C_3 - C_4$。显然，$\Delta C > \Delta C'$，也就说由于流动性约束和不确定性，农户会把增加的收入更多地用于预防性储蓄，而不是当前消费。

自由借贷是流动性约束的反面，下面我们简单考察一下自由借贷对消费者的消费行为有何影响。我们把消费者生产和消费的时段分为当期和未来两个时间段，假设消费者的消费总效用函数为：$U = U(c_1, c_2)$。假设存在较为完善的金融市场，消费者可以在市场上以利率 r 自由储蓄或自由借贷资金。显然，如果消费者当期消费小于其收入，则消费者是净储蓄者，未来就能够消费大于未来的收入；如果消费者当期消费大于收入，则是净借款者，未来要弥补当前的负债和利息，则未来的消费低于未来的收入。消费者如何在两期选择消费数量，取决于效应函数和是否有较完善的金融体系。总的来说，只要消费者按不变利率自由借贷，与现值较低的禀赋相比，具有较高的现值禀赋总是能在每个时期产生更多的消费。无论消费者对不同时期消费的嗜好如何，消费者都偏好具有较高现值的货币流，而不是现值较低的货币流，因为这种偏好使得消费者在每个时期可能拥有更多的消费，而实现总效应最大化，下面用图 4-4（b）具体阐述。图 4-4（b）中 (m'_1, m'_2) 是一个比消费者的初始禀赋要差的消费束，因为它位于经过初始禀赋的无差异曲线的下方。但是消费者如果能够按利率 r 自由借贷，他就会偏好 (m'_1, m'_2) 胜过 (m_1, m_2)，这是因为，在禀赋 (m'_1, m'_2) 下，消费者能支付得起像 (c_1, c_2) 那样的消费束，而消费束 (c_1, c_2) 显然优于目前的消费束，因为 (c_1, c_2) 消费束位于更高的效应函数曲线上。完善的金融市场和充分的竞争机制，更容易搭起资金需求者与资金供给者桥梁，有利于降低资金供给者与需求者的交易成本。消费者能够以市场利率 r 参与自由借贷，需要完善的金融体系，否则消费者面临信贷约束时，不能借到足够的资金以满足当期消费，从而不能在跨期中做出最优消费决策，以实现总效用的最大化。由此可见，从理论上来讲，金融发展和自由借贷有利于刺激农户消费，而流动性约束会抑制农户的当前消费。

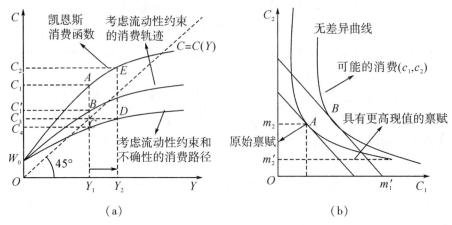

（a）　　　　　　　　　　（b）

图 4-4　流动性约束和自由借贷下农户消费行为的决策机制

四、流动性约束对农户消费影响的实证模型

研究流动性约束对消费影响一般是以 Campell 和 Mankiw（1989；1990；1991）使用过的 λ 模型作为实证研究的理论模型。根据 λ 模型的假设，Campell 和 Mankiw 认为经济中存在两种不同行为人，即不受流动性约束的消费者和受到流动性约束的消费者。因此，本章将贫困地区的农户也分为两类，其中第一类农户不受流动性约束，消费行为遵循 Hall（1978）的理性预期持久收入假说，其跨期最优选择的一阶必要条件，也就是欧拉方程式：

$$u(C_{1,t})/E_{1,t}u(C_{1,t+1}) = \rho(1 + E_{1,t}r_{t+1}) \qquad (4-20)$$

其中，u 为边际效用函数，其中脚标 1 表示第一类行为人，即不受流动性约束的消费者。如果边际效用为线性趋势且消费变量服从对数正态分布的情况，我们暂不考虑利率因素的影响，式（4-20）可以转化为著名的 Hall 模型（1988）：

$$LnC_{1,t} - LnC_{1,t-1} = \varepsilon_{1,t} \qquad (4-21)$$

其中，$C_{1,t}$ 表示第一类农户在 t 时期的实际消费支出。$\varepsilon_{1,t}$ 为随机误差修正项。Hall 模型表明，对于不受流动性约束的消费者而言，收入的变化与消费的变化之间没有必然的联系，从理论上否定了凯恩斯的绝对收入消费理论，Hall 认为第一类消费者（不受流动性约束的消费者）消费的边际效用服从随机游走，消费与收入无关。也就说，如果农户是第一类不受流动性约束的农户，由于在收入降低时能够自由借贷，从而保持消费水平不变，也就是说，不受流动性约束的农户的消费对收入的需求弹性的值很小，在完全理性预期下，理论上为 0，这类农户消费的变化与收入没有关系，而是完全取决于其他信息。

第二类农户受到完全的流动性约束，其跨期最优选择表示如下：

$$\max E_{2,t} \sum_{i=0}^{\infty} \rho' U(C_{2,t+1}) \tag{4-22}$$

$$s.t. \quad C_{2,t} + (A_{2,t+1} - A_{2,t}) = Y_{1,t} + r A_{2,t} \tag{4-23}$$

$$A_{2,t} \geqslant 0 \tag{4-24}$$

其中，U 为凹的效用函数，$E_{2,t}$、$C_{2,t}$、$Y_{2,t}$ 和 $A_{2,t}$ 分别表示受到流动性约束的消费者（第二类行为人）基于 t 期获得信息的条件期望、消费支出、收入及财富禀赋。ρ、r 分别为贴现率和利率。式（4-24）为约束条件，即第二类行为人各期资产净值至少不小于 0。罗默（1993）给出了一个简化模型，假设第二类农户的收入占总收入的比例为 λ，则消费变化可以表示为

$$\mathrm{Ln}C_{2,t} - \mathrm{Ln}C_{2,t-1} = \lambda(\mathrm{Ln}Y_t - \mathrm{Ln}Y_{t-1}) + \omega_{2,t} \tag{4-25}$$

$\omega_{2,t}$ 为随机误差修正项。将第一类农户和第二类农户合在一起，可以得到经典的 Campell & Mankiw 的消费函数模型：

$$\mathrm{Ln}C_t - \mathrm{Ln}C_{t-1} = \lambda(\mathrm{Ln}Y_t - \mathrm{Ln}Y_{t-1}) + \mu_t \tag{4-26}$$

其简化形式为

$$\Delta \mathrm{Ln}C_t = \lambda \Delta \mathrm{Ln}Y_t + \mu_t \tag{4-27}$$

λ 表示受到流动性约束的农户收入占所有农户总收入的比率。一般认为，λ 数值越大则说明农户受到流动性约束的影响程度就越大。

第三节　农村金融发展对农户收入和消费影响的实证方法

农村金融发展对农户消费影响的实证研究中，主要的实证方法为 Johansen 协整分析、脉冲响应函数法和方差分解等方法。首先对各时间序列进行平稳性检验，确定各时间序列的单整阶数，而后通过 Johansen 检验法考察农村金融发展各变量与农民消费支出是否存在协整关系，以此考察相应变量间的长期稳定的均衡关系；然后，通过误差修正模型来考察各变量长期均衡与短期波动间的动态关系；最后，通过脉冲响应函数法和方差分解法研究农村金融发展对农民消费支出的冲击的动态变化，同时考察各变

量冲击对内生变量的相对重要性，以确定各因变量对自变量影响的贡献程度。农村金融发展对农户收入影响的实证方法主要为面板协整检验法，首先通过面板单位根检验来判定面板数据稳定性问题，然后进行面板协整检验得出各变量间的长期稳定均衡关系，最后通过面板误差修正模型考察农村金融发展对不同类型收入（非农收入和农业收入）影响的短期动态调整效应。下面对本章中将使用的实证方法加以阐述：

一、Johansen 协整分析

当两个及以上变量均为非平稳时间序列时，这时对变量进行的回归可能是无意义的"伪回归"，因为传统意义上的显著性检验多确定的变量间的关系，在事实上是不存在的。但是在经验研究中，大多数经济变量比如本章设计的农民收入、消费支出、农村金融发展各变量等都是非平稳的或者带有趋势的。那么当考察的序列均为非平稳序列时，为了避免"伪回归"现象的发生，如何处理各变量间的关系呢？通常的办法是对各变量进行差分处理使其变换为平稳序列，这样做的后果是忽略了原始数据中所包含的有用信息，使用变量为差分形式更适合研究经济现象中的短期或非均衡状态，而不适于考察经济现象中的长期或均衡状态，描述经济现象中的长期或均衡状态应使用变量本身的原始信息。因此，本章为了克服上述问题，将采用协整分析法。

在进行协整分析之前，首要步骤就是要检验各时间序列的平稳性。时间序列的平稳性检验可以通过画出时间序列的图形来直观判断时间序列是否平稳，当时间序列存在明显的增长趋势时，时间序列十分平稳，很容易做出结论；但是当增长趋势不是那么明显时，用统计量进行统计检验则是更为准确的方法。单位根检验（unit root test）是统计检验中普遍采用的方法。常用的单位根检验法有 DF 检验法和 ADF 检验法。DF 检验法在对时间序列序列进行平稳性检验时，实际上隐含着一个前提假设，即时间序列是具有白噪声随机干扰项的一阶自回归过程 AR（1）生产的。这个前提假设在有些情况下并不成立，在实际检验中，因为时间序列可能由更高阶的自回归过程生存，或者随机干扰项并非白噪声，如果采用 OLS 法估计会有随机干扰项自相关（autocorrelation）的现象，导致 DF 检验法失效。此外，如果时间序列包含明显的趋势项（上升或下降），则也容易导致 DF 的自相关随机干扰问题。为了保证 DF 检验中随机干扰项的白噪声特征，Dicky 和 Fuller 于 1981 年对 DF 检验进行了扩充，形成考虑残差项序列相关的 ADF

单位根检验法（augment Dicky-Fuller test）来检验时间序列的平稳性。其检验原理是通过如下三个模型完成：

$$\Delta X_t = \delta X_{t-1} + \sum_{i=1}^{m} \beta_i \Delta X_{t-t} + \varepsilon_t \tag{4-28}$$

$$\Delta X_t = \alpha + \delta X_{t-1} + \sum_{i=1}^{m} \beta_i \Delta X_{t-t} + \varepsilon_t \tag{4-29}$$

$$\Delta X_t = \alpha + \beta T + \delta X_{t-1} + \sum_{i=1}^{m} \beta_i \Delta X_{t-t} + \varepsilon_t \tag{4-30}$$

模型（4-30）中的 T 代表时间趋势项。三个模型的虚拟假设均为 $H_0: \delta = 0$，即存在一个单位根。单位根检验从模型（4-28）由下往上依次进行。何时检验拒绝零假设，则原时间序列不存在单位根，则为平稳序列，何时停止检验。否则，就要继续检验，直到完成模型（4-30）为止。通常是估计上述三个方程的适当形式①，然后通过 ADF 临界值表检验零假设 $H_0: \delta = 0$。如果拒绝了原假设，则可认为是平稳序列。只要三个模型中有一个模型拒绝了原假设，则可认为是平稳序列。当三个模型均不能拒绝原假设时，则时间序列为非平稳序列。

当各非平稳序列是同阶单整序列时，则各变量间可能存在协整关系。协整这一概念是由 Engle 和 Granger 于 1987 年提出的，他们认为，如果几个非平稳时间序列的线性组合构成了平稳序列，则称这些非平稳序列是协整的，平稳的线性组合则称为协整方程。协整方程反映的是这些非平稳时间序列之间的长期稳定的均衡关系。协整检验的方法主要有两种：一种方法是 Engle-Granger 两步法（简称 EG 法），其主要适用于双变量模型的协整检验。EG 两步法利用最小二乘法对各变量进行协整分析，把协整回归得到的残差进行单位根检验，这种方法得到的协整参数估计量具有较强的有效性和一致性，但是在样本容量有限的条件下，这种估计量是有偏差的，而且样本容量越小，偏差越大。另一种方法是 Johansen 检验（或 JJ 检验），是由 Johansen（1998）和 Juselius（1990）共同提出的一种基于向量自回归模型的多重协整检验法，是一种多重协整检验的较好方法。JJ 检验法较 EG 两步法优点体现在三个方面：首先，JJ 检验法不区分内生变量和外生变量，而 EG 两步法则必须进行内外生变量的划分；其次，JJ 检验法可以给出变量间的全部的协整关系，而 EG 法不能；最后，对于变量超过

---

① 这里所谓的模型的适当形式，是指在每个模型中取适当的滞后分布项，以使模型残差项是一个白噪声，主要是为了保证不存在自相关。

2个协整检验，JJ检验的功效更稳定。因此本章也将采用Johansen检验法来检验农村金融发展变量与农民收入以及农民消费支出之间的协整关系。Johansen检验法原理如下：检验协整关系的零假设和备择假设为"H_0：有零个协整关系""H_1：有r个协整关系"。检验的迹统计量为

$$LR = -n\sum_{i=r+1}^{N}\log(1-\lambda_i) \tag{4-31}$$

其中，N为协整向量的个数，λ_i是按照大小排列的第i个特征值，N为样本容量。Johansen证明LR在统计量渐进服从如下分布：

$$Tr\left\{\left[\int_0^1 W(i)\,dW(i)'\right]'\left[\int_0^1 W(i)W(i)'di\right]^{-1}\left[\int_0^1 W(i)\,dW(i)'\right]\right\}$$

$$\tag{4-32}$$

$Tr(\cdot)$表示迹，$W(i)$是$N-r$维的wiener过程，上述统计量也叫迹统计量。Johansen检验是对不同取值进行连续检验的过程，而非一次能完成的独立过程。Eviews软件从检验零假设开始，即最先检验不存在协整关系，然后是检验最多$N-1$个协整关系，最后检验至多存在一个协整关系，检验的次数总共为N次。

如果变量间存在协整关系，则它们间的短期非均衡关系总能由一个误差修正模型表述（Engle & Granger，1987）。各变量之间存在长期稳定的均衡关系是构建误差修正项的前提，将误差修正项与其他反映短期波动的解释变量放在一起构建短期动态模型，这样可以考察各个时间序列间的短期动态关系。

二、脉冲响应和方差分解

在经济学中对时滞效应的研究方法主要包括三种：一是画出各种时间序列的图表，分析其变化趋势，通过直观观测加以考察，其优点是简单易懂，但是由于主观性强因而精度较低；二是时序时差相关系数法，这种方法只能给出滞后期，但是不能给出持续的周期、影响程度和交互作用[①]；

---

① 时差相关系数（cross correlation）分析法是利用相关系数检验经济时序变量间滞后关系的一种常用方法。对两个时序变量，选择一个作为基准变量，计算与另一变量在时间上错开（滞后）时的相关系数。以相关系数的大小判断两变量间的时差（仅能判断时差）关系。此法计算简单，容易理解。实际计算时，通常计算基准变量（如国内生产总值、物价水平等）的增长率与政策变量的增长率间的时差相关系数，但反映的是政策变量变化后引起基准变量变化的相关性，不能给出持续时间、影响程度和变化方向。严格来讲，时差相关系数法给出的时滞仅是从政策变化到对经济系统产生影响的时间间隔。由于多数时序变量具有时间趋势，可能有伪相关，计算结果会传递错误信息。

三是脉冲效应和方差分解，后两种方法是国内外用来研究政策时滞效应的普遍采用的方法，本章也将采用这种方法。与时差相关系数法相比，脉冲响应函数和方差分解法具有显著的优势：一是时差相关系数法只能考虑两个变量，但是脉冲响应函数和方差分解法可以将所有变量（自变量和因变量）全部纳入一个体系，反映体系内各变量间交互作用的影响，得到体系内全部信息相互作用的结果。二是时差相关系数法只能给出时滞，而脉冲响应函数和方差分解法不仅可以给出时滞，还可以给出时滞区间，最重要的是能够给出影响的程度及方向。

脉冲响应函数方法（impulse response function，IRF）是分析当来自系统内或系统外一个误差项发生一个标准差大小的冲击后，内生变量由于受到这种冲击随着时间变化的轨迹。换句话说，就是对内生变量当前值和未来值有何影响。脉冲响应函数能直观反映 VAR 模型估计的数量关系，描述 VAR 模型中一个内生变量的冲击给其他变量所带来的影响。对于任何一个 VAR 模型都可以表示成为一个无限价的向量 MA(∞) 过程。

$Y_{t+s} = U_{t+s} + \psi_1 U_{t+s-1} + \psi_2 U_{t+s-2} + \cdots + \psi_s U_t + \cdots$，其中 $\psi_s = \partial Y_{t+s} / \partial U_t$，$\psi_s$ 中第 i 行第 j 列元素表示的是：令其他误差项在任何时期都不改变的情况下，当第 j 个变量 Y_{jt} 对应的误差项 μ_{jt} 在 t 期受到一个单位的冲击后，对第 i 个内生变量 Y_{it} 在 $t + s$ 期造成的影响。把 ψ_s 第 i 行第 j 列元素看成滞后期 s 的函数：$\psi_s = \partial Y_{i, t+s} / \partial U_{jt}$，$s = 1$，2.3… 该函数被称为脉冲响应函数，它描述了其他变量在 t 期和以前各期保持不变的前提假设下 $\partial Y_{i, t+s}$ 对 ∂U_{jt} 时一次冲击的响应过程。VAR 模型的应用，还可以采用方差分解方法研究模型的动态特征。脉冲响应函数描述的是 VAR 模型中的每一个内生变量的冲击对自身及其他内生变量带来的影响，或者说脉冲响应函数是观察模型中的各变量随着时间的推移对冲击的响应。方差分解（variance decomposition）方法是 Sims 在 1980 年提出的一种计量变量间的影响关系的方法。该方法可以详尽考察各内生变量对预测方差的贡献程度。是分析预测残差的标准差由不同新息的冲击影响的比例，亦即对应内生变量对标准差的贡献比例。

三、面板协整检验

由于涉及四个样本区县，会用到面板数据，因而在协整检验的基础上，会用到面板协整检验。在面板协整检验前先要进行面板单位根检验。

通过面板单位根检验来判断面板数据的稳定性。如果面板数据是非平稳的，那么非平稳序列对其他非平稳序列的回归分析可能出现"伪回归"现象，因为在这种情形下标准的 F 检验和 T 检验是无效的。模板单位检验的方法一般有：LLC 检验、ImPesaran-Shin（IMP）检验、ADF Fisher 检验、PP Fisher 检验和 Hadri（V）检验等方法。本章采用的面板单位根主要方法有两种：一是 Levin 等（2002）提出的 LLC UNIT ROOT TEST（LLC）和 Hadri（2000）提出的 Hadri（V）检验法。采用这两种方法主要有如下优点：一是计量软件实施起来较为容易；二是 Hadri（V）法和 LLC 法分别为异质面板单位根检验和同质面板单位根检验，同时采用这两种具有代表意义的检验法可以保证结论的稳健性。

如果面板数据呈现出一阶单整，则满足面板协整的前提条件。一个非平稳性序列对另一个非平稳序列进行回归分析的结果往往是显著的，不过这种回归往往是伪回归，但是如果两个变量差分后依然是稳定的，那么这两个序列之间可能存在协整关系。传统上用 ADF 单位根检验法考察时间序列的平稳性，用 Engle-Granger 二步法检验和 Johansen 检验法分别考察双变量和多变量之间的协整关系。然而这些检验法对长时间序列是有效的，对短时间序列检验的效果是低下的。国外学者研究证实，协整检验对时间维度具有很强的敏感性（Shiller & Perron，1985；Perron，1991；Pedroni，1995；Pierse & Snell，1995）。为此，Pedroni 在 2001 年提出了现在广泛应用的一种面板协整检验方法。Pedroni 给出了七个 Panel Data 的协整统计量，其中 Panel v-Statistic、Panel -Statistic、Panel t-Statistic（nonparametric）、Panel t-Statistic（parametric）四个统计量是用联合组内尺度描述，Group -Statistic、Group t-Statistic、Group t-Statistic（parametric）三个统计量是用组间尺度加以描述，作为组内平均面板协整统计量。在第一类的四个检验中前三个使用了 Phillips 和 Perron（1988）工作中的非参修正法，第四个是基于 ADF 参数检验法。第二类的三个检验中的两个使用非参数修正，第三个依然使用的 ADF 参数检验法。在这些假设下，Pedroni 讨论了七个 Panel Data 的协整统计，其中四个是用联合组内尺度描述，另外三个是用组间尺度来描述，作为组平均 Panel 协整统计量，在第一类四个检验中三个涉及使用为人所知的 Phillips 和 Perron（1988）工作中的非参修正，第四个是基于 ADF 的参数检验，在第二类三个中的二个使用非参修正，而第三个再一次用了 ADF 检验。

面板协整方程的估计法本章采用的是完全修正普通最小二乘法估计（FMOLS）。选用 Pedroni 提出的 Group mean Panel Fmols。估计方法有较多优点，Group mean Panel Fmols 估计方法是在 Phillips 和 Hanson（1990）提出 Pool panel Fmols 估计方法的基础上的进一步发展。与 Phillips 和 Hanson 的参数估计法相比，Pedroni 参数估计法的优点主要体现在：一是 Pool panel Fmols 估计是基于面板组内维度，而 Group mean Panel Fmols 估计是基于面板组间维度，因此 Pool panel Fmols 不能提供协整方程共同参数的一致检验，而 Group mean Panel Fmosl 能够完成协整方程共同参数的一致检验；二是基于 Pesaran 和 Smith（1995）研究的结论，他们认为 Pool panel Fmols 无法提供基于样本均值的异质协整方程系数的一致估计，而 Group mean Panel Fmols 可以做到这一点；三是基于 Pesaran 和 Smith（1999）研究的结论，当协整方程是异质时，Pool panel Fmols 估计法只提供回归系数均值的一致点估计，而不是基于样本均值的异质协整方程系数的协整方程的估计。总之，Group mean Panel Fmols 相对于 Pool panel Fmols 而言更适用于实证研究。

四、格兰杰因果检验

克莱夫·格兰杰（Clive. Granger，1969）和西姆斯（Sims，1972）分别提出了含义相同的定义，故除使用"格兰杰非因果性"的概念外，也使用"格兰杰因果性"的概念。其定义为：如果由 y_t 和 x_t 滞后值所决定的 y_t 的分布条件与仅由 y_t 滞后值所决定的条件分布相同，即

$$f(y_t | y_{t-1}, \cdots x_{t-1}, \cdots) = f(y_t | y_{t-1}, \cdots)$$

则称 x_{t-1} 对 y_t 存在格兰杰非因果性。格兰杰非因果性的另一种表述方式：其他条件不变的情况下，弱加上 x_t 的滞后变量对 y_t 的预测精度不存在显著的改善，则称 x_{t-1} 对 y_t 存在格兰杰非因果关系。其检验方程为

$$y_t = \sum_{i=1}^{k} \alpha_i y_{t-i} + \sum_{i=1}^{k} \beta_i x_{t-i} + \mu_{1t} \tag{4-33}$$

检验过程为：首先提出原假设为"$H_0: \beta_1 = \beta_2 = \cdots = \beta_k = 0$"；其次是估计无约条件约束回归模型，得出无约束条件回归方程的残差平方和 SSE_u；最后估计约束条件下的回归方程得出其残差平方和 SSE_r，利用约束条件和无约束条件的残差平方和构造 F 统计量。

$$F = \frac{(SSE_r - SSE_u)/k}{SSE_u/(T - kN)} \sim F(k, t - kN) \tag{4-34}$$

如果根据所考察的样本计算出的 F 值大于 F 分布的临界值，则拒绝原假设 H_0，表明 x_t 是 y_t 变化的格兰杰原因，反之则不能说明 x_t 是 y_t 变化的格兰杰原因。在格兰杰检验中，滞后期 k 的选择是任意的。以 x_t 和 y_t 为例，如果 x_{t-1} 对 y_t 存在显著影响，则不必要再做滞后期更长的检验；如果 x_{t-1} 对 y_t 不存在显著影响，则需要再做滞后期更长的检验，并且结论相同时，才可以下最终的结论。

第四节　农村信贷约束福利损失效应的评价方法

当农户从正规金融市场或非正规金融市场上所筹集的资金低于其"意愿"的借款额度时，农户就处于信贷约束状态。综合 Jappelli（1990）、Feder 等（1990）、Zeller（1994）、Barham 等（1996）和刘西川（2007）对信贷约束的定义及分类，本章将贫困地区农户分为三大类：完全信贷约束农户、部分信贷约束农户和非信贷约束农户。完全信贷约束农户是指有信贷需求的农户没有借到任何资金，或者说所借贷的款项为 0，其信贷需求完全不能满足。部分信贷约束农户是有信贷需求的农户能够借到所需资金的一部分，即借到的金额少于其"意愿"的借款金额，农户的借贷需求只能得到部分满足，换句话说，农户或多或少地借到了低于意愿金额的资金。非信贷约束农户是指那些有信贷需求且能够借到其所需金额的农户，或者对贷款没有任何兴趣的农户，换言之，农户只要能够完全借到符合自己意愿的款项或者没有信贷需求，则处于非信贷约束状态。本章把处于完全信贷约束和部分信贷约束的农户统称为信贷约束农户，与之对应的就是非信贷约束农户。由于现实生活中的金融管制、逆向选择和市场垄断等诸多因素，即便有农户愿意以更高的利率来满足借贷需求，其愿望仍然难以实现，这种提高利率水平但是依然不能使信贷市场达到均衡状态的现象称之为"信贷配给"。"信贷配给"的分类方式很多（Mushinski，1999；Boucher，2002；刘西川，2007），受到信贷约束的农户处于数量配给的状态，即其借款的实际金额低于其意愿金额。值得注意的是，信贷约束和信贷配给在严格意义上是有差别的概念，信贷约束主要是就借款者的角度而言的，信贷配给是就资金供给者的角度而言的，但是大部分研究中没有严格区分二者的含义，往往交替使用（刘西川，2007），本章也不区分二者的细微差别而相互通用。信贷配给是金融市场区分于商品市场的一个显著特征，在存在信贷配给的情况下，我们不能直接观察到需求或供给的真实情况，而只能观察到供给和需求相互影响的作用结果，农户的借贷金额是由供给和需求中较小者的一方决定，传统的计量模型和技术难以有效处理此类问题，本章采用双变量 Probit 模型来估计贫困地区农户信贷约束的程度。

令 Y_d^* 和 Y_d^* 分别表示贫困地区资金供给意愿和资金需求意愿的隐含变量，Y_s 和 Y_d 分别表示是否愿意提供资金和是否愿意申请借款的决策变量。X_1 和 X_2 分别表示影响农户信贷需求和影响资金供给的自变量（影响因素），假设 ε_1 和 ε_2 服从联合成态分布，建立如下联立模型：

$$\begin{cases} Y_d^* = X_1\beta_1 + \varepsilon_1 & \text{若 } Y_d^* > 0, \ Y_d = 1, \ \text{否则 } Y_d = 0, \\ Y_s^* = X_2\beta_2 + \varepsilon_2 & \text{若 } Y_s^* > 0, \ Y_s = 1, \ \text{否则 } Y_s = 0, \end{cases} \tag{4-35}$$

$$E(\varepsilon_1) = E(\varepsilon_2) = 0, \ \mathrm{Var}(\varepsilon_1) = \mathrm{Var}(\varepsilon_2) = 1, \ \mathrm{Cov}(\varepsilon_1, \ \varepsilon_2) = \rho$$

只有同时具备两个条件时，我们才能观测到实际借贷行为的发生，即农户具有借贷需求（$Y_d = 1$）并且资金供给方愿意向其提供贷款（$Y_s = 1$），这是样本能够为研究所提供的最大信息。用 P 来代表农户的借贷行为，则有：如果 $Y_d = 1$ 且 $Y_s = 1$ 时，能够观察到农户的借贷行为，此时 $P = 1$；如果 $Y_d = 0$ 或者 $Y_s = 0$，则不能观察到农户的借贷行为，此时 $P = 0$。其数学表达式为

$$P = \begin{cases} 1, & \text{若 } Y_d = 1, \ Y_s = 1 \\ 0, & \text{否则} \end{cases} \tag{4-36}$$

式（4-36）是一个典型的 biprobit 模型，此类模型在 1980 年由 Poirier 等人最先提出，现在已经得到广泛应用，此类模型的特点是观测值具有部分可观察性（partial observability）的特征，模型的估计采用极大似然法（MLE），其对数似然函数为

$$\mathrm{Ln}L(\beta_1, \ \beta_2, \ \rho) = \sum_{i=1}^{N} \{ y_i \mathrm{Ln}P(y_i = 1) + (1 - y_i)\mathrm{Ln}[1 - P(y_i = 1)]\}$$

$$= \sum_{i=1}^{N} \{ y_i \mathrm{Ln}\varphi(X_1\beta_1, \ X_2\beta_2; \ \rho) +$$

$$(1 - y_i)\mathrm{Ln}[1 - \varphi(X_1\beta_1, \ X_2\beta_2; \ \rho)]\} \tag{4-37}$$

该模型能够有效地利用 ε_1 和 ε_2 的相关性，从而得出更为准确的估计。

但是由于某些被解释变量无法被完全观测到，由于信息的限制而不得不支付成本，因此模型估计的有效性会受到一定的影响（Chun-lomeng & Peter Schmidt，1985）。贫困地区农户信贷约束程度就是估计 $P(Y_d^* > Y_s^* | Y_d^* > 0)$ 的数值，即农户存在信贷需求的情形下，农户借到的金额低于农户"意愿"借款金额的概率，用 $P(Y_d^* > Y_s^* | Y_d^* > 0)$ 的数值来度量农户的信贷约束，既考虑了农户需求层面的因素，又考虑了供给方层面的因素。换言之，考虑供给和需求相互作用对信贷约束的影响，更全面地估计了农户信贷约束的程度。由此，农户的信贷约束程度的计算表达式可以表示为

$$P(Y_d^* > Y_s^* | Y_d^* > 0)$$

$$= P(X_1\beta_1 + \varepsilon > X_2\beta_2 + \varepsilon_2, \ X_1\beta_1 + \varepsilon > 0)/P(Y_d^* > 0)$$

$$= P(\varepsilon_2 - \varepsilon_1 < X_1\beta_1 - X_2\beta_2, \ \varepsilon_1 > -X_1\beta_1)/P(\varepsilon_1 > -X_1\beta_1)$$

$$= P\left[\frac{\varepsilon_2 - \varepsilon_1}{\sqrt{2 - 2\rho}} < \frac{X_1\beta_1 - X_2\beta_2}{\sqrt{2 - 2\rho}}, \ -\varepsilon_1 < X_1\beta_1\right]/P(-\varepsilon_1 < X_1\beta_1)$$

$$= \left[\varphi_{BN}\left(\frac{X_1\beta_1 - X_2\beta_2}{\sqrt{2 - 2\rho}}\right), \ X_1\beta_1, \ \sqrt{(1 - 2\rho)/2}\right]/\varphi(X_1\beta_1) \qquad (4\text{-}38)$$

可以证明式（4-38）中的 φ_{BN} 和 φ 分别为服从联合正态分布的函数和正态分布的函数，并且有 $\varepsilon_1 - \varepsilon_2 \sim N(0, \ \sqrt{2 - 2\rho})$。

基于联立离散选择模型分析了农户信贷约束的主要因素及农户信贷约束的程度后，本章更为重要的任务是评估信贷约束对农户福利的影响。本章采用平均处理效应模型（average treatment effect model，ATEM）来实证分析信贷约束对农户福利的影响。平均处理效应模型早期应用于评价接受医疗或参与项目的效果，现在广泛应用于评价各种政策效应，该模型对于变量为二值型的效果较佳。在平均处理效应模型中，首先需要引入反事实框架（counterfactual framework），这一框架最早在1974年由Rubin开始率先应用于研究之中，后来许多学者先后尝试过用这一分析方法来考察不同的问题（Rosenbaum & Rubin，1983；Heckman，1992，1997；Imbens，Angrist，1994；Angrist et al.，1996）。本章中的反事实，是指所有能够观察到的农户，只有一个产出（收入、消费或家庭净资产的数值），即在信贷约束的产出或非信贷约束下的产出，我们观察到的农户产出不可能同时既是信贷约束下的产出，又是非信贷约束下的产出。对于任何农户 i，令

$Y_i(0)$ 和 $Y_i(1)$ 分别为信贷约束和非信贷约束下的潜在产出。如果我们能够同时观察到农户非信贷约束下的产出和信贷约束下的产出，则信贷约束对农户的福利（产出）影响的大小就可以用 $Y_i(1) - Y_i(0)$ 的差值加以度量，不过这仅仅是理论上的假设。事实上，农户不可能同时处于非信贷约束状态和信贷约束状态，农户只能处于两种状态中的某一种状态，也就是说我们只能观察到某一个具体状态下的产出，令观察到的产出为 Y_i，则：

$$Y_i = Y_i(W_i)$$

$W_i \in \{0, 1\}$，表示农户是否受到了信贷约束。我们面临的主要问题是观察数据的缺失而导致的信息不足。本章不考察信贷约束对单个农户福利的影响，实际上研究信贷约束与某个具体农户福利间的关系也没有意义，我们感兴趣的是信贷约束对所有样本农户这一群体以及对处于信贷约束状态农户这一群体的福利影响。本章采用总体评价处理效应（PATE）和样本平均处理效应（SATE）来考察信贷约束的福利效应，其数学表达式为

$$\tau^{\mathrm{pop}} = E[Y(1) - Y(0)], \ \text{且} \ \tau^{\mathrm{sample}} = \frac{1}{N} \sum_{i=1}^{N} [Y_i(1) - Y_i(0)]$$

$$(4-39)$$

类似地，可以定义信贷约束状态农户的平均处理效应，即信贷约束农户的总体平均处理效应（PATT）及其样本平均处理效应（SATT），其表达式为

$$\tau^{\mathrm{pop}} = E[Y(1) - Y(0) \mid W = 1], \ \text{且} \ \tau^{\mathrm{sample}} = \frac{1}{N_1} \sum_{i \atop W_i = 1}^{N_1} [Y_i(1) - Y_i(0)]$$

$$(4-40)$$

此处 $N_1 = \sum W_i$。对于某个特征变量为 X_i 且处于信贷约束状态的农户，我们观测到了农户在信贷约束状态下的产出，进一步需要做的工作就是估算出农户在非信贷约束状态下的产出。我们可以采用如下方法来估算其非信贷约束状态下的产出：找到特征变量与该处于信贷约束状态农户相似或相近但是处于非信贷约束状态的农户，可以将非信贷约束状态农户的产出作为该农户潜在产出的替代值。对于每一个处于信贷约束状态的农户 i，match 模型通过寻找那些特征变量相同或相近，但是处于非信贷约束状态的农户产出，这样不能同时观测到两种情形下（信贷约束状态和非信贷约束状态）的产出这一棘手的问题可以得到有效解决，这就是 match 模型

的基本思想。在实际应用中，本章使用简单 match 的数学表达如下：假设对所有特征变量 X 的子集中的 x，假如下列条件成立：

（1）在条件 $X = x$ 成立下，W 独立于 $\{Y(0)，Y(1)\}$；

（2）对于某个 $c > 0$，$c < P(W = 1|X = x) < 1 - c$。

令 $\|x\|_v = (x'x)^{\frac{1}{2}}$ 为标准欧几里得空间中的向量范数，令 $j_m(i)$ 为满足 $W_j = 1 - W_i$ 以及 $\sum\limits_{l: W_l = 1-W_i} 1\{\|X_l - X_i\| \leqslant \|X_j - X_i\|\} = m$ 的下标 j，其中 $1\{\cdot\}$ 为示性函数。也就是说 $j_m(i)$ 所代表的就是相当于特别 X 而言，在信贷约束状态与农户相反的农户中，与农户 i 接近的第 m 个农户。令 $J_M(i)$ 表示离农户 i 最匹配（match）的前 M 个农户：

$$J_M(i) = \{j_1(i)，\cdots，j_M(i)\}。$$

令 $K_M(i)$ 表示在为每个农户寻找 M 个匹配对象的情形下，农户 i 作为其他农户的匹配对象的次数之和，即

$$K_M(i) = \sum_{i=1}^{N} 1\{i \in J_M(l)\}$$

在进行匹配时，每个农户可以作为重复匹配的对象，这样增加了可匹配的对象数量，增大了样本容量，与不允许放回的匹配相比，可以得到更高质量的匹配。简单 match 模型使用如下估计量作为预期的潜在产出：

$$\hat{Y}_i(0) = \begin{cases} Y_i，& \text{若} W_i = 0，\\ \dfrac{1}{M}\sum\limits_{j \in J_M(i)} Y_j，& \text{若} W_i = 1，\end{cases} \tag{4-41}$$

$$\hat{Y}_i(1) = \begin{cases} \dfrac{1}{M}\sum\limits_{j \in J_M(i)} Y_j，& \text{若} W_i = 0，\\ Y_i，& \text{若} W_i = 1 \end{cases} \tag{4-42}$$

由此可以得到平均处理效应的估计量：

$$\hat{\tau}_M^{sm} = \frac{1}{N}\sum_{i=1}^{N}\left[\hat{Y}_i(1) - \hat{Y}_i(0)\right] = \frac{1}{N}\sum_{i=1}^{n}(2W_i - 1)\cdot\left(1 + \frac{K_M(i)}{M}\right)\cdot Y_i \tag{4-43}$$

对于处于信贷约束状态的农户，其平均处理效应的估计量为

$$\hat{\tau}_M^{sm,t} = \frac{1}{N_1}\sum_{W_i=1}\left[Y_i - \hat{Y}_i(0)\right] = \frac{1}{N_1}\sum_{i=1}^{N}\left(W_i - (1 - W_i)\frac{K_M(i)}{M}\right)\cdot Y_i \tag{4-44}$$

第五节　本章小结

本章构建了农村金融发展对农户福利影响理论框架。在传统经典的收入函数和消费函数中引入了农村金融发展这一解释变量，分析了农村金融发展对农户收入和消费的作用机制，得出了农村金融发展对农户收入影响和消费影响的理论框架。从理论上看，农村金融发展有利于农户收入增长、刺激农户消费。构建 Probit 模型分析贫困地区农村信贷约束的影响因素及信贷约束的程度，比较了流动性约束和自由借贷下农户消费行为的决策机制，并在此基础上设计了模型来估算信贷约束的福利损失效应，得出了信贷约束对农户福利影响的理论框架，为后续实证研究奠定理论基础。

第五章 川渝地区农村金融发展
对农户收入影响的实证分析

考虑到川渝地区在语言、文化、经济、社会等各方面的相似性，首先将川渝农村地区视为一个整体，利用川渝两地的相关统计数据，采用相关时间序列数据，通过协整分析研究川渝农村金融发展对农户收入的影响，重点考察农村金融发展对农业收入和非农收入影响的差异性。同时，又考虑到样本区域的差异性（比如山区地带与丘陵地带的环境差异性、农业收入结构的差异性等），利用万州区、云阳县、嘉陵区和仪陇县四个地区的面板数据再次深入研究农村金融发展对两类不同收入影响的异同。在两种研究方法中，考虑到其他控制变量可能对农户收入存在影响，因此均考虑加入控制变量，进一步分析农村金融发展和各控制变量对非农收入和农业收入影响的差异性。

第一节 农村金融发展对农户收入影响：基于时间序列的分析

一、实证模型与变量说明

本章基于古典经济增长理论，将农村金融发展水平作为影响农户产出的一项"投入"要素引入传统的经济增长模型中来，得出金融发展对农户产出影响的实证模型（详尽推导过程见第四章第一节）：

$$dY_{it} = \beta_{i0} + \beta_{i1}d\text{RFS}_t + \beta_{i2}d\text{RFE}_t + \beta_{i3}d\text{RFC}_t + \beta_{i4}d\text{RFD}_t + \mu_{it} \quad (5-1)$$

其中，$Y_{it} = \{\text{TY}_t, \text{NRY}_t, \text{RY}_t\}$，$\text{TY}_t$、$\text{NRY}_t$、$RY_t$ 分别表示川渝地区农户在第 t 年的人均纯收入、人均非农收入和人均农业收入，其中 $\text{TY}_t = \text{NRY}_t +$

RY_t，即把农户的纯收入分解为农业收入和非农收入两大类，以便分别考察金融发展对不同类型收入影响的异同。农业收入是指农民人均纯收入中的第一产业收入，主要依靠土地等自然资源生产要素获取的收入，主要是指家庭经营收入中的农林牧渔业的收入。农民的非农收入是指农民在第二产业和第三产业中获取的收入，也就是工资性收入与家庭经营性收入减去农业收入的剩余部分。本章中农户的各类收入（农户收入、农户农业收入、农户非农收入）都是四个样本区县的平均值。

RFS_t、RFE_t、RFC_t、RFD_t 分别川渝地区表示第 t 年农村金融发展规模、农村金融发展效率、农村金融发展结构和农村金融覆盖密度。关于川渝地区农村金融四个发展指标的数值的计算与川渝地区农户收入的计算方法类似，都是四个地区的平均数值。以计算农村金融发展规模 RFS_t 为例，其含义为川渝样本区县农村存贷余额总和与川渝样本区县农村 GDP 的比值。农村存款余额为农业存款余额与农村居民储蓄存款余额之和。农村贷款余额为农业贷款余额与乡镇企业贷款余额之和，该指标反映了农村金融规模的大小。其计算公式为：$RFS_t = \left(\sum Loan_{it} + \sum Deposi_{it} \right) / \sum RGDP_{it}$，其中 $i = 1$，2，3，4。$Loan_{it}$、$Deposi_{it}$、$RGDP_{it}$ 分别表示第 i 个地区第 t 年的农村贷款总额、农村存款总额和农村 GDP 的数值。其中农村 GDP 是第一产业增加值与乡镇企业增加值的总和。RFE_t、RFC_t、RFD_t 的计算方法跟计算 RFS_t 的方法完全一样，均是根据调研地区地方政府的统计年鉴数据计算而得的平均值。

考虑到变量间的滞后性，同时为了降低异方差的可能性以及减少时间序列的波动性，本章使用向量自回归模型来考察川渝地区农村金融发展与农民收入之间的动态关系。p 阶向量自回归模型为

$$LnY_{it} = \alpha + \sum_{j=1}^{p} \eta_j LnY_{it-j} + \sum_{k=1}^{p} \lambda_k Ln F_{it-k} + \varepsilon_t \tag{5-2}$$

其中，α 为常数向量，η_j 和 λ_k（j，$k = 1$，2，3，$\cdots$，p）为系数矩阵。为了进一步深入分析影响农民农业收入和非农收入的非金融因素，本章在单独考察完农村金融发展对农业收入和非农收入影响机制差异的基础上，将加入农村金融变量以外的其他控制变量，研究不同的因素在对农业收入和非农收入的影响程度的差异，加入控制变量的实证模型可以表示为

$$Y_{it} = \alpha + \beta Fian_{it} + \sum_{j=1}^{n} \eta_j Contr_j + \mu_t \tag{5-3}$$

Y_{it} 和 Fina$_t$ 分别表示不同类型的收入和农村金融发展指标变量，即 Fina$_t$ = {RFS$_t$，RFE$_t$，RFC$_t$，RFD$_t$}，Y_{it} = {TY$_t$，NRY$_t$，RY$_t$}。Contr$_j$ 为第 j 个控制变量，在影响农业收入和非农收入的非金融变量中，控制变量对不同类型的收入在影响机制上可能存在差异性，关于控制变量的设置，在实证部分将具体阐述。考虑到数据的可获得性，本章的时间序列的样本区间为 1985—2019 年。

二、实证结果及说明

（一）协整检验

在协整检验以前，为了避免模型"伪回归"现象的发生，我们首先要对时间序列进行平稳性检验，本章用 Dickey 和 Fuller 于 1981 年提出的考虑残差项序列相关的 ADF 单位根检验法来考察各时间序列的平稳性。其标准的检验方程为

$$\Delta y_t = \alpha_0 + \alpha_1 t + (\rho - 1) y_{t-1} + \sum_{i=1}^{n} \beta_i \Delta y_{t-i} + \mu_t \qquad (5-4)$$

原假设为 H$_0$：$\rho = 1$，备选假设为 H$_1$：$\rho < 1$，接受原假设意味着时间序列含有单位根。本章采用 ADF 检验法在 Eviews7.0 软件中对各变量及其一阶差分的平稳性检验结果如表 5-1 所示。检验结果表明，各变量在 5% 显著水平下均为非平稳序列，但是各变量的一阶差分序列在 5% 显著水平下均为平稳序列，即各变量均为一阶单整变量，符合协整检验的前提。

表 5-1　各变量 ADF 单位根检验结果

变量	检验类型（C,T,K）	ADF 检验值	1% 临界值	5% 临界值	序列是否平稳
LnTY	(C,0,2)	−0.198 7	−2.981 5	−1.902 7	不平稳
LnRY	(C,T,1)	−1.236 3	−4.021 7	−3.502 1	不平稳
LnNRY	(C,T,2)	−0.637 1	−3.562 8	−2.762 5	不平稳
LnRFS	(C,0,2)	−2.321 0	−3.082 7	−2.091 6	不平稳
LnRFE	(C,0,1)	−1.452 6	−3.319 2	−2.509 1	不平稳
LnRFC	(C,0,1)	−1.892 1	−3.123 1	−2.780 9	不平稳
LnRFD	(C,T,1)	−2.005 4	−4.016 7	−3.231 9	不平稳
ΔLnTY	(C,0,1)	−3.981 9**	−3.782 3	−2.891 7	平稳
ΔLnRY	(0,0,1)	−2.201 8*	−2.691 7	−1.885 9	平稳
ΔLnNRY	(C,T,1)	−4.681 7**	−3.998 2	−3.016 2	平稳

表5-1(续)

变量	检验类型 (C,T,K)	ADF 检验值	1%临界值	5%临界值	序列是否平稳
ΔLnRFS	(0,0,1)	−3.320 1**	−2.554 7	−1.989 7	平稳
ΔLnRFE	(C,0,2)	−3.617 9**	−2.986 2	−2.010 3	平稳
ΔLnRFC	(C,0,1)	−4.179 0*	−4.216 7	−3.732 8	平稳
ΔLnRFD	(C,0,0)	−2.568 1*	−2.721 8	−1.891 7	平稳

注：1. Δ 为一阶差分运算。

2. 检验形式 (C,T,K) 中的 C、T、K 分别表示 ADF 检验中的常数项、趋势项和滞后期数。

3. * 和 ** 分别表示在5%和1%显著水平下拒绝有单位根的原假设。

本章采用 Johansen 协整检验法来验证各变量之间是否具存在协整关系。Johansen 协整检验是一种基于向量自回归模型的检验方法，该检验法对滞后的阶数很敏感，因此 VAR 模型中的一个核心问题就是确定最优的滞后阶数，滞后阶数一般是根据 AIC 和 SC 原则加以确定。用软件 Eviews11.0 计算后发现，当 VAR 模型的滞后阶数为2阶时，各模型 AIC 和 SC 均达到最小值，说明模型的最优滞后阶数为2阶。此外，利用怀特检验法和似然比检验法得出了相同的结论：当向量自回归模型的滞后期为2时，模型的拟合度较高，残差序列自相关性较弱，模型为最优状态。对农村金融发展水平与农民收入各变量的 Johansen 协整检验结果如表5-2所示。

表5-2　农村金融发展与农民收入的协整检验结果

检验变量	零假设：协整向量个数	特征值	迹统计量	5%临界值	P 值	结论
	0	0.871 4	116.032 8	70.126 2	0.000 0	拒绝
LnTY	至多1个	0.632 6	61.402 6	46.082 1	0.001 3	拒绝
LnRFS LnRFE	至多2个	0.490 1	33.082 6	27.082 6	0.018 7	拒绝
LnRFC LnRFD	至多3个	0.398 2	15.109 2	14.908 2	0.041 2	拒绝
	至多4个	0.051 8	1.452 7	3.119 2	0.231 6	接受
	0	0.921 7	145.066 5	70.231 8	0.000 0	拒绝
LnRY	至多1个	0.691 7	72.185 6	45.320 1	0.000 0	拒绝
LnRFS LnRFE	至多2个	0.572 1	42.180 7	30.126 7	0.001 4	拒绝
LnRFC LnRFD	至多3个	0.452 1	17.194 6	16.409 2	0.017 2	接受
	至多4个	0.023 1	0.078 2	3.709 3	0.389 4	接受

表5-2(续)

检验变量	零假设：协整向量个数	特征值	迹统计量	5%临界值	P值	结论
	0	0.843 7	115.320 1	67.980 2	0.000 0	拒绝
LnNRY	至多1个	0.721 6	67.091 7	45.097 2	0.000 3	拒绝
LnRFS LnRFE	至多2个	0.601 7	29.109 2	27.650 2	0.003 2	拒绝
LnRFC LnRFD	至多3个	0.209 8	6.012 7	16.321 0	0.631 7	接受
	至多4个	0.003 8	0.121 8	3.512 9	0.721 7	接受

从协整检验结果来看，迹统计量表明在5%显著水平上各模型的变量之间可能存在多个协整关系。其中总收入与农村金融发展变量之间的一个标准化协整如下：

$$LnTY = 2.210\ 82 + 0.061\ 9LnRFS - 0.110\ 8LnRFE - 0.082\ 5LnRFC + 0.063\ 1LnRFD$$

$$(0.023\ 3) \qquad (0.032\ 7) \qquad (0.021\ 8) \qquad (0.210\ 9)$$

$$[8.217\ 8] \qquad [-10.021\ 7] \qquad [-9.982\ 7] \qquad [6.372\ 1]$$

$$(5-5)$$

协整方程各系数下圆括号和方括号中的数字分别表示渐近标准差和 t 统计量。从长期来看，农村金融发展规模和农村金融覆盖密度对农民收入的增加有正向促进作用，农村金融发展规模和农村金融覆盖密度每上升1%，农民的年总收入将分别增加0.061 9%和0.063 1%，两项指标对农民增收的影响力依次增强。农村金融规模越大，农民获取信贷资金的渠道就越多，农民受信贷约束的可能性就越小，从而越有利于农民增收。农村金融覆盖密度的上升对于提升农民总收入水平也有正向影响。近年来随着村镇银行、农村资金互助社等各类新型农村金融中介的出现，包括川渝地区的我国广大农村地区金融覆盖密度下降的趋势得到了有效遏制，新型农村金融中介比正规的金融机构（中国农业银行、中国农业发展银行、邮政储蓄银行、农村信用合作社）由于地缘等因素而具有先天的信息成本的优势，对农户的信用状况了解得更为清楚，有利于降低借贷双方的交易成本。农民更容易就近解决生产生活所缺资金，农村金融覆盖密度的提升以及各类金融机构在农村的竞争加剧，打破了农村信用合作社在农村长期垄断的局面，农村地区越来越高效的金融服务显然能够促进农民增收。但是，农村金融发展效率和农村金融发展结构对农民增收显示出阻碍作用。

我国农村储蓄向贷款转化为的比例长期偏低，大量的农村储蓄流向了非农领域，农村资金外流现象比较突出，农村储蓄支农力度不够，这显然会抑制农民增收。此外，农村贷款存在明显的"垒大户"现象，即农村乡镇企业贷款余额占农村贷款余额的比重越高，说明"金融啄序"现象在农村地区越为明显，富裕的群体较贫困的群体来说更容易获取信贷资金，有限的农村信贷资源在农村的分配中出现两极分化的特征，这显然不利于促进农民的总体收入水平的提高。

同样，我们可以得出反映农村金融发展水平与农民农业收入和非农收入的一个标准化协整表达式分别如方程（5-6）和方程（5-7）所示。

$$LnRY = 3.198\ 4 + 0.113\ 0LnRFS - 0.081\ 7LnRFE - 0.093\ 5LnRFC - 0.182\ 1LnRFD$$
$$\qquad (0.008\ 6) \qquad (0.121\ 6) \qquad (0.032\ 1) \qquad (0.079\ 8)$$
$$\qquad [3.129\ 7] \qquad [-6.782\ 1] \qquad [-9.089\ 2] \qquad [-11.068\ 3]$$

$$(5-6)$$

$$LnNRY = 1.126\ 4 + 0.041\ 2LnRFS - 0.123\ 5LnRFE + 0.201\ 6LnRFC + 0.189\ 2LnRFD$$
$$\qquad (0.063\ 2) \qquad (0.042\ 5) \qquad (0.030\ 1) \qquad (0.102\ 6)$$
$$\qquad [4.332\ 6] \qquad [-6.782\ 8] \qquad [7.083\ 2] \qquad [10.267\ 5]$$

$$(5-7)$$

从农业收入的协整方程可以得知，在长期均衡时农村金融发展规模、农村金融发展效率和农村金融发展结构对农业收入的影响与对总收入的影响方向一致，但是农村金融覆盖密度对农业收入为负向影响。1996年以来，中国农业银行、中国农业发展银行等正规金融机构迫于盈利压力，大规模撤离县级以下的广大农村地区的金融业务，农村金融覆盖面迅速缩小，农业生产信贷难度进一步加剧。新型的农村金融中介考虑到农业生产的高风险，对纯农业生产的贷款积极性不高，因此农村金融覆盖密度的提升并没有有效增加农民的纯农业收入。

从非农收入的协整方程可以看出，川渝地区农村金融发展显著促进了农户非农收入的增加，这一研究结论与其他学者研究的结论不一致。造成这一差异的原因可能是以往的研究在农村金融发展指标变量的设计上过于简单。在长期均衡状态时，农村金融发展规模和农村金融发展效率对非农收入的影响关系与对农业收入是同方向的（农村金融发展规模为正向影响，而农村金融发展效率为负向影响），但是农村金融发展结构和农村金融覆盖密度与农民的非农收入正相关。农村金融发展结构的改善，乡镇企业贷款余额在农村贷款余额中占有更高的比例，这意味着农村乡镇企业的资金短缺能够通过农村金融中介得到有效缓解，而农村乡镇企业的快速发展能够为农村剩余劳动力提供更多的非农就业岗位，有利于提高农民的劳动边际产出，增加农民非农收入。此外，近年来随着村镇银行、农村资金互助社和农村典当行等新型民间融资机构初步形成规模，正规金融机构大规模撤离农村金融业务的负面影响得到了一定程度的遏制，不过新型的农村金融中介和正规金融机构一样，考虑到盈利和风险因素，更愿意把资金借贷给收益高而风险较低的非农产业项目，从而有利于增加农民的非农收入。

比较方程（5-6）和方程（5-7）不难发现，农村金融发展并没有促进农业收入的增加，对农业收入的影响主要体现为负向效应。农村金融发展促进了农民非农收入的增加，对非农收入主要体现为比较显著的正向效应。农村金融发展对非农收入和农业收入在一正一负效应的影响下，正效应大于负效应，最终对总收入有一定的正向影响，说明农村金融发展主要是通过增加非农收入来增加农民的总收入。

（二）误差修正模型

Johansen 协整检验只能考察各变量在长期里存在的稳定均衡关系，我们进一步利用误差修正模型（VECM）来考察各变量长期均衡与短期波动间的动态关系，通过 VECM 的误差修正项研究各经济变量朝向长期均衡的调整速度，各方程误差修正项如表 5-3 所示。

表 5-3　各类收入方程的误差修正项

误差修正项（EC）	$\Delta LnTY$	$\Delta LnRY$	$\Delta LnNRY$
系数	−0.112 6	−0.083 2	−0.251 7
标准误差	（0.022 1）	（0.061 5）	（0.091 8）
t 统计量	［−3.901 7］	［−4.081 4］	［−4.291 8］

误差修正模型中的 Δ 表示变量的一阶差分，反映各变量的短期变化幅度。如果误差修正项的系数能够通过显著性检验，则意味着解释变量的失衡将在多大程度上在下一期里得到修正。误差修正项的系数反映长期均衡

关系对短期波动的调整力度。由表 5-3 可以得知,农村金融发展对农民收入的误差修正项系数为负且统计上显著,表明 LnTY 的实际值与长期均衡值的差距约有 11.26% 得到修正,说明 LnTY 受到短期扰动后向长期均衡路径的调整速度比较慢;农村金融发展对农业收入的和非农收入的误差修正模型的系数均为负数,分别为 -0.083 2 和 -0.251 7,符合反向修正机制,说明 LnRY 和 LnNRY 受到短期干扰后,在下一个时期里 LnRY 和 LnNRY 的实际值与长期均衡值的差距分别约有 8.32% 和 25.17% 将得到修正,表明 LnRY 受到短期干扰后向长期均衡路径的调整速度慢,而 LnNRY 受到短期干扰后能以比较快的速度调整到长期均衡的路径上去。

(三) 脉冲响应和方差分解

脉冲响应函数 (impulse response function,IRF) 用来度量来自随机扰动项的一个标准差冲击对内生变量当前和未来值影响的变动轨迹,它能够直观地反映变量之间的动态交互作用及其效应。脉冲响应函数法用于衡量来自随机扰动项的一个标准差的冲击对内生变量当前和未来取值的影响,其所得的分解结果不依赖于向量自回归模型中各变量的排序,估计结果具有较高的可靠性与稳定性。给农村金融发展各变量一个标准差大小的正向冲击,得到农业收入和非农收入的脉冲响应冲击模拟如图 5-1 和图 5-2 所示。从图 5-1 和图 5-2 可以看出,当农村金融发展规模受到一个标准差正向冲击后,农业收入立即下滑随后逐步反弹,但是非农收入持续增加,在第 5 期后均逐步趋于收敛,长期来看农村金融发展规模对农业收入和非农收入表现为持续的正向响应;当给农村金融发展效率一个标准差正向冲击后,农业收入先微增而后下滑,非农收入却持续增加,但是从长远来看,农村金融发展效率对农业收入和非农收入均表现出持续的负向响应;当给农村金融发展结构一个标准差正向冲击后,农业收入和非农收入都立即增加但很快就转为下降趋势,在第 3 期后都保持了较为平稳的发展态势,但是长期均衡时农村金融发展结构对农业收入和非农收入的冲击方向相反,对农业收入的影响为负而对非农收入的影响为正;当农村金融覆盖密度受到一个标准差正向冲击后,农业收入立即下降而非农收入立即上升,长期均衡时农村金融覆盖密度对农业收入和非农收入的冲击响应也刚好相反,对农业收入的冲击响应为负而对非农收入的冲击响应为正。

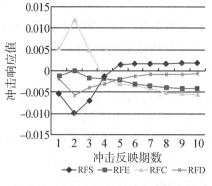

图 5-1　农村金融发展对农业收入的
冲击响应

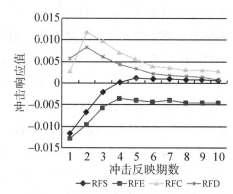

图 5-2　农村金融发展对非农收入的
冲击响应

　　为了更深入考察农村金融发展各变量对农民收入的贡献度，本章引入方差分解分析方法。方差分解就是通过将一个变量冲击的均方误差分解成各个变量冲击对内生变量的贡献度，用于考察各变量冲击的相对重要性。利用 Eviews7.0 软件得到农民总收入、农业收入和非农收入的方差分解结果如图 5-3 所示。

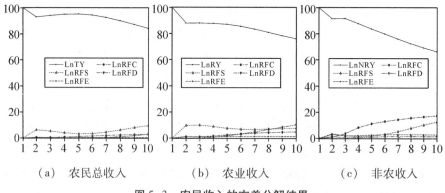

（a）农民总收入　　　　（b）农业收入　　　　（c）非农收入

图 5-3　农民收入的方差分解结果

　　从农民总收入的方差分解结果可以看出，农民总收入一个标准差的变化主要是由自身扰动引起的，大约 83.17% 的变化可由自身扰动来解释。在农村金融发展的四个变量中，农村金融发展规模对农民总收入的解释力最强，其次是农村金融覆盖密度和农村金融发展结构，三个变量的解释力分别为 8.97%、4.81% 和 2.58%，农村金融发展效率的解释力最小，可以忽略不计。农民农业收入的波动源于自身的扰动逐年下降，大约 72.15%

的变化可由自身变化来解释，农村金融覆盖密度、农村金融规模、农村金融发展结构能够解释农业收入变化的27.85%，三个变量的解释力分别约为12.26%、7.87%、5.31%，农村金融发展效率对农业收入的解释力很弱，仅为2.41%。农民非农收入一个标准差的变化主要是由自身扰动引起的，长期均衡时解释力大约为65.13%，农村金融发展各变量加起来大约可以解释非农收入变动的34.87%，农村金融发展结构对非农收入变动的解释力最强，其次是农村金融发展规模，在均衡时解释力分别为16.59%和13.04%。农村金融发展效率和农村金融覆盖密度对非农收入在初期影响较大，随后下降，在其后开始呈现"V"形反弹，但是长期来看二者对非农收入的贡献度都很小，分别为3.58%和1.66%。

比较农民农业收入和非农收入的方差分解结果可以发现，川渝地区农村金融发展对农民的农业收入和非农收入的影响呈现非对称性的特征，影响农业收入的最重要的金融因素是农村金融覆盖密度，而影响非农收入的最为重要的金融因素是农村金融发展结构。农村金融发展规模均对农业收入和非农收入有重要影响，在农村金融变量中的解释力中均居第二位，其余各农村金融发展变量解释力都较弱。总的来看，农村金融发展对农民的非农收入的影响程度强于对农民农业收入的影响程度。

（四）格兰杰因果检验

利用格兰杰因果检验法对农民中总收入、农业收入和非农收入与农村金融发展各变量之间的关系进行因果检验，通过Eviews7.0软件得到其结果，如表5-4所示。从检验结果来看，在10%显著性水平下，农村金融发展规模是农民总收入、农业收入和非农收入的Granger原因，说明农村金融发展规模对农民增收具有显著促进作用；农民总收入是农村金融结构和农村金融覆盖密度的Granger原因，表明农民总收入的增加促进了农村金融结构的改善和农村金融覆盖密度的提升；农业收入与农村金融发展效率、结构、覆盖密度之间不存在因果关系，这意味着农村金融发展与农业收入相互影响微弱；农村金融发展效率、农村金融发展结构均与非农收入之间互为Granger因果关系，非农收入是农村金融覆盖密度的单向Granger原因，由此看来农村金融发展与非农收入相互影响比较显著，农村金融发展增加了非农收入，而非农收入的提高进一步促进了农村金融发展。

表 5-4　格兰杰因果检验结果

零假设	最优滞后期	样本数	F 统计量	P 值	结论
LnRFS 不是 LnTY 的 Granger 原因	2	26	6.833 62	0.004 48	拒绝
LnTY 不是 LnRFS 的 Granger 原因	2	26	1.854 57	0.178 26	接受
LnRFE 不是 LnTY 的 Granger 原因	2	26	0.245 17	0.784 51	接受
LnTY 不是 LnRFE 的 Granger 原因	2	26	1.808 16	0.185 59	接受
LnRFC 不是 LnTY 的 Granger 原因	2	26	0.181 59	0.835 08	接受
LnTY 不是 LnRFC 的 Granger 原因	2	26	5.324 24	0.012 20	拒绝
LnRFD 不是 LnTY 的 Granger 原因	2	26	0.711 64	0.500 90	接受
LnTY 不是 LnRFD 的 Granger 原因	2	26	2.887 63	0.075 21	拒绝
LnRFS 不是 LnRY 的 Granger 原因	2	26	4.964 75	0.015 69	拒绝
LnRY 不是 LnRFS 的 Granger 原因	2	26	1.719 43	0.200 51	接受
LnRFE 不是 LnRY 的 Granger 原因	2	26	1.145 46	0.334 86	接受
LnRY 不是 LnRFE 的 Granger 原因	2	26	1.502 81	0.242 71	接受
LnRFC 不是 LnRY 的 Granger 原因	2	26	0.078 17	0.925 05	接受
LnRY 不是 LnRFC 的 Granger 原因	2	26	5.548 94	0.010 45	接受
LnRFD 不是 LnRY 的 Granger 原因	2	26	0.740 13	0.487 63	接受
LnRY 不是 LnRFD 的 Granger 原因	2	26	2.416 02	0.110 67	接受
LnRFS 不是 LnNRY 的 Granger 原因	2	26	5.852 08	0.008 51	拒绝
LnNRY 不是 LnRFS 的 Granger 原因	2	26	0.946 53	0.402 10	接受
LnRFE 不是 LnNRY 的 Granger 原因	2	26	3.656 73	0.041 09	拒绝
LnNRY 不是 LnRFE 的 Granger 原因	2	26	2.813 71	0.079 84	拒绝
LnRFC 不是 LnNRY 的 Granger 原因	2	26	2.683 71	0.088 75	拒绝
LnNRY 不是 LnRFC 的 Granger 原因	2	26	5.236 36	0.012 97	拒绝
LnRFD 不是 LnNRY 的 Granger 原因	2	26	1.694 65	0.204 91	接受
LnNRY 不是 LnRFD 的 Granger 原因	2	26	3.157 96	0.060 60	拒绝

　　总的来看，川渝地区农村金融发展对农户非农收入的影响强于对农业收入的影响，川渝地区农村金融发展在一定程度上促进了农户增收，这与部分学者的研究结论不一样，他们研究的结论是中国金融发展对农民增收

有显著的负效应（温涛、冉光和，2005；周小刚、陈熹，2017），造成这一差异的原因可能是他们计量的是中国金融发展水平对农民收入的影响，而中国金融发展水平可能对城市居民增收作用更为显著。此外，谭燕芝（2009）也认为农村金融发展并未促进农户收入的增加，但是她对农村金融发展的替代变量选择较为单一，仅用金融相关比率来度量农村金融发展水平。赵永红（2011）、钱水土和许嘉扬（2011）研究均认为，金融发展的收入效应具有区域差异性，金融发展对东部地区农户增收效应强于中部，而对西部地区无显著影响或影响为负。陶建平和田杰（2011）认为，我国县域农村金融的发展对农户收入具有显著的负效应，而且这种负向效应从东部到西部逐步加强。但是在本章研究证实，川渝地区农村金融发展水平对不同类型收入的影响是不一样的，农村金融发展促进了农户非农收入增收但是抑制了农户农业收入增收，对农户的纯收入表现为一定的促进作用。具体到农村金融发展的各个指标变量，农村金融发展规模的扩大对农户增收有显著正向效应，而农村金融发展效率抑制了农户增收，这与部分学者的研究结论大致类似（贾立、王红明，2010；宋冬林、李海峰，2011；祝树民，2020）。农村金融发展结构的改善有利于促进非农收入增长但是抑制了农业收入的增长。不过本章实证研究的结论也与他们的结论有一定的差异：川渝地区金融发展规模的扩大和发展结构的改善对农民增收的效应更为明显，原因可能是资金作为川渝地区最重要的稀缺资源，其边际产出效应更为明显，这意味着扩大农村金融规模、降低川渝地区信贷约束程度和改善川渝地区农村信贷结构更有利于促进农民增收。但是，农村金融发展效率对收入的负面效应更强，这可能跟川渝地区资金外流强度更大或支农效率较低相关。本节加入了农村金融覆盖密度这一变量，该指标可以度量农村金融市场结构，每万人拥有金融机构数量的增加有利于农民增收，这意味着降低农村金融市场准入门槛，增加金融机构数量对农民增收有积极作用。

第二节　农村金融发展对农户收入影响：基于面板数据的分析

一、面板变量的单位根检验

在面板协整回归分析时，我们首先要进行面板变量的面板单位根检验，看各变量之间是否符合面板协整回归分析的前提。对于面板数据的单位根检验常见的方法有 LLC 检验法、IMP 检验法、ADF Fisher 检验法和 PP Fisher 检验法，各检验法各有优缺点。本章采用的检验法为哈立德（Hadri，2000）的异质面板单位根检验法，该方法的结论具有较高的稳健性。此外，也采用莱文（Levin，2002）的同质面板单位根检验法对相同的变量进行检验，同时采用两种方法进行单位根检验以保证结论更高的可靠性。面板数据的单位根检验结果如表 5-5 所示。从表 5-5 可以看出，无论是样本地区总体，还是各样本地区（万州区、云阳县、嘉陵区和仪陇县）的各变量在 5% 显著水平下均为非平稳序列，但是各变量的一阶差分序列在 5% 显著水平下均为平稳序列，即各变量均为一阶单整变量。因此，无论是样本地区总体还是各样本地区的相关变量，均为一阶单整，满足协整检验的前提条件。

表 5-5　面板数据的单位根检验

变量	样本地区(总体)		万州区		云阳县		嘉陵区		仪陇县	
	Hadri	LLC	Hadri	LLC	Hadri	LLC	Hadri	LLC	Hadri	LLC
LnRY	7.517	−5.532	6.532	−4.403	8.012	−6.573	6.017	−3.335	7.997	−6.643
	(0.000)	(0.352)	(0.000)	(0.404)	(0.000)	(0.302)	(0.000)	(0.407)	(0.000)	(0.339)
ΔLnRY	2.764	−13.998	2.015	−10.932	3.293	−12.997	2.764	−14.239	3.981	−13.921
	(0.059)	(0.000)	(0.081)	(0.000)	(0.061)	(0.000)	(0.062)	(0.000)	(0.079)	(0.000)
LnNRY	13.298	12.049	11.328	−5.329	10.992	5.059	12.479	10.693	13.221	10.927
	(0.000)	(0.302)	(0.000)	(0.398)	(0.000)	(0.229)	(0.000)	(0.301)	(0.003)	(0.309)
ΔLnNRY	9 023	−15.931	6.183	−10.995	7.028	−13.031	8.901	−14.927	7.321	−13.398
	(0.062)	(0.000)	(0.071)	(0.000)	(0.050)	(0.000)	(0.078)	(0.000)	(0.085)	(0.000)
LnRFS	15.019	−7.021	12.038	−6.017	12.327	−6.033	9.802	−5.553	12.938	−6.914
	(0.000)	(0.401)	(0.000)	(0.252)	(0.000)	(0.354)	(0.000)	(0.205)	(0.000)	(0.225)
ΔLnRFS	0.779	−14.149	0.883	−11.386	0.887	6.021	4.999	−13.132	0.943	−8.072
	(0.319)	(0.000)	(0.391)	(0.000)	(0.221)	(0.002)	(0.232)	(0.000)	(0.297)	(0.000)

表5-5(续)

变量	样本地区(总体)		万州区		云阳县		嘉陵区		仪陇县	
	Hadri	LLC	Hadri	LLC	Hadri	LLC	Hadri	LLC	Hadri	LLC
LnRFE	14.298	11.031	9.215	7.965	12.233	10.021	14.209	12.857	12.102	9.017
	(0.000)	(0.301)	(0.000)	(0.151)	(0.000)	(0.401)	(0.000)	(0.198)	(0.000)	(0.169)
ΔLnRFE	4.939	−18.079	5.232	−16.011	4.039	−15.071	3.906	−12.120	6.017	−13.329
	(0.133)	(0.000)	(0.182)	(0.001)	(0.156)	(0.000)	(0.227)	(0.000)	(0.198)	(0.000)
LnRFC	12.132	10.878	10.210	8.563	10.354	−5.236	13.132	9.056	8.589	−5.032
	(0.000)	(0.355)	(0.000)	(0.332)	(0.000)	(0.320)	(0.000)	(0.321)	(0.000)	(0.213)
ΔLnRFC	5.087	−15.933	6.145	−14.012	5.335	−14.832	3.857	−14.078	4.832	−12.589
	(0.201)	(0.000)	(0.301)	(0.000)	(0.201)	(0.000)	(0.321)	(0.000)	(0.301)	(0.000)
LnRFD	10.985	−4.234	5.219	−12.278	8.198	−3.189	3.119	−13.216	10.397	−5.332
	(0.000)	(0.177)	(0.072)	(0.000)	(0.000)	(0.228)	(0.096)	(0.000)	(0.000)	(0.287)
ΔLnRFD	1.213	−11.834	0.976	−12.176	1.265	−9.832	0.912	−10.072	0.798	−12.107
	(0.151)	(0.000)	(0.301)	(0.000)	(0.175)	(0.000)	(0.221)	(0.000)	(0.312)	(0.000)

注：1. Δ 为一阶差分运算。

2. 面板数据单位根检验的两种方式均只包括截距项而不包括趋势项。

3. 检验统计量下方括号内数据是对应统计检验的收尾概率，即 P 值。

4. 检验的最佳滞后期由 Eviews 软件基于 Schwarz 原则确定。

5. Hadri 和 LLC 检验的不同之处在于两者原假设刚好相反。

二、面板协整检验

本章基于佩德罗尼（Pedroni）方法进一步检验非农收入和农业收入与农村金融发展之间是否存在协整关系，检验的原假设均为不存在协整关系。非农收入与农村金融发展变量之间的协整检验结果如表5-6上半部分所示，农业收入与农村金融发展变量之间的协整检验结果如表5-6下半部分所示。

表 5-6　面板协整统计量 FMOLS 估计结果

检验变量	检验形式	样本地区 （总体）	万州区	云阳县	嘉陵区	仪陇县
LnNRY LnRFS LnRFE LnRFC LnRFD	Panel V	0.891 2 (0.123 1)	0.313 2 (0.198 2)	0.603 1 (0.302 2)	0.501 7 (0.201 2)	1.802 1* (0.091 6)
	Panel rho	−0.301 2 (0.201 2)	0.169 1 (0.281 4)	−0.763 1 (0.182 1)	0.213 1 (0.280 2)	0.913 5 (0.162 1)
	Panel PP	−2.971*** (0.000 0)	−3.113 2*** (0.000 6)	−2.762 1** (0.017 6)	−3.927 2*** (0.000 0)	−2.231 2* (0.050 9)
	Panel ADF	−4.301 2*** (0.000 0)	−3.309 3*** (0.000 0)	−2.532 1** (0.049 5)	−2.836 5** (0.032 1)	−2.787 2*** (0.000 0)
	Group rho	2.431 2** (0.040 9)	1.856 1* (0.062 1)	0.902 3 (0.167 2)	1.189 2 (0.132 1)	1.093 2 (0.128 7)
	Group PP	−6.598 2*** (0.000 0)	−2.058 7** (0.003 9)	−1.978 7** (0.002 2)	−5.321 9*** (0.000 0)	−4.607 3*** (0.000 0)
	Group ADF	−3.112 1*** (0.003 3)	−2.844 9*** (0.003 5)	−2.123 1** (0.039 7)	−2.793 2** (0.004 9)	−2.132 1** (0.039 86)
LnRY LnRFS LnRFE LnRFC LnRFD	Panel V	0.901 7 (0.121 2)	0.439 7 (0.232 4)	0.601 2 (0.198 2)	0.432 7 (0.221 4)	1.116 2 (0.131 3)
	Panel rho	−0.452 1 (0.287 2)	0.212 7 (0.335 2)	−0.558 7 (0.212 1)	0.262 1 (0.301 2)	0.882 3 (0.159 1)
	Panel PP	2.182 1* (0.073 2)	0.761 2 (0.176 2)	0.678 2 (0.232 1)	1.876 1* (0.061 5)	1.121 1 (0.154 2)
	Panel ADF	−6.191 7*** (0.000 0)	−4.121 3*** (0.000 0)	−4.983 2*** (0.000 0)	−3.321 9*** (0.000 0)	−3.123 7*** (0.000 0)
	Group rho	1.124 2 (0.151 5)	1.893 1* (0.072 3)	0.613 1 (0.192 5)	0.693 1 (0.193 1)	1.116 5 (0.137 8)
	Group PP	−5.230 2*** (0.000 0)	−2.698 1*** (0.000 0)	−2.981 4*** (0.000 0)	−1.998 7** (0.039 1)	−3.673 1*** (0.000 0)
	Group ADF	−2.932 1*** (0.040 1)	−3.547 4*** (0.000 0)	−2.158 9** (0.038 2)	−3.782 1*** (0.000 0)	−3.101 6*** (0.000 0)

注：1. 面板数据单位根检验的两种方式均只包括截距项而不包括趋势项。

2. 检验统计量下方括号内数据是对应统计检验的收尾概率，即 P 值。

3. 检验的最佳滞后期由 Eviews 软件基于 Schwarz 原则确定。

4. ***、**、* 分别表示在 1%、5% 和 10% 显著水平下拒绝不存在协整关系的原假设。

Pedroni 给出七种协整检验形式，各种检验形式的原假设均为不存在协整关系，尽管表 5-6 给出了七种形式的检验协整统计量，但是由于本章面板数据的时间跨度为 1985—2019 年，即时间跨度仅有 27 期，样本数相对较少，因此对变量间是否存在面板协整关系主要是基于 Panel ADF 和 Group ADF 的统计量加以判断。从表 5-6 可以看出：第一，从样本地区的总体而言，非农收入与农村金融发展之间 Pedroni 协整检验结果有 5 个统计量在 5% 显著水平下拒绝不存在协整关系的原假设，而且 Panel ADF 和 Group ADF 统计量均在 1% 显著水平上拒绝不存在协整关系的原假设。农业收入与农村金融发展之间的 Pedroni 协整检验结果有 4 个统计量在 10% 显著水平下绝不存在协整关系的原假设，而且 Panel ADF 和 Group ADF 统计量均在 1% 显著水平上拒绝不存在协整关系的原假设。因此，样本地区的总体数据的协整检验表明，川渝地区农户非农收入与农村金融发展各变量之间存在协整关系，即 LnNRY、LnRFS、LnRFE、LnRFC、LnRFD 之间存在面板协整关系。同样，川渝地区农户农业收入与农村金融发展各变量之间存在协整关系，即 LnRY、LnRFS、LnRFE、LnRFC、LnRFD 之间存在面板协整关系。第二，从样本地区之一的万州区来看，非农收入与农村金融发展之间 Pedroni 协整检验结果有 5 个统计量在 10% 显著水平下拒绝不存在协整关系的原假设，而且 Panel ADF 和 Group ADF 统计量均在 1% 显著水平上拒绝不存在协整关系的原假设。农业收入与农村金融发展之间的 Pedroni 协整检验结果有 4 个统计量在 10% 显著水平下绝不存在协整关系的原假设，而且 Panel ADF 和 Group ADF 统计量均在 1% 显著水平上拒绝不存在协整关系的原假设。因此，万州区农户的非农收入和农业收入各自与农村金融发展的各变量之间存在协整关系。第三，从云阳县、嘉陵区和仪陇县各协整统计量的检验结果来看，各协整统计量中的 Panel ADF 和 Group ADF 统计量 P 值均小于 0.05（$P < 0.05$），说明均能在 5% 显著水平上拒绝不存在协整关系的原假设，即说明各地区非农收入和农业收入各自与农村金融发展的各变量之间都存在协整关系。

三、协整向量的 FMOLS 估计结果

面板数据回归模型估计系数与时间序列协整模型估计系数的渐进性存在很大的差异。Chen 等（1999）通过对 OLS 估计量和有偏修正 OLS 统计量的对比研究发现，在面板协整回归模型的系数估计上应该采用完全修正

最小二乘法（fully modified OLS，FMOLS），FMOLS 估计量能够较好地克服最小二乘法估计量存在的序列性相关性和内生性等问题。在上一节基于佩德罗尼（Pedroni）协整检验方法，主要通过观察 Panel ADF 和 Group ADF 的统计量，我们得出了样本地区总体以及各样本地区的被解释变量（非农收入和农业收入）和解释变量（农村金融发展规模、效率、结构和农村金融分布密度）之间是存在协整关系的，使用 FMOLS 估计出协整向量的参数值及其 t 值，结果如表 5-7 所示。从表 5-7 可以看出，就样本地区总体而言，无论是非农收入还是农业收入，均与农村金融发展之间存在长期稳定的均衡关系。从非农收入和农业收入的协整方程的截距项的估计参数（α_i）来看，其均能通过显著性检验，在后面的讨论中我们将不涉及截距项的讨论，事实上在模型估计中我们主要关注解释变量的估计结果。

表 5-7　面板协整向量的 FMOLS 估计结果

协整方程类型		α_i	β_{1i}	β_{2i}	β_{3i}	β_{4i}
非农收入协整方程	万州区	3.523 1 (11.198 2)	0.090 1 (2.981 2)	0.052 1 (3.191 7)	0.098 1 (2.921 7)	0.113 2 (2.721 8)
	云阳县	2.121 3 (9.112 4)	0.131 3 (2.982 4)	0.020 1 (0.801 1)	0.189 2 (2.201 1)	0.050 1 (2.621 1)
	嘉陵区	5.321 9 (9.321 2)	0.060 2 (3.630 9)	0.090 14 (2.202 0)	0.209 2 (2.214 7)	−0.089 2 (−0.172 1)
	仪陇县	4.120 2 (9.124 7)	0.042 1 (2.091 5)	0.090 2 (2.773 5)	−0.092 1 (−0.901 6)	0.061 8 (2.621 9)
	样本地区（总体）	4.901 3 (14.021 6)	0.101 2 (5.092 5)	0.063 3 (3.335 3)	0.069 3 (2.762 3)	0.041 6 (3.174 3)
农业收入协整方程	万州区	2.931 4 (3.298 1)	0.059 8 (2.801 2)	0.033 78 (2.101 2)	−0.113 2 (−2.532 1)	0.001 9 (0.160 1)
	云阳县	3.321 4 (8.933 1)	0.060 2 (3.123 1)	0.006 0 (1.810 2)	−0.090 5 (−1.891 3)	−0.011 0 (−0.190 2)
	嘉陵区	3.321 3 (5.981 7)	0.034 3 (2.601 7)	0.070 3 (2.552 1)	−0.112 1 (−2.298 7)	0.006 1 (0.603 1)
	仪陇县	3.972 1 (4.009 8)	0.030 1 (1.891 3)	0.080 9 (3.591 8)	−0.113 2 (−2.053 9)	0.082 7 (1.609 7)
	样本地区（总体）	4.998 2 (6.018)	0.040 2 (3.901 2)	0.028 7 (3.321 7)	−0.064 8 (−2.293 1)	0.012 6 (1.201 7)

注：括号内数据为对应估计参数的 t 统计量。

从表 5-7 的上半部分可以看出，非农收入与农村金融发展水平之间存在长期稳定的均衡关系，并且各样本区域地区农村金融发展对非农收入的影响效应与样本地区总体情况也存在差异。就总体而言，川渝地区农村金融发展规模的扩大、金融发展效率的提升、金融发展结构的改善和金融覆盖密度的增加，都会增加农户的非农收入。从估计系数来看，农村金融发展规模的扩大对非农收入的影响程度最大，其次是金融发展结构，再次是农村金融效率，影响力最小的是农村金融覆盖密度。从四个样本区域来看，所有区域的 β_{1i} 都为正值且显著性较强，说明扩大农村信贷规模对农民非农收入的增加效果明显；β_{2i} 也均为正值，除了云阳县估计的参数值显著性较弱，其余显著性均较强，说明提高农村储蓄向农村贷款的比例对农户非农收入的提升也有较为显著的效果；除了嘉陵区，其余各地区的 β_{3i} 值均为正值，说明大部分地区提升乡镇企业贷款在农村贷款中的比重对非农收入的增加有积极作用；除嘉陵区 β_{4i} 的估计值为负且显著性较弱外，其余各区域 β_{4i} 的估计值均为正值且显著性较强，说明大部分农村地区增加农村金融覆盖密度有利于农民非农收入的增收。

从表 5-7 的下半部分可以看出，农业收入与农村金融发展水平之间也存在长期稳定的均衡关系，但是与表的上半部分比较可以发现：就样本地区总体而言，农村金融发展规模、效率农村分布密度对农业收入增长也存在正向影响，但是农村金融发展结构对农业收入增收有抑制作用。将农村金融发展的农业收入效应和非农收入效应进行比较可以发现，川渝地区农村金融发展各变量对非农收入和农业收入的影响存在较为明显的差异。从 β_{1i} 和 β_{2i} 的估计参数来看，无论是样本总体还是各样本区域，虽然农村金融规模的提升和效率的改善有利于增加农户的农业收入，不过各参数的估计值和参数估计值的 t 统计量都较非农收入的更小，说明农村金融发展规模和农村金融发展效率对农业收入的影响程度及其显著性都比非农收入低；从农村金融发展结构来看，提升乡镇企业贷款余额在农村贷款中的比重，会显著抑制农户农业收入的增加，说明农村金融发展结构的农业收入效应和非农收入效应完全相反；从 β_{4i} 的估计结果来看，除了云阳县，其余各样本区域和总体都表现出农村金融覆盖密度对农业收入有正向影响，但是正向影响的程度和显著性都明显小于农村金融覆盖密度对非农收入的影响。

四、农村金融发展对农户收入影响的短期动态调整

面板协整模型检验验证了川渝地区农村金融发展与农户非农收入和农业收入间均存在长期稳定的均衡关系。从 Granger 协整表述定理可知，农村金融发展与农户收入（非农收入和农业收入）的长期稳定关系对于农村金融发展和农户收入（非农收入和农业收入）的短期变化具有显著的调节效应，这种调节效应由面板误差修正模型（PVECM）中的 φ_i 表示。面板误差修正模型（PVECM）的估计结果如表 5-8 所示。

从表 5-8 上半部分可以看出，样本地区总体和各样本区域面板误差修正模型（PVECM）的 $\varphi_i < 0$，说明川渝地区农村金融发展与农户非农收入之间存在长期稳定的协整关系，且农村金融发展对非农收入的短期变化具有调节作用。从 φ_i 值可以看出，样本地区总体和各样本区域的调节系数为负值，符合反向修正机制，即非农收入一旦偏离长期均衡状态会有一个负向的机制将其调整到均衡状态，其调节的力度取决于误差修正系数的大小，由此可以看出万州区的这一短期调节效果最大，云阳县的这一短期调节效果最小，样本地区总体上这一调节作用居中。此外，δ_{1i}、δ_{2i}、δ_{3i} 和 δ_{4i} 分别反映了川渝地区农村金融发展规模、效率、结构及农村金融覆盖密度的短期变化对非农收入的短期影响。从样本地区总体来看，δ_{1i}、δ_{2i}、δ_{3i} 和 δ_{4i} 均为正值，农村金融发展规模、效率、结构及农村金融覆盖密度数值的增加有利于增加农户非农收入。具体来说：①四个样本区域的 $\delta_{1i} > 0$，说明样本地区各区域扩大农村金融发展规模会增加农户非农收入；②除了仪陇县的 $\delta_{2i} < 0$，其余均为正值，说明仪陇县金融效率的提升并未增加农户非农收入，而其他地区提升金融效率会促进非农收入的增加；③除了嘉陵区的 $\delta_{3i} < 0$，其余均为正值，说明嘉陵区农村金融结构的改善并未增加农户非农收入，而其他地区农村金融结构改善促进非农收入的增加；④除了云阳县的 $\delta_{4i} < 0$，其余均为正值，说明金融覆盖密度的增加并未促进云阳县非农收入增加，而其他三个区域农村金融覆盖密度增加促进了非农收入增收。

表 5-8　面板误差修正模型（PVECM）估计结果

面板误差修正项（EC）		φ_i	δ_{1i}	δ_{2i}	δ_{3i}	δ_{4i}
$\Delta LnNRY$	万州区	-1.832 1 (-2.534 2)	0.072 1 (0.242 1)	0.030 1 (1.402 1)	0.052 9 (0.592 1)	0.201 8 (1.291 8)
	云阳县	-0.052 1 (-0.201 9)	0.821 6 (0.789 2)	0.071 3 (2.109 7)	0.108 8 (0.493 7)	-0.074 3 (-0.895 5)
	嘉陵区	-0.543 2 (-1.601 4)	0.299 8 (1.079 8)	0.323 2 (1.181 8)	-0.080 1 (-0.883 4)	0.052 2 (0.703 2)
	仪陇县	-0.093 2 (-0.402 1)	0.201 8 (0.316 5)	-0.201 9 (-3.232 1)	0.092 2 (0.486 5)	0.094 3 (0.299 3)
	样本地区（总体）	-0.974 3 (-2.890 1)	0.053 3 (3.010 1)	0.064 4 (4.291 8)	0.063 2 (1.901 7)	0.042 4 (2.151 2)
$\Delta LnRY$	万州区	-0.323 1 (-0.352 1)	0.110 2 (2.401 2)	0.022 1 (1.818 1)	-0.087 1 (-1.312 1)	0.004 1 (1.110 1)
	云阳县	-1.331 2 (0.476 5)	0.055 9 (1.830 4)	0.121 9 (1.189 3)	-0.033 1 (-0.309 2)	0.011 2 (0.980 3)
	嘉陵区	-0.909 2 (-0.832 1)	-0.094 4 (-1.029 7)	0.078 7 (2.602 8)	-0.089 7 (-2.229 8)	0.016 2 (2.010 9)
	仪陇县	-0.221 5 (-0.122 1)	0.033 2 (0.891 7)	0.022 1 (35 985)	-0.093 3 (-1.878 2)	0.033 1 (18 921)
	样本地区（总体）	-0.532 1 (-2.189 2)	0.037 5 (2.298 2)	0.029 9 (1.901 9)	-0.052 7 (-2.012 1)	0.023 3 (1.801 7)

注：括号内数据为对应估计参数的 t 统计量。

从表 5-8 下半部分可以看出，样本地区总体和各样本区域面板误差修正模型（PVECM）的 $\varphi_i < 0$，说明川渝地区农村金融发展与农户农业收入之间存在长期稳定的协整关系，且农村金融发展对农业收入的短期变化具有调节作用。φ_i 估计值也均为负数，说明农业收入一旦偏离长期均衡状态会有一个负向的机制将其调整到均衡状态，误差修正系数的大小反映了短期失衡向长期均衡的调节力度，由此可以看出云阳县的这一短期调节效果最大，仪陇县的这一短期调节效果最小，样本地区总体上这一调节作用居中。关于对 δ_{1i}、δ_{2i}、δ_{3i} 和 δ_{4i} 的分析与表上半部分相似，不再赘述。只是就样本地区总体而言，简单比较一下川渝地区农村金融发展规模、效率、结构及农村金融覆盖密度的短期变化对农业收入的短期影响与对非农收入的短期影响存在的差异性。就样本地区总体而言，农村金融发展规

模、农村金融发展效率和农村金融覆盖密度的增加都会促进农户的农业收入增长，但是各参数的估计值（δ_{1i}、δ_{2i} 和 δ_{3i}）及其对应的 t 统计量都相对非农收入面板误差修正模型（PVECM）估计结果更小，也就是说这三个农村金融发展变量对农业收入影响的短期弹性系数小于对非农收入影响的短期弹性系数，这意味着农村金融发展规模、农村金融发展效率和农村金融覆盖密度对农业收入的正向效应小于对非农收入的正向效应；农村金融发展结构对农业收入产生负向影响，这一点与对非农收入影响效应刚好相反，农村金融结构的改善意味着乡镇企业贷款余额占农村贷款余额比重的上升，这会抑制农业收入的增加。

第三节 考虑控制变量的实证分析

农民收入的增加不仅受到农村金融发展水平的制约，也受其他控制变量的影响，比如农民的人力资本存量、城镇化水平、农村固定资产投资、财政支农力度等因素也对农民收入有较为显著的影响。为了更全面地考察影响农户农业收入和非农收入的主要因素，本章将加入除农村金融发展水平之外的其他控制变量，以便全面考察影响农户收入的因素及其影响机制。加入控制变量的实证模型如下：

$$y_{it} = \alpha + \beta_{it}\text{Fian}_{it} + \sum_{j=1}^{n} \eta_j \text{Contr}_j + \mu_t \tag{5-8}$$

其中，$\text{Fina}_{it} = \{\text{RFS}_t,\ \text{RFE}_t,\ \text{RFC}_t,\ \text{RFD}_t\}$。$y_{it}(i = 1,\ 2)$ 表示川渝地区农民的农业收入和非农收入的定基增长率（以 1985 年为基期，基期指数为 100）。农民人均收入是体现农村经济发展水平的一个综合指标，但是农民人均收入的定基增长率可以更好地反映农民各类型收入的变化趋势，本章也用农户各类收入的定基增长率来反映农户收入结构的变迁。Fina_{it} 依然由农村金融发展规模 RFS、农村金融发展效率 RFE、农村金融发展结构 RFC 和农村金融覆盖密度 RFD 四个变量构成。Contr_j 为第 j 个控制变量，下面对影响农民收入的控制变量加以阐述。各控制变量数据是根据历年《重庆统计年鉴》和《四川统计年鉴》相关原始数据计算而得。

第一，人力资本存量（hum）。传统的经济增长理论将劳动力看成是"同质"的，把劳动力看作一种被动的且只能为资本所雇佣的要素，忽略了不同劳动力在劳动生产率上的差异。西奥多·舒尔茨（Theodore Schultz）在长期的农业研究中发现，促使美国农业产量迅速增加的重要原因不是土地、劳动或实物资本存量的增加，而是劳动者技能与知识的提高。舒尔茨认为的人力资本是指劳动者投入到生产中的知识、技术、创新概念和管理方法的一种资源总称。基于此，本章也将人力资本作为影响农民收入的首先因素引入模型中来。但是，怎么去度量川渝地区农户的人力资本存量呢？参照国内外研究文献，本章采用许崇正和高希武（2005）的方法，用农户家庭劳动力的平均受教育程度来度量农民的人力资本存量的高低。本章中将农民的资本存量按照受教育年限分为五个层次：文盲或半文盲、小学、初中、高中或职中、大专或高职以上。五个层次的农户受教育的年限分别赋值为 0、6、9、12 和 15，以各层次人数占劳动力总数的百分比为权重，通过加权平均法计算出川渝地区农村劳动力的平均文化程度，从而计量出农民的资本存量。由此可以得出农户人力资本的估算公式：$H_t = \sum H_{it} \times H_i$，其中 H_t 为农户第 t 年的资本存量，H_{it} 为第 t 年第 i 学历水平劳动者数量的比例，H_i 为第 i 学历的农户受教育的年限。换言之，农户平均资本存量（受教育年限）= 文盲（半文盲）比例 × 0 + 小学比例 × 6 + 初中比例 × 9 + 高中（中专、职中）× 12 + 大专（高职）× 15。由此可以计算出川渝地区农户的受教育程度。

第二，农村财政支持（pub）。该指标用地方财政年度财政支农金额除以该地区农村人口总数（人均财政支农支出）来加以衡量。地方财政支农主要包括支援农业生产支出、农业综合开发支出以及农林水利气象部门事业费用。地方财政支农和农村总人口相关数据来源于各调研区域历年统计资料汇编。理论上，财政对农业的支持力度越强，农民的种粮积极性越高，农业收入增加的可能性就越大。

第三，农村固定资产投资（inv）和城镇化水平（urb）。该指标用农村固定资产投资占的调研区域 GDP 的比重来衡量。农村固定资产投资存量是农村集体所有制单位固定资产投资余额与农村个人固定资产投资余额的总和。城镇化水平用城镇化率来表示，城镇化率 = 某地区城镇人口/该地区人口总数，该指标可以反映一个地区的人口结构、经济结构以及经济发展水平等。农村固定资产率及城镇化水平均以 100 为基准。

本章只用样本地区总体的时间序列数据来分析控制变量对农户农业收入和非农收入的影响，与用面板数据分析的结果不存在实质差异。运用

Eviews7.0 软件，采用混合最小二乘法对各变量的系数加以估计，所得到的结果如表 5-9 所示。加入控制变量后，农村金融发展各变量对农民农业收入和非农收入的影响方向没有多大的变化，各农村金融变量对农业收入和非农收入的影响与前面协整分析的结论大致相似，不再赘述。

表 5-9　加入控制变量模型各参数估计结果

变量		农业收入（RY）	非农收入（NRY）
农村金融发展变量 Fian	RFS	0.058 9 ** (3.198 2)	0.083 2 ** (3.087 2)
	RFE	0.003 7 * (2.090 2)	0.002 9 (1.903 1)
	RFC	−0.016 5 ** (−2.012 1)	0.006 1 * (2.980 9)
	RFD	0.021 9 (1.792 1)	0.052 1 ** (3.498 5)
控制变量 Contr	hum	0.008 9 (1.898 9)	0.104 2 ** (4.721 7)
	pub	0.014 3 * (2.891 9)	−0.003 3 (−1.702 1)
	inv	0.016 1 (1.901 7)	0.014 1 (1.653 3)
	urb	0.003 5 * (2.601 2)	0.113 1 ** (3.982 1)

注：1. 圆括号内为 t 值。

2. * 和 ** 分别表示能通过 5% 和 1% 的显著性检验。

下面来考察一下各控制变量对农户收入的影响。从人力资本变量来看，人力资本存量对农民的非农收入影响力最大且最为显著，不过对农业收入虽有一定的影响但是未通过 5% 水平的显著性检验，这与部分学者的研究结论稍有不同。薛芳芳和宋金兰（2011）以及李旻晶（2012）研究发现，人力资本投资能够促进非农收入增长，对农业收入也有显著正向影响。结论的差异性可能与川渝地区农村的实际情形有关。理论上，农民人力资本存量越高，接受新知识、新技术和新方法的能力就越强，非农就业机会越多，农民从边际产出较低的农业部门进入边际产出较高的非农部门的"门槛"就越低，从而有利于增加农民非农收入，这一点与实证分析的结果是一致的。不过，农户人力资本存量越高，农民在种植上也越容易获取新的种植技术和方法、了解更多的市场信息等，从而使得农户的农业收入增加，这一点与实证分析的结果不一致。造成这一现象的原因可能是：首先，我国川渝地区从事农业生产的主体是上了一定年龄的农户，年轻劳动力几乎都外出务工，老龄农户文化层次普遍较低，种植也主要是为满足自身生产生活所需，采用的生产技术也是传统的生产技术，因此人力资本存量并未显示出巨大的优势。其次，我国川渝地区大都为山地丘陵地区，人多地少、土地贫瘠、土地坡度较大等是大部分川渝地区农村的共同特征，这不利于土地的大规模流转，绝大部分农户都是小规模生产，新技术和新设备难以发挥优势且使用成本较高，因此人力资本存量并未显著促进农业收入的增加。

从农村财政支持（pub）的角度来看，财政支农力度的大小与农户农业收入正相关且较为显著，但影响力相对较小，对农民增收的效应较弱，原因可能是农户生产规模小，种植获取的财政补贴占农户总收入的比重很小，补贴收入基本可以忽略不计，因此财政补贴并未显著促进农户的种植积极性。但是，财政支农对农户的非农收入影响为负但显著性很弱，因为对大部分农户来说，非农活动所获取的收益远高于农业生产活动获取的收益，长期从事非农生产活动的农户不会因为少许的财政支农补贴就放弃非农活动重返农业生产。

从川渝地区农村固定资产投资（inv）和城镇化水平（urb）的角度来看，农村固定资产投资对农业收入和非农收入都有一定的影响，这与理论分析是一致的。比如，农村水利等基础设施投资力度的加大，有利于降低农户农业生产风险，提高农户农业生产盈利能力，提高农户的种植积极性；而农村道路的建设和农村通信网络的建设，有利于降低农户进城务工成本，也有利于降低农村物流成本，不仅可以增加农户的非农收入，也可以增加农户的农业收入。不过从各估计参数的 t 值来看，并未通过5%的显著性检验，说明农村固定资产投资虽对农业收入和非农收入有一定的影响，但是显著性不强，原因可能是农村固定资产投资具有较强的计划经济色彩，资金配置缺乏科学性，使用效率较低，没有充分发挥支持农村经济的积极作用。同时也说明要增加农民收入，不能完全依靠政府"输血"式的大规模投资，还应注重培育农村经济的内生增长力。城镇化水平（urb）的提高显著促进了农民非农收入的增加，虽然对农业收入也有较大的影响，但是其影响程度和显著水平均低于对非农收入的影响，这与理论分析的预期是一致的。城镇化水平越高的区域，给农户提供了更多的非农就业岗位，而在川渝地区非农就业岗位的边际产出明显高于农业生产岗位，从而城镇化水平的提升促进了农民非农收入的增加。城镇化水平的提升使得更多的农户从农业领域进入非农领域，新进入非农领域的农户由传统的农产品供给者变成了农产品的需求者，或者说以前靠自己的农业生产满足自身需求，进入非农领域后成为农产品的净需求者，因此有利于提高农业生产收入，但是消费者对农产品的需求是缺乏弹性的，加之农户消费结构逐步趋于多元化，农村城镇化水平的提升在对农业收入的影响力上低于对非农收入的影响力。

总的来说，影响农户收入的非金融因素主要包括人力资本存量、农村财政支持和城镇化水平，但是农村固定资产投资并没有促进农户增收，这与其他学者（钱水土、许嘉扬，2011；赵永红，2011）研究的结论略有差异，原因可能是川渝地区非市场化的固定资产投资缺乏效率所致。赵永红（2011）认为，对农民收入有显著影响的变量中，按照从大到小的顺序依次是农村人力资本、农村固定资产投资、农村从业人员就业结构和农村财政支持。钱水土和许嘉扬（2011）认为，农村固定资产投资、农村财政支持、人力资本和农村从业人员就业结构对农户收入的影响力依次减弱。而本章得出的结论与他们研究的结论大致相似，但是也存在一些差异。本节研究发现，城镇化水平对农户增收效应最明显，这可能跟川渝地区城镇化水平偏低有关。城镇化率越低，城镇化对农户增收的边际效应越明显，即城镇化率水平的提升会显著增加农户非农收入和农业收入。农户人力资本和农村财政支持分别对非农收入和农业收入有显著正向效应。本节分别实证分析了不同控制变量对农业收入和非农收入的影响，分析了各控制变量对不同类型收入影响的差异性，有利于更全面和更深入了解影响川渝地区农户收入的主要因素。

第四节　本章小结

本章在传统经济增长模型的基础之上，加入农村金融发展变量，构建出川渝地区农村金融发展对农户非农收入和农业收入影响的面板协整模型，基于 1985—2011 年的面板数据，利用面板协整检验、完全修正最小二乘法和面板误差修正模型等方法实证研究川渝地区农村金融发展对农户非农收入和农业收入的影响，分析了农村金融发展对两种不同类型收入影响存在的差异性。而后，在考虑金融发展因素的收入增长模型中进一步加入人力资本存量、城镇化水平、农村固定资产投资、财政支农力度等控制变量，利用混合最小二乘法全面考察控制变量对非农收入和农业收入的影响。本章的主要研究结论有：

第一，非农收入与农村金融发展水平之间存在长期稳定的面板协整关系。农村金融发展的非农收入效应存在一定的地区差异性，就样本地区总体而言，川渝地区农村金融发展规模的扩大、金融发展效率的提升、金融发展结构的改善和金融覆盖密度的增加都会增加农户的非农收入。从估计系数来看，农村金融发展规模的扩大对非农收入的影响程度最大，其次是农村金融发展结构，再次是农村金融效率，影响程度最小的是农村金融覆盖密度；农业收入与农村金融发展水平之间也存在长期稳定的面板协整关系。农村金融发展的农业收入效应也存在地区差异性，就样本地区总体而言，农村金融发展规模、农村金融发展效率和农村金融分布密度对农业收入增长有正向影响，但是农村金融发展结构对农业收入增收有抑制作用。不过，农村金融发展对非农收入和农业收入的影响存在较大差异性，比如从各变量估计参数及其 t 统计量可以发现，农村金融发展规模和农村金融发展效率对农业收入的影响程度及其显著性都比非农收入低，农村金融覆盖密度对农业收入影响的显著性较弱，而农村金融发展结构对农业收入和非农收入影响方向完全相反。

第二，川渝地区农村金融发展与非农收入和农业收入的长期稳定均衡关系具有较为显著的短期调节效应。非农收入与农村金融发展的面板误差修正模型（PVECM）及农业收入与农村金融发展的面板误差修正模型（PVECM）中的 $\varphi_i < 0$，农村金融发展对非农收入和农业收入的短期变化都具有显著调节作用。从非农收入来看，农村金融发展对万州区的非农收入的短期调节效果最强，云阳县的这一短期调节效果最弱，样本地区总体上这一调节作用居中。从农业收入来看，农村金融发展对云阳县的农业收入这一短期调节效果最强，仪陇县的这一短期调节效果最弱，样本地区总体上这一调节作用居中。就样本地区总体而言，农村金融发展规模、农村金融发展效率和农村金融覆盖密度的增加都会促进非农收入和农业收入增

长，而农村金融发展结构对非农收入和农业收入的调节效应相反，为一正一负。

第三，加入控制变量后发现，基于混合最小二乘法研究发现，农村金融发展各变量对农户的农业收入和非农收入在影响方向上与面板协整模型估计的结果一致。对农业收入和非农收入有显著影响的控制变量主要包括农户的人力资本存量、财政支农补贴和城镇化率，但是三个变量对农业收入和非农收入的影响出现非对称性，比如人力资本存量仅对非农收入有显著影响，而对农业收入的影响并不显著，而财政支农补贴对农业收入有较为显著的影响但对非农收入用影响不显著，城镇化率对农业收入和非农收入均有显著的影响，但是对农业收入的影响力小于对非农收入的影响力。在所有控制变量中，农村固定资产投资对农业收入和非农收入的影响均不显著。

第六章 川渝地区农村金融发展对农户消费行为影响的实证分析

传统的研究一般是从流动性约束的角度来研究金融发展对消费的影响，正面研究金融发展消费效应的文献相对较少，本章先在传统的凯恩斯绝对收入消费函数基础之上加入农村金融发展变量，基于1985—2019年的时间序列数据，实证分析农村金融发展对农户消费支出的影响，研究农村金融发展规模、农村金融发展效率、农村金融发展结构和农村金融覆盖密度对消费支出影响的弹性系数。而后，利用传统的 λ 模型和修正的 λ 模型来考察川渝地区农村的流动性约束对农户消费行为的影响。

第一节 农村金融发展对农户消费影响：基于时间序列的分析

一、实证模型

第四章从理论上分析了金融发展对消费的影响。理论上，农村金融发展规模、农村金融发展结构、农村金融发展效率及农村金融覆盖密度的改善会减缓农村信贷约束程度，激励农民消费支出增加。本章在凯恩斯绝对收入消费函数基础上，将农村金融发展变量作为影响农户消费的解释变量引入传统消费函数中来，得到了实证分析所需的模型：

$$dC_t = \alpha_0 + \alpha_1 dY_t + \eta_1 \text{DFS}_t + \eta_2 \text{DFe}_t + \eta_3 \text{DFC}_t + \eta_4 \text{DFD}_t + \varphi_t \quad (6-1)$$

其中，α_0 为常数项，α_1 表示农民收入的边际消费趋向，η_1、η_2、η_3、η_4 分别

表示农村金融发展规模，农村金融发展效率，农村金融发展结构和农村金融覆盖密度的边际消费趋向。φ_t 为随机误差项，且服从正态分布。考虑到全书的篇幅，本章只对样本地区总体进行研究，因此 C_t 表示样本地区总体农户在第 t 年的人均消费支出。RFS_t、RFE_t、RFC_t 和 RFD_t 分别表示样本地区总体在第 t 年的农村金融发展规模、农村金融发展效率、农村金融发展结构和农村金融覆盖密度。时间序列对数变换后不仅不会改变时间序列的平稳性，而且有可能降低异方差的可能性因此，为了便于检验农村金融发展各变量、农民收入对农民消费支出的动态影响，本章拟设定如下模型予以实证分析：

$$\mathrm{Ln}C_t = \alpha + \alpha_{1i}\mathrm{Ln}Y_t + \sum_{i=1}^{n} \beta_{it}\mathrm{Ln}\mathrm{Fina}_{it} + \varphi_t \qquad (6\text{-}2)$$

其中，$\mathrm{Fina}_{it} = \{RFS_t，RFE_t，RFC_t，RFD_t\}$，$Y_t$ 为农户第 t 年的纯收入，φ_t 服从正态分布。

二、指标与数据说明

本章涉及的指标变量包括两大类：一是川渝地区农户消费指标和收入指标；二是川渝地区农村金融发展指标。川渝地区农村金融发展指标在第三章中的"川渝地区农村金融发展的系统描述"中和第五章中有详尽说明，本章就不再重复介绍，主要介绍农户消费支出和收入指标。

本节中的农户人均消费支出和人均纯收入均为扣除物价指数后的实际消费支出和实际人均纯收入。扣除物价因素后的收入和消费支出更能真实地反映农户的收支情况。表6-1中第二列和第三列分别是川渝地区（样本地区总体）农户的名义人均消费支出和名义人均纯收入，其数值根据历年《重庆统计年鉴》和《四川统计年鉴》计算出的四个样本区域的平均值，其具体的计算过程在第三章中的"川渝地区农户福利的系统描述"中详细说明，不再赘述。表6-1最后一列是以1985年为基期的农村物价指数 P，由于缺乏川渝地区农村物价指数的相关资料，本章以全国农村的消费价格指数来作为川渝地区农村物价指数的替代变量，其原始数据来源于历年《中国农村年鉴》。由此可以计算出农户的实际人均消费支出和实际人均纯收入，其中实际人均纯收入＝名义人均纯收入/价格指数，实际人均消费支出＝名义人均消费支出/价格指数。

表 6-1　本节实证分析的相关数据（1985—2019 年）

年份	*C*	*Y*	RFS	RFE	RFC	RFD	*P*
1985	186.4	207.0	63.6	58.6	16.1	0.43	100.0
1986	214.4	223.1	69.0	60.0	18.4	0.47	102.4
1987	241.7	247.1	79.5	71.3	19.4	0.50	107.3
1988	280.1	295.0	81.5	72.6	20.5	0.55	113.0
1989	327.5	329.8	76.8	76.5	21.9	0.59	111.0
1990	352.7	381.7	67.8	77.5	23.2	0.61	110.1
1991	379.2	400.6	77.5	80.4	25.5	0.62	116.0
1992	424.6	449.9	92.6	84.2	26.6	0.68	126.0
1993	475.0	537.4	103.6	84.9	30.1	0.73	131.4
1994	593.6	723.0	107.3	81.9	31.2	0.75	135.4
1995	801.4	949.0	103.1	78.4	49.1	0.82	144.6
1996	1 005.1	1 176.5	122.5	63.4	48.3	0.82	165.1
1997	1 121.1	1 296.7	130.8	65.3	46.7	0.80	170.7
1998	1 135.5	1 362.5	138.0	65.8	45.4	0.78	172.8
1999	1 154.5	1 414.7	166.7	69.3	43.1	0.76	181.6
2000	1 190.3	1 464.7	157.7	65.2	40.1	0.75	189.7
2001	1 243.6	1 561.8	144.9	62.6	39.8	0.82	198.3
2002	1 316.1	1 669.5	147.8	69.7	40.3	0.83	208.5
2003	1 395.8	1 783.5	162.2	63.6	38.8	0.86	209.2
2004	1 567.1	2 119.0	159.0	61.1	34.2	0.88	218.0
2005	1 814.1	2 392.0	164.0	57.7	29.7	0.98	234.4
2006	2 024.6	2 537.5	164.9	50.4	30.1	1.07	254.0
2007	2 374.4	3 090.0	166.2	48.9	24.1	1.21	274.9
2008	2 673.2	3 704.5	170.0	49.1	26.5	1.54	294.7
2009	3 038.8	4 141.5	171.1	47.0	27.4	1.62	315.2
2010	3 672.8	5 023.0	169.8	46.7	28.6	1.70	325.6
2011	4 315.3	5 234.5	169.3	46.1	30.2	1.77	338.9
2012	5 008.9	6 832.1	172.1	45.1	29.8	1.79	368.2
2013	5 633.8	7 721.2	178.8	46.2	27.5	1.82	390.7
2014	6 429.8	8 567.4	183.9	49.4	30.3	1.89	403.5

表6-1(续)

年份	C	Y	RFS	RFE	RFC	RFD	P
2015	7 008.3	9 438.6	183.2	54.5	31.2	1.97	428.3
2016	7 821.7	10 378.3	185.7	58.1	32.3	2.01	438.1
2017	8 637.7	11 284.7	196	63.1	32.9	2.05	450.2
2018	9 227.6	11 987.3	222.9	64.9	33.7	2.07	459.1
2019	10 773.2	12 846.6	227.7	70.8	35.7	2.23	464.2

三、模型估计结果

(一) 协整检验

在协整检验以前,为了避免模型"伪回归"现象的发生,我们先要对时间序列进行平稳性检验,本章用 Dickey 和 Fuller 于 1981 年提出的考虑残差项序列相关的 ADF 单位根检验法来考察各时间序列的平稳性。本章采用 ADF 检验法在 Eviews7.0 软件中对各变量及其一阶差分的平稳性检验结果如表 6-2 所示。

表 6-2　各变量单位根检验结果

变量	检验类型 (C,T,K)	ADF 检验值	1%临界值	5%临界值	平稳序列
LnC	$(C,T,1)$	-0.891 2	-3.297 1	-2.123 1	不平稳
LnY	$(C,0,1)$	-0.191 7	-3.032 6	-2.056 2	不平稳
LnRFS	$(C,0,2)$	-2.549 2	-3.109 8	-2.121 2	不平稳
LnRFE	$(C,T,1)$	-1.309 2	-3.332 14	-2.421 3	不平稳
LnRFC	$(C,0,1)$	-2.019 2	-3.379	-2.792 1	不平稳
LnRFD	$(C,T,1)$	-1.809 2	-3.721 9	-3.213 0	不平稳
ΔLnC	$(C,T,1)$	-3.994 5**	-3.312 1	-2.421 7	平稳
ΔLnY	$(C,0,1)$	-4.216 2**	-3.554 8	-2.602 1	平稳
ΔLnRFS	$(0,0,1)$	-3.339 8**	-2.321 68	-1.871 3	平稳
ΔLnRFE	$(C,0,2)$	-3.921 3**	-2.708 2	-2.113 2	平稳
ΔLnRFC	$(C,0,1)$	-4.011 3*	-4.503 2	-3.873 1	平稳
ΔLnRFD	$(C,1,0)$	-2.562 9*	-2.782 1	-1.882 7	平稳

注:1. Δ 为一阶差分运算。

　　2. 检验形式 (C,T,K) 中的 C、T、K 分别表示 ADF 检验中的常数项、趋势项和滞后期数。

　　3. * 和 ** 分别表示在 5% 和 1% 显著水平下拒绝有单位根的原假设。

检验结果表明，各变量序列在 1% 和 5% 显著水平下均为非平稳变量，但是一阶差分序列均在 5% 的显著水平下拒绝存在单位根的原假设，说明一阶差分序列均为平稳序列，即为 $I(1)$ 变量，满足协整分析的前提。

本章采用 Johansen 协整检验法来验证各变量之间是否具存在协整关系。Johansen 协整检验是一种基于向量自回归模型的检验方法，该检验法对滞后的阶数很敏感，因此 VAR 模型中的一个核心问题就是确定最优的滞后阶数，滞后阶数一般是根据 AIC 和 SC 原则加以确定。用软件 Eviews7.0 计算后发现，当 VAR 模型的滞后阶数为 2 阶时，各模型 AIC 和 SC 均达到最小值，说明模型的最优滞后阶数为 2 阶。此外，利用怀特检验法和似然比检验法得出了相同的结论：当向量自回归模型的滞后期为 2 时，模型的拟合度较高，残差序列自相关性较弱，模型为最优状态。对农村金融发展水平各变量与农民消费支出的 Johansen 协整检验结果如表 6-3 所示。

表 6-3 农村金融发展与农民消费之间的协整检验结果

检验变量	零假设：协整向量个数	特征值	迹统计量	5%临界值	P 值	结论
	0*	0.921 1	140.192 4	79.331 8	0.000 0	拒绝
	至多 1 个*	0.712 1	72.301 8	63.392 1	0.021 6	拒绝
LnC	至多 2 个	0.473 2	21.397 8	24.981 3	0.132 9	接受
LnRFS LnRFE	至多 3 个	0.301 7	11.092 1	13.002 1	0.251 4	接受
LnRFC LnRFD	至多 4 个	0.223 1	1.982 1	3.992 0	0.470 3	接受
	至多 5 个	0.001 7	0.113 6	2.160 9	0.732 6	接受

注：* 表示在 5% 显著性水平上拒绝原假设。

从协整检验的结果来看，迹统计量和最大特征根统计量均在 5% 显著性水平下拒绝了不存在协整关系的原假设，且各变量之间可能存在多个协整关系。其中一个协整关系相应的标准化协整方程为

$$LnC = 0.801\ 3LnY + 0.082\ 1LnRFS + 0.122\ 9LnRFE + 0.092\ 1LnRFC + 0.151\ 4LnRFD$$
$$(0.140\ 3)\quad (0.121\ 3)\quad (0.070\ 1)\quad (0.042\ 5)\quad (0.040\ 1)$$
$$[5.122\ 1]\quad [2.981\ 4]\quad [3.982\ 5]\quad [1.621\ 7]\quad [7.012\ 7]$$

$$(6-3)$$

协整关系表达式中协整系数下圆括号和方括号中的数字分别为渐进标准差和 t 统计量。上述的协整方程表明，在长期均衡时，人均实际纯收入

对农户消费影响最大，农民消费对纯收入的弹性系数为 0.801 3，即农民人均实际纯收入每增加 1%，人均实际消费支出将增加 0.801 3%。农民将增加的收入中 80.13% 用于消费，把剩余的 19.87% 用于储蓄，这也间接说明了农户的边际消费趋向较高，农户消费支出对农户收入具有较强的敏感性，即农户消费支出对收入的依赖程度较高，换句话说，农户要增加消费支出主要是通过增加农户收入来实现的。农村金融发展规模、农村金融发展效率和农村金融覆盖密度对刺激农民消费具有较为显著的正向效应，这三个变量每增加 1%，农民消费支出分别增加 0.082 1%、0.122 9% 和 0.151 4%，说明农村金融发展规模、农村金融发展效率和农村金融覆盖密度三项指标的改善有效地缓解了农民信贷约束，促进了农民消费增长。实证研究结果与理论分析基本一致，理论上，农村金融发展规模越大，农村金融发展效率越高，意味着农民受信贷约束的可能性就越小，农户就越有可能借贷款项进行消费。此外，农村金融覆盖密度的上升对于农户消费在理论上也应该有显著的促进作用。近年来随着村镇银行、农村资金互助社等各类新型农村金融中介的出现，包括川渝地区的我国广大农村地区金融覆盖密度下降的趋势得到了有效遏制，新型农村金融中介比正规的金融机构（中国农业银行、中国农业发展银行、邮政储蓄银行、农村信用合作社）由于地缘等因素而具有先天的信息成本的优势，对农户的信用状况了解得更为清楚，有利于降低借贷双方的交易成本，农村金融覆盖密度的增加进一步降低了农户信贷约束的可能性，从而有利于刺激农户消费的增加。不过从农村金融发展规模、农村金融发展效率和农村金融覆盖密度三个变量对农民消费支出的弹性系数来看，无论是从估计的系数值还是从系数的 t 统计量都可以发现，农村金融覆盖密度对农民消费支出影响最大，其次是农村金融发展效率，最后是农村金融发展规模。从协整检验结果来看，农村金融发展结构对农户消费支出有一定的正向效应，但是从估计系数的 t 统计量来看，农村金融发展结构的消费效应显著性相对较弱，这与理论分析也大致一致，因为农村金融发展结构改善意味着农村乡镇企业贷款余额占农村贷款余额的比例较高，这可能导致农民的消费贷款余额占农村贷款余额的比例降低，这显然不能有效改善农民的消费需求。

Johansen 协整检验只能考察各变量在长期里存在的稳定均衡关系，我们将进一步利用误差修正模型（VECM）来考察各变量长期均衡与短期波动间的动态关系，通过 VECM 的误差修正项研究各经济变量朝向长期均衡的调整速度。利用 Eviews7.0 软件可以得到农民消费函数的误差修正模型如表 6-4 所示。

表 6-4　农民消费函数的误差修正项

误差修正项	系数	标准差	T 统计量
$\Delta \mathrm{Ln}C$	−0.251 3	0.119 7	−3.621 8

误差修正模型中的 Δ 表示变量的一阶差分，反映各变量的短期变化幅度。如果误差修正项的系数能够通过显著性检验，则意味着解释变量的失衡将在多大程度上在下一期里得到修正。误差修正项的系数反映长期均衡关系对短期波动的调整力度。从表 6-4 可以看出，消费函数的误差修正项的系数符号为负（−0.251 3），且在统计上是显著的（ t 值为−3.621 8），系数为负，符合反向修正机制，表明在每一个期间里 LnC 的实际值与长期均衡值的差距约有 25.13% 得到修正，说明 LnC 受到短期干扰后能以较快的速度调整到长期均衡的路径上。

（二）脉冲响应函数分析

脉冲响应函数（impulse response function，IRF）用来度量来自随机扰动项的一个标准差冲击对内生变量当前和未来值影响的变动轨迹，它能够直观地反映变量之间的动态交互作用及其效应。脉冲响应函数法用于衡量来自随机扰动项的一个标准差的冲击对内生变量当前和未来取值的影响，其所得的分解结果不依赖于向量自回归模型中各变量的排序，估计结果具有较高的可靠性与稳定性。给农村金融发展各指标变量一个标准差大小的正向冲击，通过 Eviews11.0 得到脉冲响应模拟结果如图 6-1 所示。考虑到样本容量的大小，本章将冲击响应期定为 10 期。

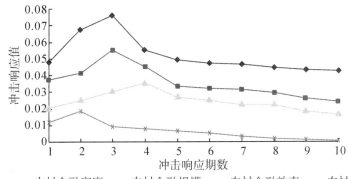

图 6-1　农村金融发展指标对农民消费支出的冲击响应轨迹

由图 6-1 可以看出，农民消费支出在受到来自农村金融覆盖密度和农村金融发展规模一个标准差正向冲击后，变化轨迹大致相似，在当期显示较强的正效应，在第 3 期达到峰值而后开始逐步下降趋于收敛，最终体现为正向影响，说明农村金融覆盖密度和农村金融发展规模对农民消费有明显的刺激作用，总体表现为长期持续的影响；当本期农村金融发展效率受到一个标准差正向冲击后，对农民的消费支出立即产生促进作用，并且这种正向冲击效应持续到了第 4 期，而后逐步下降趋于收敛，最终保持较为平稳的发展态势，说明农村金融效率对农民消费支出的冲击有较长的持续正向效应；当农村金融发展结构受到一个标准差正向冲击后，农民消费支出有一定程度的增加，并在第 2 期达到峰值，以后各期影响力逐步减弱，说明农村金融发展结构对农民消费支出的刺激作用持续周期较短，长期来看对农民消费支出的影响相对其他三个农村金融发展变量更小。

（三）方差分解

为了更深入地考察农村金融发展各变量对消费支出的贡献度，本章引入方差分解分析方法。方差分解就是将一个变量冲击的均方误差分解成各个变量冲击对内生变量的贡献度，用于考察各变量冲击的相对重要性。利用 Eviews7.0 软件得到农户消费支出的方差分解结果，如表 6-5 所示。

表 6-5　农民消费支出的方差分解结果

时期	标准差	LnC/%	LnY/%	LnRFS/%	LnRFE/%	LnRFC/%	LnRFD/%
1	0.024 012	100.000 0	0.000 000	0.000 000	0.000 000	0.000 000	0.000 000
2	0.051 221	85.223 27	13.892 101	0.503 215	0.201 272	0.130 217	0.049 925
3	0.102 234	70.921 72	26.201 722	0.712 150	0.390 127	0.598 219	1.176 062
4	0.126 013	61.672 09	33.801 27	1.349 210	0.798 217	1.312 092	1.067 121
5	0.157 821	45.886 32	45.301 28	2.553 281	1.381 972	1.663 218	3.213 929
6	0.183 329	35.193 21	54.598 21	3.690 217	1.601 78	1.501 272	3.415 311
7	0.192 016	27.101 25	60.993 27	4.021 792	1.802 182	1.401 278	4.680 228
8	0.212 168	20.501 275	66.033 985	4.702 172	1.890 654	1.297 621	5.574 293
9	0.233 327	13.703 217	70.098 25	5.074 572	2.442 378	1.098 98	7.582 603
10	0.249 127	10.832 11	71.603 21	5.221 902	3.789 129	0.829 210	7.724 439

注：由于四舍五入，方差分解结果表中各行的数据之和可能不等于 100。

从农民消费支出的方差分解结果可以看出，对农民消费支出一个标准差的变化起最主要影响的变量是农民纯收入，从第1期开始，农民消费支出受到来自农户纯收入的扰动逐期上升，在长期均衡状态下农民纯收入的冲击能解释农民消费支出变化的71.6%，这说明川渝地区农户消费支出主要受收入的影响。农民消费支出受到自身波动的影响逐期下降，在第1期的影响力高达85.22%，说明当期的消费受到上一期的影响是很大的，这也表明西方经济学中的"荆轮效应"在川渝地区的农户中表现得较为明显，但是农户消费的"荆轮效应"随着时间的推移而迅速消减，到了第10期均衡状态时，农民消费支出大约只有10.83%的变化可由自身变动来加以解释。长期来看，农村金融发展规模、效率、结构和农村金融覆盖密度加起来能够解释农户消费支出变动的17.56%。具体来说，在农村金融发展的四个指标中，农村金融覆盖密度的解释力最强，其次是农村金融发展规模，再次是农村金融发展效率，农村金融发展结构的解释力最弱，在长期均衡时四个变量对农户消费支出变动的解释力分别为7.72%、5.22%、3.80%和0.83%，其中农村金融发展规模、效率、结构三个变量对农户消费支出的扰动逐期上升，而农村金融发展结构对农户消费支出影响随着时间推移逐期上升，在第5期达到峰值为1.66%，而后各期影响力下降，农村金融发展结构对农户消费支出扰动的解释力相对其他三个变量要小很多，说明该变量对农民消费影响相对较小，这也与前面的协整分析的结论相似。

本节通过协整分析、脉冲效应函数分析和方差分解发现，就样本地区总体而言，川渝地区农村金融发展比较显著地促进了农民消费支出的增加，这与其他学者研究的结论相似（郝爱民，2009；刘纯彬、桑铁柱，2010；郭英、曾孟夏，2011；周炜，2012）。不过本节研究同时也发现，无论是长期还是短期，农民纯收入对农户消费支出的影响力比农村金融发展对农户消费支出的影响力更大，说明农户收入依然是影响消费最主要的因素，即农户消费支出对农户收入具有较强的敏感性，这也间接说明川渝地区农户可能面临较为严重的流动性约束的问题。

第二节　流动性约束对农户消费影响：基于 λ 模型的分析

一、简单 λ 模型的实证结果

前一节通过构建农村金融发展指标体系，将农村金融发展水平分解为农村金融发展规模、效率、结构及农村金融覆盖密度，实证研究了农村金融发展对农户消费支出的影响。传统的研究通常是通过基于流动性约束的视角来考察金融发展对消费的影响，比如 Hall（1988）、Campell & Mankiw（1989）、姚耀军（2005）、隋艳颖和夏晓平（2009）、涂大坤（2011）等国内外学者都曾从流动性约束的视角来考察过金融发展对消费支出的影响。基于此，本节在前人研究的基础上，研究川渝地区农村流动性约束状况并实证分析流动性约束对农户消费行为的影响。

理论上，在一个完善的金融市场体系中，农户可以通过自由借贷来解决生产生活中存在的收入不确定性问题，实现平滑消费，即为了实现消费者一生总效用的最大化，在完善的金融市场体系下农户不会因为收入的短期变化而改变消费计划。当农户的收入下降时，农户可以通过借贷的方式弥补短期资金的不足。因此，就这种意义而言，一个完善高效的金融市场，不仅可以为农户提供生产经营活动方面的金融服务，而且可以提供消费保险，这是稳定农户消费和生活的一项重要制度保障（沈高明，2004）。考察川渝地区农户消费及其借贷特征可以发现，其主要呈现如下特征：首先，通过简单的相关性分析可以发现，川渝地区农户的人均消费支出与人均纯收入高度正相关，在川渝地区农村农户收入与消费支出的相关系数达到了 0.92，该数值高于全国的 0.91 这一平均值（姚耀军，2005）。其次，川渝地区农户面临较为严重的信贷约束，约四分之三有信贷需求的农户其信贷需求无法完全满足，甚至约 6% 有信贷需求的农户不能借贷任何款项，处于完全信贷约束状态，关于农户信贷约束的分析将在第七章第一节详尽展开。简单的相关系数分析存在的主要问题是没有控制其他变量及数据可能存在非平稳的问题，但是川渝地区农户消费支出与人均纯收入高度相关从某种角度反映了川渝地区农户的消费行为具有过度的敏感性。所谓消费行为的过度敏感性，是指消费对于当期收入之变化的反应是过度的这一现象，即当期消费高度依赖于当期的可支配收入（Flavin，1985）。农户生活性借贷的比例偏高可能意味着川渝地区农村流动性约束现象较为普遍。所谓的流动性约束，是指行为人在收入较低时不能提取金融资产或者通过借贷来保持自己正常消费水平这一经济现象（袁志刚，2001）。在很多情况下，流动性约束常常和消费联系在一起，而信贷约束既可以与消费有关也可以与生产投资有关，并没有严格区分二者的差别，在本章中也不区分二者的差别相互替代使用。主流的消费理论认为，流动性约束可以很好地解释消费行为的过度敏感性。由此，我们可以假定：川渝地区农户消费行为具有过度敏感性，且流动性约束是消费过度敏感性存在的主要原因，在本节中拟对该假定进行实证研究。

本节以 Campell 和 Mankiw 于 1989 年使用过的简单的 λ 模型作为实证研究的理论模型。在简单的 λ 模型中，我们不考虑利率因素的影响，通过简单的 λ 模型来考察川渝地区农户的流动性约束的情况并测定农户信贷约束程度。基于第四章的 λ 模型得出本节的实证模型：

$$\Delta LnC_t = \lambda \Delta LnY_t + \varepsilon_t \qquad (6\text{-}4)$$

其中，ε_t 为随机误差项，C_t、Y_t 表示农户第 t 年的实际人均消费支出和实际人均纯收入，其数据参照表6-1。λ 表示受到流动性约束的农户收入占所有农户总收入的比率。函数表达式6-4就为经典的 Campell 和 Mankiw 的消费函数模型。一般认为，λ 数值越大则说明农户受到的流动性约束的影响程度就越高，λ 值的大小主要取决于一个国家或地区的金融市场发展水平，特别是与该国或地区的个人消费信贷市场的发育程度密切相关（Chen & Hu，1997；Lucio & Taylor，1998）。在信贷市场欠发达的国家或地区，λ 值偏高，而在个人信贷市场发达的国家或地区，λ 值会较低。与上一节一样，本节只对样本地区总体进行相关分析，对各样本区域分析的方式方法相同。

先运用 Eviews7.0 软件检验各变量序列的平稳性，滞后阶数根据 AIC 准则在最大滞后 10 期内自动选择，单位根的检验结果如表 6-2 中对 LnC_t、LnY_t、ΔLnC_t 和 ΔLnY_t 的检验结果。从单位根的检验结果来看，LnC_t 和 LnY_t 在 1% 显著水平下均为平稳的时间序列，我可以用模型 6-4 对川渝地区农户受到的流动性约束程度进行测度。利用 Eviews7.0 软件得到结果方程 6-5 所示：

$$\Delta LnC_t = 0.021\ 3 + 0.887\ 2\Delta LnY_t \qquad (6\text{-}5)$$
$$(0.005\ 2)\ (0.058\ 2)$$
$$[1.789\ 2]\ [5.951\ 7]$$

回归方程系数括号下的数字表示渐进标准差，方括号的数字代表 t 统计量。从简单 λ 模型回归结果可以得知，1985—2011 年，川渝地区农村居民受到信贷约束的农户收入占到了农民总收入的 88.7%，这一数值不仅高于西方发达国家水平，也比全国农村居民平均值 72.8% 更高（涂大坤，2011）。这说明川渝地区流动性约束现象极为普遍，流动性约束的确对川渝地区农户的消费行为起到了较大的抑制效应，这一研究结论得到了大部分学者的证实（万广华，2001；姚耀军，2005；高梦滔 等，2008），只不过本章研究表明川渝地区农户受到的流动性约束更为严重。

经典的 Campell 和 Mankiw 的消费函数模型（简单 λ 模型）优点在于一目了然，通过简单的计算可以大致考察出流动约束的情况。但是简单 λ 模型将农户消费对收入的"过度敏感"的原因归结于流动性约束，而且把流动性约束作为解释"过度敏感"的唯一原因，这显然与我国川渝地区的现实情况不相符合。改革开放以来，随着市场化改革的进一步深入，川渝地区农户在就业、养老、医疗等方面面临越来越不确定的环境。随着社会环境的不断变迁，川渝地区农户面临的不确定性加强，这强化了川渝地区农户的谨慎动机，可能会增加农户的预防性储蓄（彭秀丽、袁剑雄，2008）。由此说明不确定性同样对收入的"过度敏感"有着部分解释力，而传统的 Campell 和 Mankiw 模型将流动性约束作为消费对收入"过度敏感"的唯一原因，难免失之偏颇。

二、λ 模型的优化与实证结果

（一）λ 模型的改进

从前面的分析可以看出，用传统的 Campell 与 Mankiw 消费函数模型来分析流动性约束对川渝地区农户的消费决策行为的影响，存在明显的缺陷。我们需要构建新的消费函数，更加充分地考虑川渝地区农村实际消费环境，比如，除了考虑流动性约束因素，我们可以将不确定性因素作为新的解释变量引入消费函数中来。事实上，很多经济学理论都强调了不确定性因素对消费的影响，作为一个理性的消费者，当面临未来的不确定性时，他首先考虑的是降低当前的消费进而增加储蓄，以抵御未来的不确定性给未来消费带来的负面效应。比如 Leland（1968）研究发现，消费者面临未来不确定性时将增加预防性储蓄，他将预防性储蓄定义为由未来不确定性引起的额外储蓄。预防性储蓄理论强调，在不确定性条件下，与当前

确定条件下的边际效应相比，消费者预期未来的消费的边际效用更大，因此由于未来的不确定性消费者将减少当前消费而增加预防性储蓄，通过平滑消费实现一生总效用水平的最大化。

在简单的 λ 模型中，对于第一类消费者（不受流动性约束的消费者），我们假设其边际效用为线性趋势，且消费变量服从对数正态分布，才得出了第四章中的（4-21）模型：$\text{Ln}C_{1,t} - \text{Ln}C_{1,t-1} = \varepsilon_{1,t}$。如果我们考虑利率因素的影响，Hall 认为，如果考虑利率因素且利率的变动服从正态分布，则（4-21）模型可以改为：$\text{Ln}C_{1,t} - \text{Ln}C_{1,t-1} = \beta_2 r + \varepsilon_{1,t}$，如果将两类农户行为人的消费行为加总，则一个经济中总消费的变动可以表示为

$$\Delta \text{Ln}C_t = \beta_0 + \lambda \Delta \text{Ln}Y_t + \beta_2 r + \mu_t \qquad (6-6)$$

参照 Carroll（1992）的做法，将不确定性因素（UN）作为解释变量引入模型（6-6）中来，用该解释变量来测度不确定性因素对农户消费决策行为的影响。由此，我们可以得到改进流动性约束模型：

$$\Delta \text{Ln}C_t = \beta_0 + \beta_1 \Delta \text{Ln}Y_t + \beta_2 r_t + \beta_3 \text{UN}_t + \varphi_t \qquad (6-7)$$

其中，r 表示利率，$\beta_1 = \lambda$，$\beta_i(i=0，1，2，3)$ 为待估计的参数，C_t 为川渝地区农户家庭在第 t 年的年人均消费支出，Y_t 为川渝地区农户家庭在第 t 年的年人均纯收入，消费支出和年均纯收入的数据都是剔除物价因素影响后的实际数据。r_t 为年利率变量，UN_t 为不确定性变量，φ_t 为随机扰动项。

（二）变量选择与数据说明

1. 不确定性变量和利率变量的选择

如何量化不确定性，即找到合适的替代变量来度量不确定性不是容易的事情，如何量化不确定性无章可循。不确定性是指经济主体不能准确地预知自己当前某种决策的未来结果，或者是未来的结果可能不止一种，由此就会产生不确定性。不确定性是一个未知的集合，是各种可能影响未来结果的因素交互作用的结果，因此如何量化不确定性没有统一的范式。部分学者曾经使用失业率作为替代变量来解释消费的变动（Juster & Taylor，1975；Carroll，1992）。失业率指标用来度量川渝地区农村不确定性不符合我国农村实际，我国失业率的数据不是很全面，失业率也往往只考察城市，我国没有考虑农民失业的问题，特别是川渝地区失业率数据更不全面；袁志刚等（1999）使用基尼系数作为不确定性的代理变量，但是基尼系数主要是用来衡量收入状况的不平等，将其放入模型中，只能说解释了分配状况对消费的影响而不能说明不确定性对消费的影响，因此基尼系数

也不是很好的替代变量。国内学者还分别使用居民收入的标准差、居民收入方差和收入增长预测误差值的平方等数据来度量不确定性的大小（宋铮，1999；孙凤，2001；万广华 等，2001）。大多数观点认为，消费不确定的主要根源之一是收入的不确定性，因此本章参考 Muellbauer 和 Murphy（1993）的做法，首先用川渝地区农民的年人均纯收入对时间趋势进行回归，从而获得残差，用残差数值的绝对值来度量不确定性的大小程度，该方法姚耀军（2005）和涂大坤（2011）在相关研究中使用过，本章也借鉴这种方法来测度不确定性大小。收入对时间回归结果的残差往往反映了各期收入偏离预计趋势线的程度，偏离的程度越高，说明未来的不确定越大，偏离的程度越低，说明未来面临的不确定性越小，该指标可以较好反映不确定性的特征。

利率有名义利率与实际利率之分，模型（6-7）中利率为实际利率。选择实际利率而不用名义利率的原因在于，实际利率是扣除了物价上涨后的真实利率，它更能真实反映现实情况。实际利率 r_t 等于名义利率 R_t 减去通货膨胀率 π_t，即 $r_t = R_t - \pi_t$，脚标 t 代表是期限。考虑到数据的可获得性，本章用中央银行公布的银行存利率作为名义利率，即名义利率 $R_t = (R_{t1} + R_{t2} + \cdots + R_{tn})$，$n = 1，2，3，\cdots，12$，$R_{tn}$ 表示为每月的名义存款利率。通货膨胀率 $\pi_t = (P_t - P_{t-1})/P_{t-1}$，即物价变动的程度。此外，考虑到我国开展信贷业务的时间较晚，中国人民银行从 1999 年开始允许各大商业银行办理个人消费信贷业务，本章根据我国开始开展消费信贷业务的时点为分水岭，分为前后两个时间段。由此，我们可以引入虚拟变量 D_t 来考察个人消费信贷业务的开展是否对川渝地区农户消费行为产生了影响。以1999 年为分界点，没有开展个人消费信贷业务的情况下，我们令 $D_t = 0$。开展了个人消费信贷业务的情况下，我们令 $D_t = 1$。

2. 数据来源与说明

C_t 为川渝地区农户家庭在第 t 年的年人均消费支出，Y_t 为川渝地区农户家庭在第 t 年的年人均纯收入，消费支出和年均纯收入的数据都是剔除物价因素影响后的实际数据。由于缺乏川渝地区农村物价指数，本章以全国农村的消费价格指数来作为替代变量，相关数据详见表6-6。

表 6-6　改进的流动性约束模型中的基础数值（1985—2019 年）

年份	名义消费支出	名义纯收入	消费价格指数	名义利率/%	不确定性程度
1985	186.4	207.0	100.0	6.6	54.3
1986	214.4	223.1	102.4	7.2	39.8
1987	241.7	247.1	107.3	7.2	10.1
1988	280.1	295.0	113.0	7.9	5.7
1989	327.5	329.8	111.0	10.0	14.3
1990	352.7	381.7	110.1	9.8	12.4
1991	379.2	400.6	116.0	8.1	66.7
1992	424.6	449.9	126.0	7.6	73.4
1993	475.0	537.4	131.4	10.0	75.7
1994	593.6	723.0	135.4	11.0	5.9
1995	801.4	949.0	144.6	11.0	77.4
1996	1 005.1	1 176.5	165.1	9.2	82.1
1997	1 121.1	1 296.7	170.7	6.1	90.5
1998	1 135.5	1 362.5	172.8	4.9	60.2
1999	1 154.5	1 414.7	181.6	3	9.8
2000	1 190.3	1 464.7	189.7	2.3	33.9
2001	1 243.6	1 561.8	198.3	2.3	80.2
2002	1 316.1	1 669.5	208.5	2.1	115.9
2003	1 395.8	1 783.5	209.2	2.0	90.0
2004	1 567.1	2 119.0	218.0	2.1	17.3
2005	1 814.1	2 392.0	234.4	2.3	12.9
2006	2 024.6	2 537.5	254.0	2.4	88.7
2007	2 374.4	3 090.0	274.8	3.0	12.7
2008	2 673.2	3 704.5	294.7	3.3	70.5
2009	3 038.8	4 141.5	315.2	2.5	81.3
2010	3 672.8	5 023.0	325.6	2.3	92.7
2011	3 847.2	5 234.5	338.9	2.1	86.4
2012	5 008.9	6 832.1	368.2	3.5	50.8
2013	5 633.8	7 721.2	390.7	3.2	76.2

表6-6(续)

年份	名义消费支出	名义纯收入	消费价格指数	名义利率/%	不确定性程度
2014	6 429.8	8 567.4	403.5	3.0	43.0
2015	7 008.3	9 438.6	428.3	2.8	98.2
2016	7 821.7	10 378.3	438.1	1.5	87.1
2017	8 637.7	11 284.7	450.2	1.5	89.3
2018	9 227.6	11 987.3	459.1	1.6	75.3
2019	10 773.2	12 846.6	464.2	1.8	11.5

注：价格指数是以1985年为基期。

关于不确定性的计算，前面已经分析了，我们是用川渝地区农户家庭人均年收入对时间回归结果的残差来加以度量，我们可以得到农民收入对时间的回归方程（6-8）所示。通过回归方程（6-7）可以得到残差 e_t，用残差绝对值的大小 $|e_t|$ 来测度川渝地区农村的不确定性的大小，各期不确定性的大小见表6-6。回归方程系数下系数括号下的数字表示渐进标准差，方括号的数字代表 t 统计量。

$$Y_t = 52.017\ 6 + 39.872\ 1t + e_t \qquad (6-8)$$
$$(1.75) \qquad (25.03)$$
$$[4.12] \qquad [21.98]$$

（三）实证结果与说明

为了验证不确定性对川渝地区农村农户的消费行为是否有显著影响，本章以1999年为分界点，设置虚拟变量 D_t，当 $1985 \leqslant t \leqslant 1999$ 时，$D_t = 0$；当 $2000 \leqslant t \leqslant 2019$ 时，$D_t = 1$。因此在模型（6-7）中加入虚拟变量 D_t 并且暂时不考虑利率的影响，可以得到如下实证模型：

$$\Delta \mathrm{Ln}C_t = \beta_0 + (\beta_1 + \beta_2 D_t)\Delta \mathrm{Ln}Y_t + \beta_3 \mathrm{UN}_t + \varphi_t \qquad (6-9)$$

其中，β_2 个人消费信贷业务对川渝地区农户流动性约束产生的影响，β_3 代表不确定性变量对消费支出的弹性系数，即不确定性上升1%将引致消费支出变动的程度。我们先需要对模型（6-8）中的各时间序列变量进行单位根检验，以确定其平稳性。前面已经验证了 $\Delta \mathrm{Ln}Y$ 和 $\Delta \mathrm{Ln}C$ 为平稳序列，这里只需验证不确定性 UN_t 和实际利率 r_t 的平稳性，利用 Eviews7.0 软件对不确定性 UN_t 和实际利率 r_t 进行单位根检验，结果如表6-7所示。

从检验结果来看，不确定性序列 UN_t 和实际利率 r_t 序列分别在5%和1%显著水平下的ADF统计量大于其临界值，说明这两个时间序列分别在

1%显著水平和5%显著水平下为平稳序列，满足回归的前提条件。

表6-7　不确定性和实际利率变量的单位根检验结果

变量	检验类型（C,T,K）	ADF 检验值	1%临界值	5%临界值	平稳性
UN	（C,0,1）	−3.521 7*	−3.981 7	−2.221 4	平稳
r	（0,0,1）	−4.201 9**	−2.789 2	−1.951 5	平稳

注：1. C、T、K分别代表常数项、时间趋势项和滞后阶数。

2. * 和 ** 分别表示在5%和1%显著水平下拒绝有单位根的原假设。

在模型（6-8）中，随机扰动项 φ_t 包含与预期收入相关的信息，扰动项与自变量 $\Delta \mathrm{Ln} Y_t$ 和 UN_t 存在着相关关系，这些变量是联合决定的（Campell & Mankiw，1990；姚耀军，2005）。如果直接采用普通最小二乘法进行回归分析，则参数的估计结果会呈现偏和不一致的特征，而采用两阶段最小二乘法（2OLS）进行回归分析能够较好地避免这个缺陷。因此，将 $\Delta \mathrm{Ln} C_{t-1}$、$\Delta \mathrm{Ln} Y_{t-1}$ 和 UN_{t-1} 作为工具变量，对方程（6-9）进行回归分析，结果如表6-8所示，其中模型 Ⅰ 为不加入虚拟变量的估计结果，模型 Ⅱ 为加入虚拟变量的估计结果。

表6-8　加入不确定性变量模型的估计结果

系数	模型 Ⅰ（不加入虚拟变量）	模型 Ⅱ（加入虚拟变量）
β_0	0.053 7 （0.051 2） ［1.191 9］	0.030 1 （0.020 17） ［1.251 0］
β_1	0.732 7* （0.142 9） ［5.782 7］	0.794 2* ［0.131 9］ ［6.121 8］
β_2		0.233 7 0.176 9 ［1.210 2］
β_3	−0.001 7 （0.001 8） ［−1.201 7］	−3.1E−04 0.000 1 ［−0.191 5］
Adjust-R^2	0.391 8	0.732 1
DW	1.565 9	1.901 4

注：圆括号和方括号中的数字分别代表渐进标准差和 t 统计量。* 表示在1%水平下显著。

从回归结果可以得出以下结论：①无论是否加入虚拟变量，β_1 的系数均能通过 1% 显著性水平检验，说明川渝地区农户的家庭消费支出的变动的确受农户实际纯收入的影响很大，也是本节各解释变量中唯一显著影响农户消费支出的变量。此外，无论是否加入虚拟变量，β_1 的数值偏大（分别为 0.732 7 和 0.794 2），说明川渝地区农户的消费对收入存在过度敏感性，即消费与收入高度正相关，按照 Campell 和 Mankiw 理论模型的解释，这意味着川渝地区农户面临严重的流动性约束。②无论是否加入虚拟变量，β_3 的系数为负数（分别为 -0.001 7 和 -3.1E-4），但是均没通过 5% 或 1% 的显著性检验，这意味着未来不确定性的增加在一定程度上降低了农户当前的消费意愿，但是不确定性对农户消费方面影响的显著性较弱（t 值分别为 -1.201 7 和 -0.191 5）。这与万广华等（2001）研究的结论存在一定的差异性，他们的研究发现，改革开放后不确定性的增加显著降低了居民的消费意愿，不确定性对居民消费有显著的负向影响。本章的结论尽管也得出了不确定性与消费支出负相关的结论，但是这种负相关的显著性很弱。理论上，川渝地区的不确定性增加会显著降低农户的消费意愿，因为我国川渝地区农户缺乏完善养老和医疗等保障体系，农户未来的不确定性对农户的消费影响更为强烈，川渝地区农户应该增加预防性储蓄，但是实证研究并未证实不确定性的加强会显著降低当前消费。如果考虑到我国川渝地区农村的特殊的经济特征和区域文化等原因，其实也不难解释。川渝地区农户虽然面临较为严重的信贷约束，农户完全的信贷满足程度较低，但是处于完全信贷约束状态的农户仅占信贷需求农户的比例仅为 6% 左右，大部分农户在有借贷需求时，都或多或少地能够接到部分所需的资金。在川渝地区，亲朋好友的民间借贷是农户重要的融资渠道，因此非正规借贷市场是川渝地区农户应对未来不确定性的重要手段之一。此外，川渝地区养儿防老的观念依然盛行，多子多福观念并未削弱，家庭老人依然主要依靠子女养老，因此家庭养老模式进一步削减了农户对未来不确定性的顾虑，这也是川渝地区超生现象严重的主要原因。事实上，调研中发现，川渝地区相当比例的农户家庭拥有两个甚至两个以上小孩，超生可以降低农民养老的后顾之忧，降低农户未来的不确定性。由此看来，川渝地区农户不确定性增加并没有显著降低农户当前消费意愿也是有可能的。③加入虚拟变量 D_t 后，调整的 R^2 的数值的显著增加，由 0.391 8 增加到 0.732 1，说明加入虚拟变量后模型的整体回归效果得到了显著的改善，但是并未改变各解释变量对被解释变量的影响方向，也未改变各解释变量估计值的显著性。特别的，虚拟变量 D_t 的估计参数尽管为正数（$\beta_2 = 0.2337$），但从 β_2 的 t 统计值（1.2102）来看参数的显著性较弱，这意味着自 1999 年起我国各商业银行开展个人消费信贷业务以来，这项业务并未显著的促进川渝地区农户消费的增加，这一研究结论与涂大坤（2011）的研究结论不一致，涂大坤利用全国的统计数据，研究证实个人消费信贷业务的开展对缓解我国居民的流动性约束和促进居民消费有着显著作用。本章并没有得出个人消费信贷业务的开展显著缓解川渝地区农户流动性约束和促进农户消费的结论，这可能与川渝地区农村居民由于缺乏抵押物和缺乏完善的信用记录等原因相关，针对川渝地区农村的个人消费信贷业务基本没有开展，该项业务更多的可能是促进了城市居民消费。事实上，在川渝地区的调研中也发现，农户获得生产性贷款已实属不易，消费性贷款更难获取，因此消费信贷业务与农户的消费支出并不存在显著的正向关系。

在单独分析了不确定性和个人信贷业务农户家庭消费决策的影响后，我们进一步实证分析同时考虑流动性约束 UN_t 和利率变量 r_t 的模型（6-7）。理论上，实际利率的变动通过收入效应和替代效应来影响农户的消费行为。利率变动的收入效应是指，利率的上升会增加既定储蓄的实际价值，储蓄实际价值的增加会刺激农户消费。利率变动的替代效应是指，利率上升会增加农户当前消费的机会成本，农户会增加储蓄而减少当前消费，通过用未来的消费来替代现在消费以实现跨期消费效应的最大化。由此看来，利率的提升对农户的消费既有正向效应也有负向效应，对农户消费影响的大小取决于收入效应和替代效应的力量对比，如果收入效应大于替代效应，则利率上升会增加农户当前消费，反之减少当前消费。一般来说，对于低收入者，利率的提升以替代效应为主，即利率的上升会减少当前消费而增加储蓄。对于高收入者，利率提高以收入效应为主，即利率上升会增加当前消费而减少储蓄。前面的分析我们已经指出，本章用扣除通货膨胀因素后的实际利率而非名义利率作为模型中的实证变量，因为实际利率不仅会影响农户各期的约束条件，而且农户消费的收入效应和替代效应也仅与实际利率相关。在同时考虑了实际利率和不确定性变量的模型中，我们依然采用两阶段最小二乘法（2OLS）进行回归分析，将 ΔLnC_{t-1}、ΔLnY_{t-1}、r_{t-1} 和 UN_{t-1} 作为工具变量，可以得到回归结果如方程（6-10）所示。

$$\Delta \mathrm{Ln} C_t = 0.058\ 16 + 0.790\ 2\Delta \mathrm{Ln} Y_t - 0.001\ 1\ r_t - 0.000\ 8 \mathrm{UN}_t \quad (6\text{-}10)$$

$$(0.051\ 1)\quad (0.172\ 9)\qquad\quad (0.036\ 2)\qquad (0.001\ 2)$$

$$[1.191\ 8]\quad [3.798\ 2]\qquad\quad [-0.063\ 3]\ [-0.791\ 7]$$

回归方程对应系数下方括号和圆括号的数值分别代表渐进标准差的数值和 t 统计量。从回归方程来看,我们可以得出如下结论:①川渝地区农户消费对收入依然存在过度敏感性(0.790 2),农户家庭纯收入变动时农户消费支出变动高度正相关,说明川渝地区农户面临较为严重的流动性约束。②实际利率 r_t 的估计值为负数(-0.001 1),这符合其他经济学家的理论预期(Lelnad,1968;Carroll,1992)。因为理论上实际利率上升会增加农户的借贷成本,从而降低农户当前的消费意愿。姚耀军(2005)认为实际利率的系数为负,是因为实际利率上升的替代效应大于了收入效应。一般来说,川渝地区的农户在总体上来说属于低收入群体,因此利率的替代效应大于收入效应,换句话说,实际利率的上升会降低川渝地区农户当前消费意愿,模型(6-10)中实际利率 r_t 的估计值为负(-0.001 1),这符合理论预期,但是遗憾的是,该估计参数并未通过 t 检验(t 值为-0.063 3),说明实际利率对川渝地区农户消费影响的显著性较弱。涂大坤(2011)的研究表明,实际利率的下降会显著地促进城市居民消费支出的增加,但是本章发现实际利率与农村居民消费支出并无显著关系,原因可能是川渝地区农户由于缺乏抵押物和完整的信用记录等,难以从银行等金融机构获取消费贷款,因此农户的消费与利率关系不大,这意味着农村居民可能面临着比城市居民紧得多的流动性约束,这从侧面证实川渝地区农户面临着较为严重的流动性约束。事实上,我国实际利率的降低对川渝地区农户的消费决策几乎没有正面影响,我国扣除物价上涨因素后的实际利率长期保持低位运行甚至为负,但是这并没有刺激农户消费的增加,这与我国的现实情况相符合,因为川渝地区农户很难从正规金融机构获取贷款来满足当前消费,这进一步说明川渝地区农户面临着严重的流动性约束。③不确定性变量 UN_t 参数估计结果与模型(6-8)估计的结果相似,即不确定性对川渝地区农户的消费决策行为有微弱的负向影响(-0.000 8),但是显著性极弱(t 值为-0.791 7),换句话说,不确定性对川渝地区农户的消费决策行为的影响几乎可以忽略不计。原因前面已经分析过,可能与川渝地区民间借贷的大量存在和川渝地区农户家庭养老模式等相关。因此,基于本节的研究结果,我们可以将川渝地区农户消费对收入的过度敏感性主要归因于农户所面临的流动性约束。

第三节　本章小结

本章基于 1985—2019 年样本地区总体的时间序列数据，在凯恩斯绝对收入消费理论基础之上，将农村金融发展水平作为影响农户消费需求的因变量引入传统的凯恩斯消费函数中来，并将农村金融发展水平详尽分解为农村金融发展规模、农村金融发展效率、农村金融发展结构和农村金融覆盖密度四个具体指标，实证考察川渝地区农村金融发展水平对农户消费支出的动态影响。从正面考察川渝地区农村金融发展水平各指标变量对农户家庭消费行为的影响后，本章继续在传统的 λ 模型及修正的 λ 模型基础之上，实证研究川渝地区农村信贷约束、不确定性、消费信贷业务以及信贷利率等因素对农户消费行为的影响。本章的主要结论有：

第一，人均纯收入、农村金融发展各变量（农村金融发展规模、农村金融发展效率、农村金融发展结构和农村金融覆盖密度）与人均消费支出之间存在长期稳定的均衡关系。农民人均纯收入是影响农民人均消费支出最重要和最显著的变量。在农村金融发展变量中，农村金融发展规模、农村金融发展效率和农村金融覆盖密度对农民消费支出有显著影响，且影响力依次增强，农村金融发展结构对农户消费支出也有一定的正向效应，但是显著性相对较弱。通过误差修正模型可以发现，川渝地区农户消费支出受到短期干扰后能以较快的速度调整到长期均衡的路径上。

第二，脉冲响应函数分析表明，在均衡状态时，农民纯收入依然是农户消费支出变动最有解释力的因素，而川渝地区农村金融发展规模、农村金融发展效率和农村金融覆盖密度对农民消费支出的影响主要体现为长期效应，农村金融发展结构的改善在短期内显著刺激农民的消费支出的增加，而长期内对农民的消费支出影响较小。方差分解进一步证实了上述结论，对农户消费支出贡献度从大到小依次是人均纯收入、农村金融密度、农村金融效率和农村金融规模，其中人均纯收入对消费支出的影响力较其他因素更为显著，而农村金融发展结构无论是在长期还是短期内对农民消费支出的影响都比较微弱。

第三，简单的 λ 模型分析结果表明，川渝地区农户受到的流动性约束较为严重，农户消费对收入存在过度敏感性。修正的 λ 模型，用扣除物价因素影响的实际年存款利率作为利率变量，用农民纯收入对时间变量回归结果的残差值作为不确定性的替代变量，同时加入消费信贷业务这一虚拟变量，研究表明：实际利率的下降并没显著促进农户消费的增长，个人消费信贷业务的开展对农户消费支出影响也并不显著，不确定性的增加虽然对农户的消费表现出负向效应但是这种负向效应的显著性不强。川渝地区农户消费对收入的过度敏感性主要归因于农户所受的流动性约束。

第七章　川渝地区农村信贷约束的
　　　　福利效应分析

第五章和第六章基于宏观的时间序列数据，考察了川渝地区农村金融发展对农户收入和消费的影响。本章主要是基于川渝地区的调研数据，从微观的视角来考察信贷约束对农户福利的影响。理论界普遍认为，信贷约束导致农户信贷资金的缺失会在多方面对农户的福利产生负面影响（Diagne et al.，2000；Petrick，2005；李锐，2007；周孟亮，彭雅婷，2018；尹鸿飞，2020）。第六章利用经典的 λ 模型和改进的 λ 模型都研究证实，川渝地区农户消费对收入的过度敏感性主要归因于农户所受的流动性约束。既然信贷约束会阻碍农户福利的改善，那么我国川渝地区农户信贷约束的程度如何？影响农户信贷约束的微观因素是什么？信贷约束多大程度上对农户的福利产生了影响？本章首先建立农户信贷需求和信贷约束的识别机制，描述性分析农户信贷约束的程度，而后基于双变量 biprobit 模型，考虑到供给与需求的相互作用，考察影响农户信贷需求及信贷约束的微观因素，并通过计量模型进一步估计农户信贷约束程度，最后利用配给效应模型估算信贷约束对农户的福利损失效应。

第一节　信贷约束的识别及描述性统计

当有信贷需求的农户在正规信贷市场或非正规信贷市场上不能完全满足自己的信贷需求时，我们则称该类农户为信贷约束农户。所谓的信贷需求，是指农户对特定的贷款产品有还款能力的借贷意愿（刘西川 等，2007）。信贷需求强调了两层含义：一是农户有借贷的意愿，如果农户根本不需要或不想借款，则借贷需求无从谈起；二是农户必须要有还款的能力，如果农户对现行金融产品的本息没有预期的支付能力，则该类农户不能称之为有借贷需求。因此，当农户有意愿借款并且预期未来自己有还款能力时，我们才将该类农户称为有信贷需求的农户。对信贷需求概念的强调很重要，只有概念界定清楚了，才能进一步展开研究。早期的文献把所有的农户都看成是有信贷需求的农户，混淆了"需求"和"需要"之间的关系，"需求"除了包含"需要"（意愿）的含义，还强调还款能力这一层含义，这与西方经济学中"需求"的概念是高度一致的。由此我们可以推导出，有两类农户我们不能将其归入信贷约束的范畴，第一类是根本就没有借贷需求的农户，其没有借款意愿（比如其自有资金盈余完全满足生产生活需要的农户）或者没有还款能力或者两者皆有之。第二类农户是有信贷需求的农户，但是他能借到其意愿的款项，即他的信贷需求能够得到完全满足。只有那些有信贷需求却未得到满足的农户，我们才能称为处于信贷约束状态的农户。

如果将信贷约束进一步细分，我们可以将信贷约束状态下的农户又分为两种情形：一是农户有借贷需求，但是借不到任何款项或者说借到的款项为0，这类农户的信贷需求完全不能满足，农户处于完全信贷约束状态。早期文献中的信贷约束就是这种情况，即信贷需求完全不能得到满足的情形。显然，这低估了信贷约束的程度，因为遗漏了信贷需求只能得到部分满足的情形。还有一部分农户有借贷需求，其只能借到部分款项，换句话说，就是借到的金额少于其"意愿"的借款金额，农户的借贷需求只能得到部分满足或有限满足，这类农户我们称之为处于部分信贷约束状态。比如，某个农户借贷需求的金额为 a 元，但是其实际借到的金额为 b 元，如果满足 $0 < b < a$，则该农户虽然借到了款项但是低于其意愿的金额，则该农户处于部分信贷约束状态。

无论农户是处于完全信贷约束状态还是部分信贷约束状态，我们均称其为处于信贷约束状态。因此信贷约束状态农户数=完全信贷约束农户数+部分信贷约束农户数。从前面的分析可以看出，识别信贷需求是识别信贷约束的前提，因此我们首先需要设计问卷调查来识别有信贷需求的农户。信贷需求的识别，我们可以通过农户对表 7-1 中问题的问答来加以识别。如果农户申请了借款，则无论其是否获得成功，我们均视为其有借款意愿和还款能力，我们认为这部分农户是有信贷需求的（事实上，申请了借款的农户其未必有还款能力，但是现有的研究文献中都假设农户只要申请过借款，作为理性的农户应该自己事先估量过自己的还款能力，因此只要农户申请过借款，无论是否获得成功我们都认定其有借贷需求）。如果农户未申请过借款，则接着回答第二个问题：未申请借款的原因是什么。如果农户选择的原因是"不需要"，则说明农户没有借贷意愿，如果选择的是"利息太高"或者"担心还不了借款"，则说明这类农户没有还款能力。因此未申请借款的农户，如果选择表7-1中第二个问题的①至③选项，我们认为这部分农户没有借款意愿或者还款能力，这部分农户视为无信贷需求农户。如果农户未申请借款，但是选择的原因是表7-1中未申请的原因中的④至⑨选项，我们认为这部分农户有借款意愿且有还款能力，但是由于各种原因最后放弃申请借款，这部分农户应该视为有信贷需求的农户。只有识别了有信贷需求的农户，我们才能谈信贷约束，如果农户根本就无信贷需求，信贷约束就无从谈起。

表7-1　信贷需求的识别问卷

问题	选项
1. 是否在申请过借款?	①是；②否
2. 未申请借款的原因?	①不需要；②利息太高；③担心还不了借款；④贷款额度小不能满足需要；⑤不懂贷款条件和手续；⑥没有人缘关系；⑦无抵押担保或担保费用高；⑧手续附加条件多；⑨放贷者态度不好

　　识别了有信贷需求的农户后，我们才可以进一步识别处于信贷约束状态的农户及其信贷约束的类别（完全信贷约束还是部分信贷约束）。具体的识别机制如图7-1所示。如果农户申请贷款并获得了意愿的金额，即实际贷款获取金额=意愿金额，则此类农户不受信贷约束。如果农户申请贷款获取实际金额大于0但是小于其意愿金额，此类农户处于部分信贷约束状态。如果农户的信贷申请直接被拒绝，即其实际获取的贷款金额为0，则此类农户虽然有借贷需求，但是没有获取任何贷款，此类农户处于完全信贷约束状态。

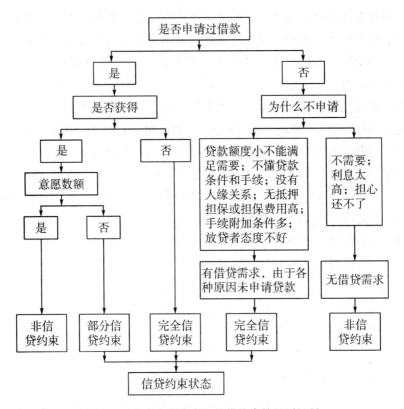

图 7-1 农户信贷需求和信贷约束的识别机制

假设农户没有申请过借款，我们则要进一步考察农户没有申请借款的原因，如果农户根本就无贷款意愿或还款能力或者两者皆有之，则此类农户无信贷需求，也就不受信贷约束，我们可以称之为非信贷约束农户。但是如果农户有借款意愿且有还款能力，由于其他因素，比如借款额度小不能满足需要、不懂贷款条件和手续、没有人缘关系、无抵押担保或担保费用高、手续附加条件多、放贷者态度不好等诸多因素，导致农户最后放弃申请贷款，这部分农户有信贷需求但是没有获取任何信贷款项，或者说其获得的借款金额为 0，我们可以视为其为处于完全信贷约束状态。早期估计农户信贷约束程度及其对产出的影响的方法之一是分别估计借款农户和非借款农户的生产和供给函数，然后比较二者的估计量的差异（David et al., 1980），在本章中拟采用更为直观的描述性分析来考察农户的信贷约束程度，这种方法显得更为直观，也不需要高深的数学理论。由此在识别了有信贷需求的农户和处于信贷约束状态的农户后，我们就先基于问卷调查的数据来描述性分析农户信贷约束的程度。

从表7-2可以看出，有信贷需求的农户为433户，占有效调研户数492户的88.01%，说明绝大部分是有信贷需求的。信贷需求发生率最高的地区是云阳县，其为89.39%，信贷需求率发生最低的地区是仪陇县，其为85.96%，前者与后者的差值仅为3.43%，不存在显著差异，说明各地区的信贷需求都同样非常强烈；有信贷需求的农户中，仅有107户的农户信贷需求能够得到完全满足，即其实际借款金额=意愿借款金额，这部分农户占信贷需求农户的比例为24.71%，信贷需求完全满足率最高的区域是仪陇县，最低的区域是万州区，二者的信贷需求完全满足率分别为28.57%和22.62%，两者相差5.95%；有信贷需求的农户中，有75.29%的农户信贷需求不能得到满足，即处于信贷约束状态，这个比率明显较高，即每四个有借贷需求的农户中就有三个农户的信贷需求不能得到有效满足。其中重庆市万州区的农村信贷约束率为77.39%，为四个地区最高，比最低的四川仪陇县信贷约束率的71.43%高了5.96%。处于信贷约束的农户中，有大约6.01%的农户的借贷金额为0（有借贷需求，但是根本借不到款项），处于完全信贷约束状态，这个比例不高，说明在我国川渝地区，农户只要有借贷需求，大部分农户都会向正规金融机构申请借款或申请民间借贷，并且有借贷需求的农户大部分都或多或少地能借到款项，原因可能有二：一是川渝地区农户的平均借贷额度不大有关；二是"关系"等社会资本存量在川渝地区农村经济中扮演着重要角色。在调查中也发现，处于完全信贷约束状态的农户大多借款金额较大或者人际关系欠佳。有信贷需求的农户中，大约69.28%的农户或多或少地借到了款项，但是其实际借到的金额<意愿借款金额，这部分农户处于部分信贷约束状态。

从表7-2中我们可以看出，川渝地区的农村信贷约束程度较为严重。在调研地区中，重庆市万州区信贷约束现象最为严重，其信贷约束发生率为77.39%，最低的地区为四川省仪陇县，其信贷约束发生率为71.43%，四个地区农村信贷约束的平均程度为75.29%，这个比率高于李锐和朱喜（2007）计算出的全国农户的平均信贷约束率70.92%，前者比后者高出了4.37%，说明我国川渝地区农户面临更为严重的信贷约束。其中，农户信贷需求发生率=（有信贷需求的农户户数/样本农户总户数）；信贷约束发生率=（部分信贷约束农户户数+完全信贷约束农户户数）/信贷需求农户户数；部分信贷约束发生率=部分信贷约束农户户数/信贷需求农户户数；

完全信贷约束发生率=完全信贷约束农户户数/信贷需求农户户数；信贷满足率=信贷需求完全得到满足农户户数/信贷需求农户户数；受到信贷约束农户户数=部分信贷约束农户户数+完全信贷约束农户户数。不受信贷约束农户户数=信贷需求能得到完全满足农户户数+不需要借贷农户户数（对借贷不感兴趣的户数）。信贷需求农户户数=受到信贷约束农户户数+信贷需求能得到完全满足农户户数。总的来看，与其他地区相比，川渝地区的信贷需求完全满足率不高，完全信贷约束率较低，但是部分信贷约束率偏高，导致总的信贷约束程度较其他地区更高。

表 7-2　农户信贷需求及信贷约束的描述性统计（2010 年调研数据）

项目	万州区	云阳县	嘉陵区	仪陇县	合计
调研有效户数/户	130	132	116	114	492
信贷需求农户/户	115	118	102	98	433
受到信贷约束的农户/户	89	89	78	70	326
其中:部分信贷约束农户/户	81	82	72	65	300
完全信贷约束农户/户	8	7	6	5	26
不受信贷约束农户/户	41	43	38	44	166
其中:信贷需求能得到完全满足农户/户	26	29	24	28	107
不需要借贷农户/户	15	14	14	16	59
农户信贷需求发生率/%	88.46	89.39	87.93	85.96	88.01
农户信贷约束发生率/%	77.39	75.42	76.47	71.43	75.29
其中:部分信贷约束发生率/%	70.43	69.49	70.59	66.33	69.28
完全信贷约束发生率/%	6.96	5.93	5.88	5.10	6.01
信贷需求能得到完全满足比率/%	22.61	24.58	23.53	28.57	24.71

资料来源：根据调研样本农户数据整理获得。

　　时隔十年后，我们再次前往川渝地区四个样本区县进行调研，获得相关数据如表 7-3 所示。通过对比表 7-2 和 7-3 可以发现，各项指标发生了很大的变化。信贷需求发生率由 2010 年的 88.01% 上升到 2020 年的 90.42%，说明随着经济社会的发展，老百姓在购房、入学、就业、就医、娱乐等各方面的需求有所提升，当自身积蓄满足不了自己消费或投资需求时，信贷需求发生率自然有所提升；农户受到信贷约束的比例在 2010 年高达 75.29%，而这一比例在 2020 年下降到 19.28%，这一比例十年下降了 56.01%，年均下降 5.6%，原因可能有两个：一是近十年金融行业发展迅速，发生了翻天覆地的变化，特别是互联网金融的兴起，农户借贷的渠道越来越广泛，农户甚至可以通过微信贷、快贷、蚂蚁金服等各种互联网金融平台满足部分金融需求；二是2017年乡村振兴战略的实施，大量资源特别是金融资源向农村金融，在很大程度地降低了农户的金融抑制程度，农户能更大程度地满足信贷需求。但是值得一提的是，截至2020年，川渝地区农户依然有19.28%的农户受到信贷约束，也就是说每5个有信贷需求的农户，就有1个或多或少地满足不了资金需求，这一比例与发达地区相比，还是相对偏高。把受到信贷约束的农户分为完全信贷约束农户（有资金需求时，不能借到一分钱）和部分受到信贷约束农户（有资金需求时，能满足部分资金需求，但又不能借到全部所需资金），完全信贷约束比例也较低，大概不到5%，说明绝大部分有信贷需求的农户会通过各种渠道或多或少地满足自己的资金需求；信贷完全满足率从2010年的24.71%上升到2020年的80.72%，再一次印证了农户信贷约束比例下降很快。总体来看，近十年来，川渝地区农户信贷资金需求有所上升，信贷需求能够得到较好的满足，信贷约束程度大幅度降低，这是近十年我国金融市场高速发展、乡村振兴战略实施取得的巨大成就。

表7-3 农户信贷需求及信贷约束的描述性统计（2020年调研数据）

项目	万州区	云阳县	嘉陵区	仪陇县	合计
调研有效户数/户	151	140	108	123	522
信贷需求农户/户	133	129	98	112	472
受到信贷约束的农户/户	33	21	18	19	91
其中:部分信贷约束农户/户	26	16	14	13	69
完全信贷约束农户/户	7	5	4	6	22
不受信贷约束农户/户	118	119	90	104	431
信贷需求能得到完全满足农户/户	100	108	80	95	383
不需要借贷农户/户	18	11	10	9	48
农户信贷需求发生率/%	88.08	92.14	90.74	91.06	90.42
农户信贷约束发生率/%	24.81	16.28	18.37	16.96	19.28
其中:部分信贷约束发生率/%	19.55	12.40	14.29	11.61	14.62
完全信贷约束发生率/%	5.26	3.88	4.08	5.36	4.66
信贷需求能得到完全满足比率/%	75.19	83.72	81.63	83.04	80.72

第二节 信贷约束的影响因素及信贷约束程度分析

一、指标选取与样本统计特征

在第二章的相关理论回顾中,我们已从金融抑制的角度分析了农村信贷约束的宏观背景,本节是在我国既定的宏观经济背景下,考察农户受到信贷约束的微观因素。在指标模型的选取方面,根据已有的研究成果,结合川渝地区的实际情况,本章设置了各种可能对信贷约束产生影响的变量,这些变量主要涉及家庭特征变量、收支、资产、社会资本等方面,如表7-4所示。下面对各变量的预期作用方向加以简单阐述。

表7-4 农户信贷约束的解释变量的名称及描述

变量	描述
Age	户主年龄
Edu	农户受教育程度
Proca	截至调研年度年底农户家庭拥有的生产性固定资产价值原值
Land	农户经营面积,包括自有地、转租地和自垦地的总和
Meexp	教育和医疗费用支出
Liqudity	农户家庭金融资产余额
Debt	调研年度年未还借款余额
Shock	调研年度是否发生较大突发事件
F-sacle	家庭规模
Old-Chiren	家庭老人和孩子数
Labor	家庭劳动力人数
Skill	是否拥有专业技能
Consume	家庭人均消费支出
Income	调研年度农户家庭总收入
Nfr	非农经营收入占总收入的比重
Relation	有无亲戚或好友为乡村干部

表7-4(续)

变量	描述
Leader	是否村干部
Gift-expend	调研年度礼金支出
Coop	是否信用社社员
Mutual	是否参加小组联保
Program	是否了解贷款程序
Per-income	该村人均收入
Peolple	该村调研年度年底总人口
Nlasset	家庭资产净值

根据解释变量对被解释变量预期的作用方向,本章将解释变量分成三大类。第一类是对信贷需求和信贷约束作用方向不确定的变量。比如农户耕地面积、生产性固定资产价值、户主年龄、户主文化程度、户主是否拥有专业技能、家庭规模等均属于这类变量。显然,农户耕地面积和生产性固定资产价值越多,其生产性投资需求越大,这增加了其信贷约束的可能性;同时,耕地面积多和生产设备价值高的农户可能为生产大户,其农业收入较高,其资金收支呈现出周期性特征,此类农户也可以用丰收时的盈余资金弥补投资时生产资金的不足,从而降低其信贷需求和信贷约束的可能性,因此农户的耕地面积和生产性固定资产的价值对农户信贷约束的影响模棱两可。户主年龄可以用来度量农户的生产经营经验。农户的年龄越大表示人生阅历越丰富,资金需求规模较大,对信贷需求也越大。但是随着生产经营经验的增加,年龄大的农户积蓄较多,贷款者给予其贷款上限也会增加,从而降低其信贷约束的可能性。因此,在理论上,农户的年龄对农户的信贷需求及信贷约束的影响是模糊的。户主的文化程度和是否拥有专业技能作为农户人力资本存量的替代变量也存在类似的问题。农户的文化程度越高,拥有的专业技能越强,生产性信贷需求可能越高,但是借款方对这类农户的还款评价能力也会随着文化和专业技能的增加而提高,从而可能同时增加信贷需求和减小信贷约束,因而对信贷需求及信贷约束的影响预期方向是不确定的。家庭劳动力增加,会增加消费信贷需求和投资信贷需求,但是也可能多余的劳动力外出务工,获取非劳动收入,从而降低其信贷约束的概率,劳动力的数量对信贷约束的影响是不确定的。家庭规模与家庭劳动力的影响类

似,家庭规模大可能是因为劳动力多,也可能是因为老人和小孩的数量多,因此家庭规模对信贷约束的影响方向也是不确定的。

第二类变量是可能降低农户信贷约束概率的解释变量。属于这类变量的主要包括农户家庭金融资产、农户家庭收入、工资性收入、非农收入占总收入的比重以及反映农户社会资本存量的相关变量,比如是否村干部、是否有亲戚或好友为村干部以及农户2010年度家庭礼金支出等变量。此外,此类变量还包括是否信用社成员、是否参加小组联保、是否了解贷款程序及条件、村庄人均收入、村庄人口数量等变量。显然,农户家庭金融资产余额越高,农户就越容易用自身的资金来解决生产生活资金的不足,因而家庭金融资产高的农户受到信贷约束的可能性较小。农户的家庭纯收入较高的话可能盈余的资金较多,盈余的资金通常可以满足基本的生产生活所需,从而有利于降低农户面临信贷约束的可能性。工资收入越高的农户意味着家庭从事纯农业生产的人数越少,从而减少了农户的生产性信贷需求。从供给上看,农户务工收入越高其信贷上限也会上升,从而降低其信贷约束的可能性。非农经营收入占农户总收入的比重与工资性收入的影响是类似的。农户受到信贷约束的概率也与农户自身社会资本有关。血缘、亲缘等纽带关系在农户的生产生活中扮演着极为重要的角色,对农户的信贷需求和信贷约束产生重要影响。本章引入是否是村干部、是否有亲戚或好友为村干部以及农户调研年度家庭礼金支出来度量农户的社会资本存量。显然,农户如果自身就为村干部,或者其亲戚或好友为村干部,那么其融资渠道较其他农户更多,其受到信贷约束的可能性就越低。农户的礼金收支总额越大,意味着农户的关系网络越广泛,其人际关系较好,可能越容易借贷资金,其受到信贷约束的可能性越小。是否信用社成员、是否参加小组联保、是否了解贷款程序及条件会对农户的信贷需求产生影响,显然是信用社成员和了解贷款条件及程序的农户相对更容易从农村信用社获取贷款满足生产生活所需,这会提升农户获取信贷资金的概率。参加联保小组的成员会降低贷款方的信用风险,从而有利于降低信贷约束的可能性。此外,变量的设置上还考虑了该村人均收入和该村总人口等变量,此类变量用以度量民间资本的稀缺程度,往往收入较高和人口密集的地区,民间资金丰裕,民间借贷容易,农户更容易获取所需资金,从而降低信贷约束的概率。

第三类变量是可能提升农户信贷约束概率的解释变量。此类变量主要包括农户家庭人均消费支出、教育和医疗费用支出、家庭老人和小孩数量、是否发生重大突发事件等变量。家庭人均消费支出、教育和医疗费用支出是农户较大的开支,如果农户这部分的开支较大,可能面临信贷约束。农户的未还借款余额越大意味着农户家庭的债务余额越多,农户家庭负债水平就越高,其对农户的借贷金额会有负向影响,农户受到信贷约束的可能性越大,该指标与信贷约束的概率正相关。如果农户的家庭小孩和老人的数量较多,则受到信贷约束的可能性较大,因为小孩衣食住行和教育等都是较大的花费,而川渝地区的老人积蓄较少,主要依靠家庭养老,家庭老人和小孩数量的增加显然会增加农户信贷约束的可能性。此外,本章引入调研年度是否发生较大突发事件,即如果农户家庭该年度发生婚丧、嫁娶、生病、入学、天灾人祸等突发事件,显然会增加对资金的需求,从而提升农户的信贷需求,也会提升农户受到信贷约束的可能性。

2010 年度调研各变量的样本数据的统计特征如表 7-5 所示。从样本农户来看,农户户主年龄均值为 42 岁,川渝地区农户户主以中年人居多。户主的受教育程度差距较大,文化程度高的农户受过高中教育,文化程度低的农户为文盲,户主平均受教育程度为 1.876,文化程度普遍偏低,大致接近初中文化程度,这跟我国历史发展背景一致,因为 40 岁以上的农户在他们的时代受教育机会较少。川渝地区农村的户均生产性固定资产偏少,可能与川渝地区大部分农户的小规模农业生产经营有关,调研区域农户的户均耕地面积较少,这些地区地貌为山地和丘陵地区,生态较为脆弱,人地关系较为紧张,人均耕地面积低于全国的平均值。农户的家庭金融资产余额较少,说明川渝地区农户的随时可支配的流动资金相对偏紧。非农经营收入占农户的总收入的比重超过了 50%,说明自改革开放以来随着我国越来越多的农村剩余劳动力外出务工,农户收入对农业的依赖性有所降低,非农收入逐步成为农户收入的主要来源。而事实上,在调研中也发现,川渝地区几乎家家有剩余劳动力外出务工,外出务工以中青年人居多,其中四川仪陇县和重庆市云阳县都是有名的劳动力输出大县。从家庭规模来看,样本农户最多拥有 8 人,最少为 1 人,平均数为 3.57,说明农村家庭结构与城市存在一定的差异性,城市以 3 口之家为主,此次调研发现,川渝地区大部分农村家庭拥有 2 个孩子,拥有 1 个或者 2 个以上孩子的比例较低,川渝地区农村超生现象极为普遍。调研农户中大部分拥有专业技能,一半以上农户为信用社成员或者参与了联保小组,但是熟悉农村信用社贷款条件和程序的农户比例不高。调研村庄的年人均收入不高,一方面与调研地区经济落后,农户家庭总收入偏低有关,另一方面川渝地区家庭规模较大,特别是小孩和老人这样缺乏生产力的家庭成员偏多,因此人均收入不高。2010 年大约 12% 的农户家庭发生过突发事件,这些突发事件主要包括天灾、人祸、婚丧、嫁娶等。需要特别强调的是,在川渝地区农户家庭 2010 年的礼金支出平均值为 762 元,这个数值相对川渝地区农户的收入来说,是一笔较大的支出,充分体现了川渝地区农户对"关系"的重视,农户通过血缘、亲缘和地缘等关系,通过"礼尚往来",提升自己的社会资本存量,人情支出已经成为方便川渝地区农户生产生活的润滑剂。调研中发现,甚至少部分家庭是通过借款来用于人情支出,可见"关系"等社会资本在川渝地区生产生活中重要性。其余变量的数据如表所示,不再累述。

表 7-5 解释变量及其基本统计特征(2010 年调研数据)

变量	均值	标准差	最大值	最小值
年龄(Age)	42.61	8.923	66	22
受教育程度(Edu)	1.876	1.127	4	0
生产性固定资产(Proca)	3 123.5	6 776.5	12 000	0
耕地面积(Land)	10.132	13.392	120	1.17
教育和医疗支出(Meexp)	1 278.68	2 517.35	52 000	0
金融资产余额(Liqudity)	8 245.87	12 100.32	160 000	0
2010 年家庭债务(Debt)	5 128.00	6 739.21	180 000	0
2010 年是否发生较大突发事件(Shock)	0.121	0.267	1	0
家庭规模(F-scale)	3.57	1.326	8	1
家庭老人和孩子数(Old-Chiren)	3.332	1.252	6	0
家庭劳动力(Labor)	2.85	1.206	6	1
是否拥有专业技能(Skill)	0.621	0.725	1	0
家庭消费支出(Consume)	20 675.32	16 321.35	42 000	6 380
家庭纯收入(Income)	23 983.00	33 204.32	55 000	4 700
非农经营收入占总收入的比重(Nfr)	0.527	0.621	1	0
有无亲戚或好友为乡村干部(Relation)	0.231	0.375	1	0
是否村干部(Leader)	0.186	0.332 7	1	0
2010 年礼金支出(Gift-expend)	762.32	987.21	3 200	0
是否信用社成员(Coop)	0.543	0.529	1	0

表7-5(续)

变量	均值	标准差	最大值	最小值
是否参加联保小组(Mutual)	0.653	0.327	1	0
是否了解贷款程序(Program)	0.152	0.287 3	1	0
该村人均收入(Per-income)	3 430.27	1 879.15	12 000	500
2010年年底该村总人口(People)	2 235.52	808.17	3 825	1 106
家庭资产净值(Nlasset)	43 287.31	327.61	285 000	10 200

注：1. Edu 为农户受教育程度，文盲＝0，小学＝1，初中＝2，高中＝3，中专＝4，大专及以上＝5。

2. Skill 代表农户是否拥有专业技能，有取值1，否则为0。

3. Relation、Leader 代表是否有亲戚是乡村干部或自身为村干部，是取值1，否则为0；Coop、Mutual、Program、Shock 分别代表该农户是否信用社社员、是否参加小组联保、是否熟悉贷款程序和2010年是否发生较大突发事件，是取值1，否则为0。

4. 家庭资产净值＝生产性固定资产原值＋房产原值＋家庭耐用消费品原值＋金融资产余额－家庭债务余额。其余变量也均为数值型变量，其数值为实际调研数值。

时隔十年后，我们再次前往川渝地区四个样本区县进行调研，获得相关数据如表7-6所示。通过对比表7-5和7-6可以发现，部分指标有较大的变化，其中受教育程度、耕地面积、教育和医疗支出、家庭是否发生突发事件、家庭规模、家庭老人和孩子数、家庭劳动力等指标变化不大。这里主要描述有较大变化的指标变量。从年龄来看，调研农户的平均年龄从42.61岁上升到了53.12岁，十年间上升了10岁有余，说明农村老龄化趋势非常明显；从农户生产性固定资产来看，平均值从10年前的3 123.5元上升到2020年的9 821.7元，同比上升214.45%，造成这一数值大幅度上升的原因可能是乡村振兴战略的实施，越来越多的农户更愿意购买生产性固定资产。比较意外的是，教育和医疗支出有一定幅度的上升，但上升幅度不大，原因可能：一是九年制义务教育的实施，二是这十年大学学费并未大幅度上涨，三是新农合医保的实施。家庭金融资产和负债余额均有较大幅度的上升，金融资产余额均值从8 245.87上升到17 212.17，上涨幅度高达108.74%，同时可以看到标准差增加了近8倍多，说明农户个体差异很大，有的农户没有金融资产，而有的农户家庭金融资产高达50余万。与家庭金融资产余额大幅度上升相对应的是，农户的家庭负债上升幅度也较大，户均负债余额从10年前的5 128元上到2020年的9 876.3元，上升幅度92.60%，家庭负债这一指标在不同农户间的个体差异同样明显，有的农户负债40余万元，而有的农户没有负债。家庭规模没有显著变化。尽管国家在这十年采取了很多措施来鼓励生育，但是成效不太显著，农村的生育意愿也并没有显著上升，家庭人口数量趋于稳定，特别是老人和小孩数量、家庭劳动力等指标基本没什么变化；在专业技能方面，得益于国家乡村振兴战略的实施，地方政府免费提供技能培训的支持力度加大，农户专业技能十年内提升了32.5%；家庭收入和家庭支出都有大幅度上升，这与全国保持了相同的趋势，享受了国家经济增长的红利；非农经营收入占总收入的比重持续上升，该比值从 2010 年的 0.527 上升到 2020 年的0.831，说明农户的家庭收入对农业的依赖性越来越弱，更多的是通过打工、自己开农家乐、开小卖部、跑运输、开滴滴等各种非农业生产渠道获取收入，这也与社会经济大环境发展相吻合；从礼金支出来看，该数值从2010 年的 762.32 上升到了 5 210.1，上涨幅度高达 583.45%，这一上涨幅度远远超过了农户同期收入和支出增长幅度。为何礼金支出十年内上涨5 倍有余，看似夸张，实质有其合理的一面。原因是：十年前的礼金支出主要是维持亲朋好友之间人情关系的婚礼份子钱、去世老人丧葬份子钱、生日礼金等，这些礼金支出属于传统支出。而十年后，这些礼金支出依然存在，关键是增加了一项新的支出——彩礼。历史上，川渝地区没有彩礼一说，彩礼之风在川渝地区并不盛行。但是，由于农村女孩更多地向城市转移，农村剩男比例逐年上升，加之越来越多的农户受到自媒体的影响，北方的彩礼之风逐步渗透到川渝地区。目前川渝地区农村彩礼之风虽然没有北方农村地区盛行，但是部分家庭也开始收取彩礼。在 2010 年之前，彩礼现象极为少见，2015 年左右，川渝地区部分农户收取 2 万~5 万元象征性的彩礼，而 2020 年左右，部分农村家庭要求的彩礼达到 10 万或更多。尽管国家近年来多次强调，要抑制彩礼之风，但是在男女比例失衡的农村，还是很有难度的；近十年，随着金融信息的普及，农户在贷款程序上，有了更深入的了解，大部分农户对贷款流程都比较了解；从调研村庄的户籍人口来看，有较大幅度的下降，更多的农户基于子女读书、就业等原因，把户籍迁往了县城或地级市，少部分迁往省城；从农户人均纯收入、家庭资产净值等指标来看，有较大的幅度上升，但是大致与全国保持了相同比例的增长幅度，在此不一一赘述。

表 7-6　解释变量及其基本统计特征（2020 年调研数据）

变量	均值	标准差	最大值	最小值
年龄（Age）	53.12	11.81	73	32
受教育程度（Edu）	1.732	1.216	4	0
生产性固定资产（Proca）	9 821.7	12 132.1	152 000	1 000
耕地面积（Land）	9.32	9.89	112	2.37
教育和医疗支出（Meexp）	1 621.3	27 821.4	57 000	0
金融资产余额（Liqudity）	17 212.17	99 808.1	526 000	0
2020 年家庭债务（Debt）	9 876.3	37 821.8	432 000	0
2020 年是否发生较大突发事件（Shock）	0.125	0.232	1	0
家庭规模（F-scale）	4.01	1.432	7	1
家庭老人和孩子数（Old-Chiren）	3.32	1.235	6	0
家庭劳动力（Labor）	2.76	1.211	6	1
是否拥有专业技能（Skill）	0.823	0.821	1	0
家庭消费支出（Consume）	43 245.23	19 872.1	187 200	9 800
家庭纯收入（Income）	53 217.12	55 312.19	254 000	12 000
非农经营收入占总收入的比重（Nfr）	0.831	0.902	1	0
有无亲戚或好友为乡村干部（Relation）	0.221	0.376	1	0
是否村干部（Leader）	0.179	0.335	1	0
2020 年礼金支出（Gift-expend）	5 210.1	6 217.0	152 700	0
是否信用社成员（Coop）	0.532	0.533	1	0
是否参加联保小组（Mutual）	0.703	0.359	1	0
是否了解贷款程序（Program）	0.213	0.321	1	0
该村人均收入（Per-income）	6 673	2 324.5	23 600	1 200
2020 年年底该村总人口（People）	1 821	752.2	3 321	982
家庭资产净值（Nlasset）	83 217.2	327.61	592 316.2	39 823.1

注：1. Edu 为农户受教育程度，文盲 =0，小学 =1，初中 =2，高中 =3，中专 =4，大专及以上 =5。

2. Skill 代表农户是否拥有专业技能，有取值 1，否则为 0。

3. Relation、Leader 代表是否有亲戚为乡村干部或自身为村干部，是取值 1，否则为 0；Coop、Mutual、Program、Shock 分别代表该农户是否信用社社员、是否参加小组联保、是否熟悉贷款程序和 2020 年是否发生较大突发事件，是取值 1，否则为 0。

4. 家庭资产净值 =生产性固定资产原值 +房产原值 +家庭耐用消费品原值 +金融资产余额 -家庭债务余额。其余变量也均为数值型变量，其数值为实际调研数值。

二、信贷约束农户和信贷需求完全满足农户特征差异比较

信贷约束农户包括两类：完全信贷约束农户和部分信贷约束农户。非信贷约束农户也包括两类：信贷需求得到完全满足的农户和无借贷需求（对信贷不感兴趣）的农户。因此我们如果直接比较信贷约束农户和非信贷约束农户的特征差异的话，就把根本无信贷需求的农户也包括了进来，这样的比较不是很准确，也不客观。因此我们仅比较信贷约束农户和信贷需求得到完全满足农户之间的特征差异，从描述分析的角度直观考察可能影响农户信贷约束的微观因素。

如表7-7所示，从年龄和受教育程度来看，信贷约束农户户主平均年龄比信贷需求完全满足农户户主略高，而文化程度略低，但是两类农户户主在平均年龄和平均接受教育程度方面并不存在显著差异。从家庭结构来看，信贷约束农户家庭人口总数和家庭劳动力人数与信贷需求完全满足农户家庭不存在显著差异，不过前类农户的家庭老人和小孩的数量明显高于后者，说明家庭老人和小孩的数量可能是引致农户信贷约束的重要因素。从家庭耕地面积来看，两类农户不存在显著差异，原因可能是川渝人均地区耕地面积稀少，种植大户的比例偏低。从家庭财产禀赋的角度来看，信贷需求完全满足农户的家庭资产净值明显高于约束农户，前者是后者的2.4倍，而金融资产余额前类农户是后者农户的4.0倍，并且在家庭债务方面，前类农户明显低于后类农户，前类农户仅为后类农户的一半左右。从收入和支出来看，信贷需求完全满足农户的收入水平和消费水平均明显高于信贷约束农户，并且信贷需求完全满足的农户非农经营收入在家庭收入所占的比重较高，不过从教育和医疗支出来看，两类农户并无显著差异。从农户的社会资本及社会地位来看，信贷约束农户在"是否乡村干部"或"有无亲戚或好友为乡村干部"的比例明显低于信贷需求完全满足农户。在礼金支出方面，信贷约束农户家庭在人情交往的支出低于信贷需求完全满足农户家庭。不过我们也发现，信贷约束农户家庭的年均礼金支出对于他们家庭来说也是一笔重要开支，说明在川渝地区无论什么类型的家庭，把人情世故和关系都看得很重要，礼金支出往往作为维持或提升农户社会资本的重要纽带。信贷需求完全满足农户和信贷约束农户在"是否是信用社成员"上不存在显著差异，不过信贷需求完全满足农户在"是否参加联保小组"和"是否了解贷款程序"方面比信贷约束农户的比例要略

高。此外，信贷需求完全满足农户家庭发生突发事件的平均值远低于信贷约束农户，因此突发事件也可能是影响信贷约束的影响因素。

表 7-7 信贷约束农户和信贷需求完全满足农户的特征比较（2010 年度数据）

变量	信贷约束状态农户	信贷需求完全满足农户
年龄/岁	43.17	41.82
受教育程度(平均受教育年限)	1.789	2.021
生产性固定资产/元	2 107.32	4 321.56
耕地面积/亩	9.792	11.031
教育和医疗支出/元	1 332.00	1 247.00
金融资产余额/元	3 342.00	13 428.00
2010 年家庭债务/元	6 217.00	3 216.00
2010 年是否发生较大突发事件(平均值,是=1,否=0)	0.21	0.06
家庭规模/人	3.62	3.41
家庭老人和孩子数/人	2.42	1.23
家庭劳动力/人	2.49	2.62
是否拥有专业技能(平均值,是=1,否=0)	0.627	0.782
家庭消费支出/元	13 054.00	23 265.00
家庭纯收入/元	16 327.00	30 908.00
非农经营收入占总收入的比重(平均值)/%	23.18	67.32
有无亲戚或好友为乡村干部(平均值,是=1,否=0)	0.231	0.873
是否村干部(平均值,是=1,否=0)	0.281	0.762
2010 年礼金支出/元	532	763
是否信用社成员(平均值,是=1,否=0)	0.527	0.498
是否参加联保小组(平均值,是=1,否=0)	0.536	0.698
是否了解贷款程序(平均值,是=1,否=0)	0.597	0.712
家庭资产净值/元	23 716.00	56 782.00

用 2020 年调研数据做同样的分析发现，影响信贷约束的因素与 2010年并没有明显变化，不再列表分析和一一赘述。

从上述分析我们可以直观地感觉到，在川渝地区家庭富裕（家庭资产价值高）、总收入和非农收入水平高、社会人际关系广、家庭无重大突发事件的农户受到信贷约束的可能性要低很多。不过，需要更准确地分析影响农户信贷约束的微观因素，需要利用第四章的 biprobit 模型进一步分析，可以从计量的角度更客观和更准确地考察各个解释变量的显著性。

三、实证分析结果及说明

基于调研的样本数据，对 biprobit 模型进行估计，结果如表 7-8 所示。我们首先考察川渝地区农户信贷需求和信贷约束的影响因素。从表 7-8 可以看出，户主年龄和受教育水平虽然与农户的信贷需求负相关，但是在统计水平上并不显著，这大多数学者的研究结论大致相似（刘西川，2007；白永秀、马小勇，2010）。实证结论与理论分析的结论是一致的。一方面，随着农户年龄的增加和农户文化水平的提高，其可能制订更新、更大的生产投资计划，从而增加对资金的需求力度，另一方面，年龄较大和文化程度较高的农户通常具有较高的收入和拥有更多的资产余额，这又降低了其对资金的需求，这一正一负效应的相互抵消，其最终影响方向的显著性极弱。生产性固定资产原值对川渝地区农户资金需求没有显著影响，这与刘西川（2007）的研究结论不一致，他认为生产性固定资产价值会对信贷需求有显著负向影响。本章的结论与李锐和朱喜（2007）研究结论相似，这符合理论预期。生产性固定资产越多的农户，其生产规模和目标越大，所需的资金投入规模越大，增加了其对资金的需求，但是这类农户可能拥有更多的变现资金、未收账款或者流动性金融资产余额，因而又降低了其对资金的需求，最终的影响要取决于两者力量的对比。土地面积、教育医疗费用支出和 2010 年是否发生较大突发事件对农户的资金需求有显著的正向影响，均在 1%的统计水平上显著，这意味着农户的资金需求与其经营的耕地总面积、教育医疗费用的总支出和家庭突发事件的发生呈现明显的正向关系，这与部分学者的研究结论相似（刘西川，2007；李锐、朱喜，2007）。教育医疗费用的总支出和家庭突发事件是根据我国川渝地区农户资金需求特征而设置的两个重要变量，川渝地区农户自有资金有限，大多数家庭都有两个甚至两个以上的子女，子女上学（比如考上中学、大学、职业院校等）或家庭的突发事件（婚丧等），这些需要较大的资金支出，农户自有的资金余额难以支付，而且这类性质的支出金额大、需求急，往往具有刚性特征，农户只有通过借贷来缓解资金压力，医疗支出更加具有刚性特征，川渝地区农村家庭往往一人重病，全家都会节衣缩食，增加对外在资金的需求。农户金融资产余额对信贷需求的影响是负向的，且在 5%水平上通过显著性检验，这与理论分析的结论是一致的，因为农户自有资金完全能够满足生产生活的需要，就降低了对外在资金的需求。家庭规模（家庭人口总数）和家庭老人及小孩数量的增加会显著增加农户对资金的需求，而家庭劳动力数量的增加对信贷资金需求虽有正向影响但影响并不显著，这与部分学者的研究结论存在一定的差异（刘西川，2007；周宗安，2010）。这一差异可能是川渝地区特殊情形所致，川渝地区农户家庭往往有两个甚至两个以上的子女，大部分家庭还有老年人，因此家庭规模越大的农户对资金需求较大，而大部分家庭的收入难以满足开支，从而增加了借贷的可能性。但是劳动力数量的增加并没有显著增加农户的信贷需求，因为家庭多余的劳动力往往通过外出务工解决家庭资金不足的难题。农户拥有专业技能对信贷需求的影响是模糊的，拥有一技之长的农户越趋向于生产投资或者扩大生产经营规模，这就需要更多的资金，但是农户对更多资金需求既可以通过外部借贷解决，也可能通过自身资金的原始积累解决，因为拥有一技之长的农户的收入可能高于没有技术的农户，其自有资金可能满足生产扩大的需要，这一结论与刘西川（2007）等的结论一致。从消费来看，川渝地区农户的消费支出和信贷需求不存在显著的关系，但是收入对农户的信贷需求有显著影响。农户的家庭纯收入越高，农户自身资金完全能满足生产生活所需，对外在资金需求就越弱，因此农户的家庭纯收入与农户的信贷需求显著负相关，且均通过 5% 显著性检验，这一结论得到大部分学者的证实（白永秀、马小勇，2010；周宗安，2010）。非农经营收入占农户总收入的比重的提升会降低农户的信贷需求，这与理论分析的结论是一致的。一方面，该比值越高说明农户的非农生产经营活动搞得越好，非农生产经营活动的劳动边际产出高于传统的农业生产的边际产出，农户可能拥有更多的盈余资金。另一方面，川渝地区农户从事的非农生产经营活动以外出打工为主，这又进一步降低了农户生产投入所需资金，即降低了农业生产资金需求，从而进一步降低了信贷需求。农户债务余额对当前的信贷需求无显著影响，而周宗安（2010）认为债务余额增加了农户借贷需求，这一差异可能是川渝地区农村农户户均债务余额较低所致。

下面进一步分析资金供给的影响因素。从表 7-8 可以看出，随着户主年龄和受教育水平的提升，并没有显著提升农户获取贷款的可能性，这与程郁等（2009）研究的结论一致。农户的生产性固定资产价值和耕地面积正向影响资金供给，两个变量分别在 10% 和 5% 的统计水平上显著性，这与理论分析的结论是一致的，因为资金供给者趋向于向种植大户的农户提供贷款，而种植大户往往拥有更多的耕地面积和生产性固定资产。农户家庭规模与农户获得贷款的可能性之间无显著关系，如果农户家庭规模大是因为劳动力数量较多，则对资金供给方有正向影响；如果家庭规模大是因为家庭老人和小孩数量较多所致，则资金供给方不愿意贷款给这类农户。显然，家庭老人和小孩数量较多的农户还款能力相对较弱。资金供给方更趋向于给有专业技能的农户提供贷款，是否拥有专业技能这一变量能通过5%统计性检验，说明资金供给方很在意借款方的还款能力，显然，拥有专业技能的农户在抵御风险和增加收入方面的能力较其他农户更强。农户的消费支出对资金的供给无显著影响，但是农户的家庭纯收入对资金的供给的影响是正向的，能在5%统计水平通过显著性检验，说明川渝地区金融市场存在明显的"金融啄序"现象，即越富裕的农户越容易获取贷款，而越需要贷款的农户往往越是缺乏资金的农户，这类农户反而由于贫穷而更难获取贷款，很多学者的研究都证实了收入对信贷资金供给的正向影响（程郁 等，2009；蒋远胜 等，2010）。非农经营收入占总收入的比重并不显著影响资金的供给，这与刘西川（2007）的研究结论不一样，也与理论预期刚好相反，但是却符合我国川渝地区农村信贷市场的现实特征，我国川渝地区农户的非农经营收入主要靠外出打工获得，在我国川渝地区外出打工现象极为普遍，几乎家家有外出务工人员，这群人就像候鸟，年初外出务工春节返乡，其务工收入跟经济环境密切相关，收入时高时低很不稳定，贷款方对其借贷资金的使用也难以监管，因此非农经营收入占总收入的比重的提升并没有增加资金供给方提供贷款的概率。

表 7-8　biproit 模型的估计结果（2010 年调研数据）

变量	需求方程		供给方程	
	估计系数	标准差	估计系数	标准差
年龄（Age）	−0.126	0.221	−0.155	0.296
受教育程度（Edu）	−0.012	0.018	−0.027	0.032
生产性固定资产（Proca）	−0.243	0.127	0.248*	0.123
耕地面积（Land）	0.031***	0.109	0.163**	0.065
教育和医疗支出（Meexp）	0.018**	0.059		
金融资产余额（Liqudity）	−0.005**	0.006		

表7-8(续)

变量	需求方程		供给方程	
	估计系数	标准差	估计系数	标准差
2010年家庭债务（Debt）	-0.003	0.006		
2010年是否发生较大突发事件（Shock）	0.211***	0.107		
家庭规模（F-scale）	0.201**	0.106	-0.029	0.065
家庭老人和孩子数（Old-Chiren）	0.187**	0.093	-0.038**	0.016
家庭劳动力（Labor）	0.013	0.047	0.194**	0.153
是否拥有专业技能（Skill）	-0.112	0.105	0.142**	0.059
家庭消费支出（Consume）	0.010	0.017	-0.003	0.023
家庭纯收入（Income）	-0.027**	0.016	0.006**	0.017
非农经营收入占总收入的比重（Nfr）	-0.016*	0.012	0.013	0.021
有无亲戚或好友为乡村干部（Relation）			0.165**	0.105
是否村干部（Leader）			0.181**	0.127
2010年礼金支出（Gift-expend）			0.223**	0.196
是否信用社成员（Coop）			0.021	0.035
是否参加联保小组（Mutual）			0.149*	0.058
是否了解贷款程序（Program）			0.212*	0.235
该村人均收入（Per-income）			0.021***	0.068
2010年年底该村总人口（People）			0.027***	0.078
$P(Y_d^* > Y_s^* \mid Y_d^* > 0)$		0.765 2		
似然比		-601.58		
样本数		492		

注：***、**、*分别表示在1%、5%和10%统计水平上显著。

考虑到我国民间借贷市场繁荣，人际关系、血缘关系在农村特别是在川渝地区农村经济和生活中的重要性，本章在模型中引入了"关系"等社会资本变量。农户有无亲戚为乡村干部或者如果农户本身就是乡村干部，则资金供给方更愿意为这类农户提供贷款。显然，乡村干部在农村更"吃得开"，有更多的门路，乡村干部与地方农村信用社的关系更为密切，也和地方上各类精英联系更为频繁，因此拥有更多人脉资源的乡村干部更容易获取贷款，这一研究结论也说明"关系"及自身地位在川渝地区农村社会中的重要性。反映农户社会资本存量的另一变量"礼金支出"，也显著影响资金供给方，其影响为正且在 5% 统计水平上显著，这与理论分析的结论是一致的，也与其他学者研究结论大致相同（张建杰，2008；白永秀、马小勇，2010），但是本章中各变量的显著性更强，说明社会资本在川渝地区农村金融市场中扮演着更为重要的角色。年度礼金支出越多的农户，其人脉越广泛，当期面临资金瓶颈时，可以通过更多渠道获取信贷资金，从而降低其信贷约束的可能性，这进一步说明了"关系"变量在川渝地区农村金融市场上的重要性，当农户亲朋好友或自身就为当地"名人"时，或者其拥有数量众多的亲朋好友，资产禀赋和收入、是否拥有专业技能以及家庭是否发生突发事件等都变成了相对次要的因素，这一点在川渝地区农村显得尤为突出，说明川渝地区农村依然是一个典型的"关系"社会。农户是否为信用社成员虽对农户获取贷款的概率有一定的正向影响，但是这种影响并未通过显著性检验，说明我国所谓的"合作社"并不是真正意义上的农村信用合作社，是否是信用社成员并不显著影响农信社是否给农户贷款。农户如果为联保小组成员和熟悉贷款程序，有利于增加资金供给方为其提供贷款的机会，联保小组成员由于彼此之间的相互监督和担保，有利于降低农村信用社贷款损失的概率，从而提高农村信用社放贷的积极性。而熟悉贷款流程的农户在申请贷款上具有优势，从而更容易获取贷款。调研村庄的人均收入越高和人口规模越大，农户面临信贷约束的可能性就越小，原因可能是正规金融机构更愿意向富裕村庄提供贷款。此外，富裕的村庄，如果其人口众多，其民间借贷市场规模相对较大，也更为发达，这对农户获取贷款更为有利，从而从资金供给角度降低其信贷约束的可能性。

用 2020 年调研数据进行对 biprobit 模型进行估计，尽管各系数有变化，但是其显著性变化不大，说明十年内影响川渝地区农户信贷约束的因素没有显著变化。

在估计了 biprobit 模型的各系数后，可以得出农户信贷约束的程度，即计算出 $P(Y_d^* > Y_s^* \mid Y_d^* > 0)$ 的数值为 76.52%，即有信贷需求但是其信贷需求不能得到满足的比率为 76.52%，这比李锐和朱喜（2007）计算出的全国农村平均信贷约束率 70.92% 要高，比许国玉（2008）计算出的苏北地区农村信贷约束率 66.70% 更高，这表明我国川渝地区农村的信贷约束现象更严重。但是基于 2020 年的调研数据，计算出 $P(Y_d^* > Y_s^* \mid Y_d^* > 0)$

的数值为 38.27%，说明有信贷需求但是其信贷需求不能得到满足的比率为 38.27%，这一数值比 2010 年减少了 50%，说明由于乡村振兴战略的实施及我国经济社会的快速发展，川渝地区农户信贷约束的程度大幅度减缓，金融抑制现象减少。

第三节　配给效应模型的实证分析

如果采用传统的普通最小二乘法模型（OLS）估计信贷约束的福利损失效应时，可能存在选择性偏差一类的问题（Wooldridge，2003），从而可能对福利损失的程度低估，而配给效应模型（match 模型）能够较为有效的处理这类问题（关于 match 模型的详细说明和推导详见第四章第四节）。

本章基于 match 模型估量出了农户信贷约束的福利净损失效应，结果如表 7-9 所示。从表 7-9 可以看出，无论是所有样本农户还是处于信贷约束的农户，信贷约束均负向影响两类农户的家庭纯收入、消费性支出和家庭资产净值，说明信贷约束阻碍了农户福利的改善。信贷约束对家庭消费支出和家庭资产净值的影响均能通过 1% 显著性水平检验，而对农户家庭纯收入的影响分别在 5% 和 10% 的统计水平上显著，说明信贷约束对农户纯收入的负面效应的显著性弱于对消费性支出和家庭净资产的影响，这与我国川渝地区农村现实的生产生活实际情况相吻合。我国川渝地区农户外出务工为普遍现象，几乎每家都有外出务工人员，外出务工收入在农户的家庭收入中占据越来越重要的地位，相当部分农户家庭的纯收入的主要来源是非农收入，外出务工收入使得农户对外在资金的依赖性较小，从而信贷约束对农户的家庭纯收入的影响力相对较弱。从各变量的估计系数和显著性来看，川渝地区农村信贷约束所引致的福利净损失高于全国平均值（李锐、朱喜，2007）。特别地，川渝地区农村信贷约束对农业收入的福利损失效应弱于对非农收入的福利损失效应，造成这一现象的原因可能是：川渝地区农业生产规模普遍偏小和农业生产投资强度低，农业生产受到的信贷约束相对较弱。非农生产在借贷规模上远高于农业生产，受到信贷约束的概率上升，从而导致信贷约束的福利损失相应增加，这与第五章基于宏观面板数据分析的结论是一致的。

表 7-9　信贷约束的福利损失效应估计结果（2010 年调研数据）

变量	均值	SATE			SATT		
		估计系数	P 值	SATE/%	估计系数	P 值	SATT/%
家庭纯收入	28 983.00	−2 599.78**	0.034	8.97	−2 905.10*	0.091	10.02
农业收入	10 880.00	−393.86*	0.087	3.62	−520.06*	0.098	4.78
非农收入	18 103.00	−1 815.73**	0.021	10.03	−2 201.32**	0.042	12.16
家庭消费支出	20 675.00	−3 798.00***	0.001	18.37	−4 347.95***	0.001	21.03
家庭资产净值	43 287.00	−7 207.33***	0.000	16.65	−7 696.48***	0.000	17.78

注：1. ***、**、*分别表示在 1%、5% 和 10% 的统计水平上显著。

　　2. 本章中所采用的特征变量包括耕地面积（Land）、受教育年限（Edu）、生产性固定资产（Proca）、家庭劳动力（Labor）、家庭老人和孩子数（Old-Chiren）等。

　　3. SATE 和 SATT 分别表示信贷约束对所有农户和对信贷约束农户的平均处理效应，一般情况下，显然有 SATE<SATT。

　　4. SATE = （SATE/均值）×100%，SATT = （SATT/均值）×100%。

　　所有样本农户，由于信贷约束而损失的家庭纯收入、家庭消费支出和家庭资产净值分别为 2 599.78 元、3 798.00 元和 7 207.33 元，占其各自均值的比例分别为 8.97%，18.37% 和 16.65%。对于信贷约束状态农户，由于信贷约束，遭受的家庭纯收入、家庭消费支出和家庭资产净值的损失分别为 2 905.10 元、4 347.95 元和 7 696.48 元，占其各自均值的比例分别为 10.02%，21.03% 和 17.78%。在所有福利损失效应中，信贷约束对农户消费支出的抑制作用最强，这不仅与部分学者的研究结论相似（万广华 等，2001；李锐、朱喜，2007；许国玉，2008），也与第六章宏观分析的结论完全一致，说明川渝地区的农村信贷约束的确对农户的消费支出产生了显著的负面影响，而且这种负面影响比其他地区更强。信贷约束对样本农户在农业收入和非农收入上的净损失效应分别为 393.86 元和 1 815.73 元，占各自均值的 3.62% 和 10.03%。对于信贷约束农户，农业收入和非农收入的净损失效应为 520.06 元和 2 201.32 元，占各自均值的 4.78% 和 12.16%，说明信贷约束对非农收入的影响强于对农业收入的影响，而在第五章的宏观实证分析发现，农村金融发展对非农收入的增收效应更为显著，前后的研究结论都表明，非农收入对农村金融发展或信贷约束的敏感性更强。表7-9 表明，信贷约束对农户家庭净资产的抑制效应较为明显。家庭净资产是一个存量概念，这个指标更能综合地反映农户在长期内的福利水平，因为缺乏农户家庭净资产的宏观时间序列数据，所以只有从微观的角度来考察信贷约束对该指标的影响。信贷约束对农户家庭净资产的净损失效应介于对农户纯收入和农户消费支出的净损失效应之间。在 2010 年年底，信贷约束导致农户的家庭净资产净损失的比例高达 17% 左右，说明信贷约束在长期内对农户福利有显著的负面影响。从表 7-9 我们还可以发现一个现象：无论是所有样本农户还是处于信贷约束状态的农户，两类农户的各项福利损失指标呈现高度趋同化的趋势，这可能是两方面的原因造成的：一是我国川渝地区农户面临严重的信贷约束，76% 左右的农户处于信贷约束状态，说明在我国川渝地区农村信贷约束已成为一种普遍现象。二是川渝地区农村资金是最为稀缺的资源之一，农户之间的借贷存在很强的关联性。前面分析也指出，我国川渝地区是典型的"关系"社会，关系、血缘、地缘都是联系农户之间最有效的纽带，很多农户自有资金或许只能满足甚至不能满足自己生产生活需要，但是当亲朋好友需要借款时，迫于"关系"和"面子"的因素，为了保持或提升自己的社会资本存量，被迫借出款项，即使这样会降低自己的福利水平。在川渝地区这种特殊的文化背景下，有限的资金在农户间流动，借贷行为的发生只是福利损失在农户的亲朋好友间转移而已，从而导致信贷约束对所有样本农户的福利损失指标与处于信贷约束状态农户福利损失指标的结果出现高度趋同化。

2020 年再次调研时，我们收集的数据更为详尽。除了收集家庭纯收入、农业收入、非农收入、家庭消费支出、家庭资产净值等数据，还收集了川渝地区农户娱乐支出、农户住宅价值等数据，原因是：随着经济社会的发展，农民从温饱到小康，物质需求得到了基本满足，娱乐支出很能反映出农户的福利水平。近十年，农村自建房越来越多，自建房面积的大小、内部装饰状况、房屋院坝环境等都是衡量农户福利的重要指标，为了便于量化，我们用农户住宅价值来加以度量。农户住宅价值包括了农户建房成本、装修成本、内部家电价值及房屋周边院坝环境美化等投资成本。基于 match 模型估量出了农户信贷约束的福利净损失效应，结果如表 7-10 所示。

表 7-10   信贷约束的福利损失效应估计结果（2020 年调研数据）

变量	均值	SATE			SATT		
		估计系数	P 值	SATE/%	估计系数	P 值	SATT/%
家庭纯收入	53 217.12	-3 918.26**	0.027	7.36	-4 312.17*	0.087	8.10
农业收入	9 579.32	-587.16*	0.065	6.13	-721.6*	0.079	7.53
非农收入	43 637.80	-2 021.39**	0.033	4.63	-2 567.8**	0.039	5.88
家庭消费支出	43 245.23	-4 321.01***	0.000	9.99	-5 213.2***	0.000	12.05
家庭资产净值	83 421.7	-8 312.9***	0.000	9.96	-9 987.3***	0.000	11.97
娱乐支出	1 237.21	-132.31***	0.001	10.69	-181.2***	0.001	14.65
住宅价值	239 872.00	-29 010.00*	0.078	12.09	-33 832.00*	0.081	14.10

注：1. ***、**、* 分别表示在 1%、5% 和 10% 的统计水平上显著。

2. 本章中所采用的特征变量包括耕地面积（Land）、受教育年限（Edu）、生产性固定资产（Proca）、家庭劳动力（Labor）、家庭老人和孩子数（Old-Chiren）等。

3. SATE 和 SATT 分别表示信贷约束对所有农户和对信贷约束农户的平均处理效应，一般情况下，显然有 SATE<SATT。

4. SATE＝（SATE/均值）×100%，SATT＝（SATT/均值）×100%。

从表 7-10 可以看出，所有样本农户，由于信贷约束而损失的家庭纯收入、家庭消费支出和家庭资产净值分别为 3 918.26 元、4 321.01 元和 -8 312.9 元，占其各自均值的比例分别为 7.36%、9.99% 和 9.96%，这一数值相对十年前有了较大幅度的下降。对于信贷约束状态农户，由于信贷约束而遭受的家庭纯收入、家庭消费支出和家庭资产净值的损失分别为 4 312.17 元、5 213.2 元、9 987.3 元，占其各自均值的比例分别为 8.10%、12.05% 和 11.97%，该数值相对十年前来说，依然呈现出下降趋势，说明信贷约束的福利损失效益在降低。信贷约束对样本农户在农业收入和非农收入上的净损失效应分别为 587.16 元和 2 021.39 元，占各自均值的 6.13% 和 4.63%。对于信贷约束农户，农业收入和非农收入的净损失效应分别为 721.6 元和 2 567.8 元，占各自均值的 7.53% 和 5.88%。信贷约束对样本农户在娱乐支出和住宅价值上的净损失效应为 132.31 元和 29 010 元，占其均值的 10.69% 和 12.09%，对于信贷约束状态农户，信贷约束而遭受的娱乐支出、住宅价值净损失效应分别为 181.2 元和 33 832 元，占各自均值的 14.65% 和 14.10%，说明随着社会经济的发展，农民有了更美好层次的需求，需求从仅为满足传统的物质需求向更高层次的精神需求过渡，农户在物质层面的信贷约束有所下降，但是在满足精神需求层面的信贷约束依然较为严重。

第四节　本章小结

本章利用在重庆市万州区、重庆市云阳县、四川省南充市嘉陵区和四川省仪陇县我国四个西部国家级川渝县的调研数据，运用描述性统计和计量分析相结合的分析方法，研究川渝地区农村信贷约束程度、影响因素及对农户福利的损失效应。在考察川渝地区农村信贷约束时，重点从需求和供给的相互作用机制入手，通过双变量模型 biprobit 考察农村信贷约束的微观因素。本章的主要研究结论有：

第一，本章基于前人研究成果，设计问卷识别信贷需求和信贷约束，而后从描述统计的角度分析出我国川渝地区农户的信贷约束比例为75.29%。为了更准确地从数学的角度来估算信贷约束程度，本研究基于联立离散选择模型估计方法，更为准确和客观地计算出我国川渝地区农户信贷约束的程度 $P(Y_d^* > Y_s^* \mid Y_d^* > 0)$ 的数值为76.52%，这与描述统计分析的结果75.29%不存在显著的差异性，说明我国川渝地区农户信贷需求完全满足率很低，信贷约束在我国川渝地区农村是一种普遍现象，但是随着社会经济的发展，信贷约束的程度有进一步下降的趋势。

第二，使用配给效应模型比较准确地计量了川渝地区农村信贷约束对农户的福利效应。信贷约束对所有样本农户的家庭纯收入、消费性支出和家庭资产净值的影响是负向的，且能分别通过5%、1%和1%的显著性检验，对这三个福利指标的损失的数值分别为 2 599.78 元、3 798.00 元和7 207.33 元，占其各自均值的比例分别为8.97%、18.37%和16.65%。与所有样本农户相比，处于信贷余额状态的农户遭受了更大的福利损失，这类农户家庭纯收入、消费性支出和家庭资产净值损失分别为 2 905.10 元、4 347.95 元和7 696.48 元，占其各自均值的比例分别为10.02%、21.03%和17.78%。特别地，信贷约束对非农收入的损失效应强于对农业收入的损失效应，信贷约束对消费表现出了强抑制作用。

第三，基于联立离散选择模型详细考察了影响农户借款需求和供给的主要因素，从而进一步分析影响农村信贷约束的微观因素。实证结果表明，耕地面积（Land）、教育和医疗支出（Meexp）、是否发生较大突发事件（Shock）、家庭规模（F-scale）、家庭老人和孩子数（Old-Chiren）对农户信贷需求的影响是正向的，且前三个变量能够通过1%显著性检验，后两个变量在5%统计水平上显著。家庭金融资产余额（Liqudity）和家庭纯收入（Income）能够显著降低农户的信贷需求，且均能通过5%显著性检验。家庭劳动力数量（Labor）、农户家庭消费支出（Consume）、年龄（Age）、受教育程度（Edu）和生产性固定资产（Proca）对农户的信贷需求影响不显著。对资金供给有显著正向影响的变量有生产性固定资产（Proca）、耕地面积（Land）、家庭劳动力（Labor）、是否拥有专业技能（Skill）、家庭纯收入（Income）、有无亲戚或好友为乡村干部（Relation）、是否村干部（Leader）、礼金支出（Gift-expend）、是否参加联保小组（Mutual）、该村人均收入（Per-income）、该村总人口数（People），家庭老人和孩子数（Old-Chiren）对资金的供给有显著的负面影响，其余变量对资金供给的影响显得较为模糊。尤须注意的是，在我国川渝地区农村中，"关系"等社会资本在农户的生产生活中扮演着极为重要的角色，其对资金的供给有显著的影响，关系多的农户更容易获取信贷资金的支持，从而降低受到信贷约束的概率。

第八章 结论、政策建议及展望

本书基于调研地区的统计资料，考察了川渝地区农村金融和农户福利的演变与发展，详尽分析了农村金融发展对农户收入和消费的影响机制，着重考察了农村金融发展对农业收入和非农收入在影响机制上的差异性，研究了信贷约束和不确定性对川渝地区消费行为的影响。通过建立农村信贷约束的识别机制，利用调研数据描述性分析了川渝地区农户的信贷需求和信贷约束现象，在此基础上，通过计量模型分析川渝地区农村信贷约束的程度和信贷约束的影响因素，最后分析信贷约束对农户家庭收入、消费支出及家庭净资产的影响。本章第一节对本书的主要结论加以概述，第二节在研究结论的基础之上提出一些政策建议，第三节提出今后进一步研究的方向。

第一节 研究结论

第一，川渝地区农村金融发展对农户收入的影响。农户的非农收入与农业收入均与川渝地区农村金融发展水平之间存在长期稳定的面板协整关系。农村金融发展的非农收入效应存在一定的地区差异性，就样本地区总体而言，川渝地区农村金融发展规模的扩大、金融发展效率的提升、金融发展结构的改善和金融覆盖密度的增加都会增加农户的非农收入。农村金融覆盖密度、农村金融发展效率、农村金融发展结构和农村金融发展规模均对非农收入有显著的正向效应，且影响力依次增强；农村金融发展的农业收入效应也存在地区差异性，就样本地区总体而言，农村金融发展规模、农村金融发展效率和农村金融分布密度对农业收入增长有正向影响，但是农村金融发展结构对农业收入增收有抑制作用。不过，农村金融发展对非农收入和农业收入的影响存在较大差异性，农村金融发展规模和农村金融发展效率对农业收入的影响程度及其显著性都比非农收入低，农村金融覆盖密度对农业收入影响的显著性较弱，而农村金融发展结构对农业收入和非农收入影响方向完全相反。此外，川渝地区农村金融发展与非农收入和农业收入的长期稳定均衡关系具有较为显著的短期调节效应。从非农收入来看，农村金融发展对万州区的非农收入的短期调节效果最大，云阳县的这一短期调节效果最小，样本地区总体上这一调节作用居中。从农业收入来看，农村金融发展对云阳县的农业收入这一短期调节效果最大，仪陇县的这一短期调节效果最小，样本地区总体上这一调节作用居中。就样本地区总体而言，农村金融发展规模、农村金融发展效率和农村金融覆盖密度的增加都会促进非农收入和农业收入增长，而农村金融发展结构对非农收入和农业收入的调节效应相反，为一正一负。

加入控制变量后，利用混合最小二乘法研究发现，农村金融发展各变量对非农收入和农业收入在影响方向上没有变化。人力资本存量仅对非农收入有显著影响，而对农业收入的影响并不显著。农村财政支出对农业收入有较为显著的影响但对非农收入用影响不显著。城镇化率对农业收入和非农收入均有显著的影响，但是对农业收入的影响力小于对非农收入的影响力。农村固定资产投资是唯一对农业收入和非农收入影响均不显著的控制变量。

第二，川渝地区农村金融发展对农户消费行为的影响。农村金融发展各变量（农村金融发展规模、农村金融发展效率、农村金融发展结构和农村金融覆盖密度）、人均纯收入和人均消费支出之间存在长期稳定的均衡关系。农民人均纯收入是影响农民人均消费支出最重要和最显著的变量。在农村金融发展变量中，农村金融发展规模、农村金融发展效率和农村金融覆盖密度对农民消费支出有显著影响，且影响力依次增强，农村金融发展结构对农户消费支出也有一定的正向效应，但是显著性相对较弱。农村金融发展规模、农村金融发展效率和农村金融覆盖密度对农民消费支出的影响主要体现为长期效应，农村金融发展结构的改善在短期内显著刺激农民的消费支出的增加，而长期内对农民的消费支出影响较小。此外，简单的 λ 模型分析结果表明，川渝地区农户受到的流动性约束较为严重，农户消费对收入存在过度敏感性。修正的 λ 模型研究表明：实际利率的下降并没显著促进农户消费的增加，个人消费信贷业务的开展对农户消费支出影响也并不显著，不确定性的增加虽然对农户的消费表现出负向效应但是这种负向效应的显著性不强，川渝地区农户消费对收入的过度敏感性主要归因于农户所受的流动性约束。

第三，川渝地区农村信贷约束的微观因素。农户的耕地面积、教育和医疗支出、家庭突发事件、家庭规模、家庭老人和孩子数对农户信贷需求有显著的正向影响。家庭金融资产余额和家庭纯收入会降低农户显著的降低农户的信贷需求，其余变量对信贷需求影响并不显著。生产性固定资产价值、耕地面积、家庭劳动力、是否拥有专业技能、家庭纯收入、净经营收入、有无亲戚或好友为乡村干部、是否村干部、家庭礼金支出、是否参加联保小组、该村人均收入、村庄人口总数对资金供给有显著的正向影响，而家庭老人和孩子数对资金的供给有显著的负面影响，其余变量对资金供给的影响显得较为模糊。特别的，在我国川渝地区农村中，"关系"等社会资本在农村金融市场扮演着重要角色，其对资金的供给有显著的影响，社会资本丰富的农户更容易获取信贷资金的支持，从而降低信贷约束的概率。

第四，川渝地区农村信贷约束程度及福利损失效应。川渝地区农村信贷约束率高，但是大部分农户处于部分信贷约束状态，只有极少部分信贷需求农户处于完全信贷约束状态，农户有借贷需求时一般都会申请借款且或多或少地借到了款项。川渝地区农村信贷约束对农户的福利产生了净损失，其中对消费的净损失效应最大，对农户家庭净资产的损失效应也很显著。信贷约束对农业收入和非农收入的影响存在差异性，对非农收入的损失效应明显强于对农业收入的损失效应。特别地，川渝地区农村信贷约束对所有样本农户和处于信贷约束状态农户的福利损失效应高度趋同，信贷约束的普遍性可能使信贷约束的福利损失效应在亲友之间传递和转移。

第二节　政策建议

根据本书研究结论，可以得出如下政策建议：

第一，加快农村金融改革步伐，充分发挥正规金融在提升农户福利中的积极作用。首先，扩大涉农贷款规模，提高农村金融效率。政府应充分利用贷款贴息、差异化存款准备率制度、财税优惠、鼓励商业银行支农再贷款等多种手段，遏制农村资金外流，引导各类资本反哺农村经济，鼓励各类农村金融机构发放涉农贷款，提高农村存款转化为支农贷款的比率；其次，优化农村信贷结构。农村信贷资金应向效益好、吸纳就业能力强的农村中小企业倾斜，加大对农村龙头企业支持力度，提高农村优质中小企业贷款余额在农村贷款中的比重，缓解农村中小企业发展中面临的资金瓶颈，鼓励农村中小企业做大做强，提供更多的非农就业岗位，提高农民的非农收入。另外，根据农村实际情况，鼓励各类金融机构开发中长期农业信贷产品，充分考虑农业信贷周期与农业生产周期的匹配性，满足各类农户不同的农业信贷需求。此外，注重开发农村消费信贷产品，逐步满足农民在住房、医疗、教育、耐用消费品等方面的融资需求。

第二，规范农村民间金融借贷。对于民间金融形式，政府要因势利导，区别对待。要坚决禁止和取缔非法的农村非正规金融组织和非法金融活动，使地下金融浮出水面，允许在法律框架下从事市场化的经营活动。政府应当放宽农村金融市场准入机制，积极引导民间资本进入农村金融市场，加快培育村镇银行、农村资金互助社、农村典当行、小额信贷公司等新型农村金融组织，引导社会资金投资设立适应"三农"需要的各类新型金融微型机构，各微型金融组织可通过多种方式从金融机构融入资金，增加微型金融组织融资渠道。此外，提高金融服务质量和水平，完善各类金融中介网点布局，提升农村金融覆盖密度，增加农民信贷资金渠道，缓解农民信贷约束，削弱农村金融压抑对福利提升的负面效应。

第三，缓解川渝地区农村信贷约束不仅需要加大供给力度，还需从需求方入手。鼓励农户积极参加联保小组，提高农户参加联保小组的比例。降低农户对正规金融贷款的认知性偏差，让更多农户熟悉贷款条件和流程。逐步建立和完善农村重大病和生命财产保险制度，避免农户因重大突发事件陷入贫困。进一步加大宣传力度并逐步建立和完善农村养老体系，引导川渝地区农户优生优育，降低农户超生概率。

最后，提升农民福利是一项系统工程，需要综合配套改革，除了加大农村金融改革步伐，政府需要做好以下两项工作：一是提升农民人力资本存量。一方面，强化农村基础教育。加强对农村基础教育设施的投资力度，提高农村公共教育支出比重，降低农村中小学生教育成本，逐步缩小城乡、区域、校际教育差距，提供更优质的农村义务教育。另一方面，强化对农民的职业培训，从农村实际出发，逐步建立和完善农村职业教育和成人教育体系，为农民终生教育提供制度保障。此外，加大对农村剩余劳动力的职业培训力度，强化农村剩余劳动的专业技能、法律意识和职业道德，提高农民非农就业竞争力，增加农民非农就业机会。二是提升农村城镇化水平，优化农村固定资产投资结构。统筹城乡发展，积极发展小城镇，提高农村城镇化水平，加快农村剩余劳动力向城镇转移步伐，提高农民的非农收入。以新农村建设为契机，政府应充分调动农民、银行和企业的积极性，加大农村基础设施建设力度，特别是要引导各类资本积极支持农村交通和通信设施建设，注重投资的科学性与长效性，积极培养农村经济的内生增长力，提高农村固定资产的使用效率。最后，通过逐步建立和完善川渝地区的养老、医疗、就业等保障综合机制，降低农户对未来不确定性的预期，全面提升农户福利水平。

第三节 研究展望

限于人力物力，本书调研的样本有限，只调研了川渝两地四个区县，但是我国有 1 300 余个县，各个地区经济发展水平、文化背景、风俗习惯、地理环境等不同，农村金融和农户福利也存在差异性和特殊性。因此，进一步的研究应考虑扩大调研样本，根据各地的实际情况进行专门研究，制定与不同区域相适宜的政策方案。

提升川渝地区农户福利水平是一项系统工程，本书主要从农村金融发展的角度来探讨如何改善农户福利。在本书中关于农户福利的范围是在众多已有研究的基础之上，将其简单狭义地理解为收入、消费及家庭资产等重要指标，而事实上农户的福利概念应该更为广泛，今后的研究还可以深入研究农村金融发展对农户文教娱乐、健康与医疗、食品安全以及生产技术的选择等方面的影响机制。

参考文献

阿马蒂亚·森，2011. 贫困与饥饿 [M]. 王宇，王文玉，译. 北京：商务印书馆.

白永秀，马小勇，2010. 农户个体特征对信贷约束的影响：来自陕西的经验证据 [J]. 中国软科学 (9)：148-155.

迟福林，2010. 后危机时代我国发展方式的转型与改革 [J]. 社会主义经济理论与实践 (4)：10-11.

程郁，韩俊，2009. 供给配给与需求压抑交互影响下的正规信贷约束：来自1874 户农户金融需求行为考察 [J]. 世界经济 (5)：73-82.

蔡昉，王美伦，2016. 从穷人经济到规模经济：发展阶段变化到中国农业提出的挑战 [J]. 经济研究 (5)：14-26.

崔红志，2015. 农村老年人主观幸福感影响因素分析：基于全国 8 省 (区) 农户调查数据 [J]. 中国农村经济 (4)：72-80.

陈飞，翟伟娟，2015. 农户行为视角下农地流转诱因及其福利效应研究 [J]. 经济研究 (10)：163-177.

陈飞，陆建词，2014. 收入增长与分配结构扭曲的农村减贫效应研究 [J]. 经济研究 (2)：103-116.

杜君楠，李玥，沈祺琪，等，2019. 农户正规信贷约束影响因素实证研究 [J]. 西部金融 (7)：9-15，33.

冯海红，2016. 小额信贷、农民创业与收入增长：基于中介效应的实证研究 [J]. 审计与经济研究，31 (5)：111-119.

雷曜，张文婷，2018. 金融支农成效的 10 年回顾 [J]. 金融发展研究 (3)：3-11.

何安耐，胡必亮，冯兴元，2000. 农村金融与发展：案例分析与培训手册阅

读材料 [R]. 北京：中国社会科学院农村发展研究所.

何广文，等，2002. 农村金融服务问题研究专题报告 [R]. 北京：农业部 "中国农业和农村经济结构战略性调整" 课题组.

何明生，2007. 融资约束下的农户信贷需求及其缺口研究 [J]. 金融研究 (6)：66-79.

胡卫卫，黄晓妹，2018. 环境质量评价对农村居民生活满意度的影响研究：基于江苏省 8 地市 759 份调研数据的实证分析 [J]. 西北人口，39 (3)：69-75.

段应碧，2018. 发展公益性小额信贷组织、破解贫困农户贷款难题 [J]. 农业经济问题，32 (1)：4-6.

高梦滔，毕岚岚，师慧丽，2008. 流动性约束、持久收入与农户消费：基于中国农村微观面板数据的经验研究 [J]. 统计研究 (6)：48-55.

高兴国，2011. 包容性增长：未来中国社会经济发展的目标 [J]. 中外企业家 (2)：28-32.

高铁梅，2006. 计量经济分析方法与建模 Eviews 应用及实例 [M]. 北京：清华大学出版社.

高飞，2013. 金融发展对城乡收入差距的影响：基于中国省际面板数据的检验 [J]. 长安大学学报（社会科学版），15 (2)：53-56.

郭英，曾孟夏，2011. 我国农业支持与农民收入和消费的再思考：基于整体性的多变量协整系统 [J]. 经济问题 (11)：77-81.

黄良鲜，2007. "参与式" 管理模式本土化问题探讨 [J]. 桂海论丛 (9)：76-79.

韩俊，罗丹，程郁，2009. 供给配给与需求压抑交互影响下的正规信贷约束：来自 1874 户农户金融需求行为考察 [J]. 世界经济 (5)：71-82.

黄祖辉，刘西川，程恩江，2007. 中国农户的信贷需求：生产性抑或消费性 [J]. 管理世界 (3)：73-80.

黄惠春，祁艳，程兰，2017. 农村土地承包经营权抵押贷款与农户信贷可得性：基于组群配对的实证分析 [J]. 经济评论 (3)：72-83，96.

黄承伟，陆汉文，刘金海，2019. 微型金融与农村扶贫开发：中国农村微型金融扶贫模式培训与研讨会综述 [J]. 中国农村经济 (9)：93-96.

黄惠春，陶敏，2020. 农村抵押替代融资模式演进逻辑与发展方向：一个基于社会资本的分析框架 [J]. 财贸研究，31 (2)：47-56.

杭斌，申春兰，2004. 经济转型中消费与收入的长期均衡关系和短期动态关系：中国城镇居民消费行为的实证分析 [J]. 管理世界 (5)：25-32.

李林，张颖慧，罗剑朝，2010. 中国农村金融发展与农民收入增长关系的实证研究 [J]. 哈尔滨工业大学学报（社会科学版）(1)：44-50.

李一芝，李艳芳，2004. 农村财政金融 [M]. 北京：中国金融出版社.

李锐，朱喜，2007. 农户金融抑制及其福利损失的计量分析 [J]. 经济研究 (2)：146-155.

李旻晶，2012. 人力资本投资与非农收入关系研究 [J]. 商业时代 (9)：9-10.

李金玲，2018. 供应链金融视角下农户融资模式创新研究 [D]. 咸阳：西北农林科技大学.

李延敏，2005. 中国农户借贷行为研究 [D]. 咸阳：西北农林科技大学.

李超，2014. 农户土地使用权抵押意愿与模式优化 [D]. 北京：中国农业大学.

李创，吴国清，2018. 乡村振兴视角下农村金融精准扶贫思路探究 [J]. 西南金融 (6)：28-34.

李树，陈刚，2015. 幸福的就业效应：对幸福感、就业和隐性再就业的经验研究 [J]. 经济研究 (3)：62-74.

李特尔，2014. 福利经济学评述 [M]. 北京：商务印书馆.

李京栋，张吉国 . 2015. 大蒜价格波动的主产区福利效应分析：基于滤波法和 Minot 模型的分析 [J]. 山东农业科学 (9)：156-159.

李庆海，李锐，王兆华，2012. 农户土地租赁行为及其福利效果 [J]. 经济学（季刊），11 (1)：269-288.

李佳佳，2017. 统筹城乡医疗保障制度的福利分配效应研究 [D]. 南京：南京农业大学.

罗娟，王露露，2018. 金融素养、自信偏差与家庭财富 [J]. 商业研究 (5)：103-112.

罗兴，吴本健，马九杰，2018. 农村互联网信贷："互联网+"的技术逻辑还是"社会网+"的社会逻辑？[J]. 中国农村经济 (8)：2-16.

路晓蒙，吴雨，2021. 转入土地、农户农业信贷需求与信贷约束：基于中国家庭金融调查（CHFS）数据的分析 [J]. 金融研究 (5)：40-58.

刘纯彬，桑铁柱，2010. 农村金融深化与农村居民消费增长：假说与实证

［J］. 江西财经大学学报（3）：62-66.

刘纯彬，桑铁柱，2010. 农村金融深化与农村居民消费增长：基于灰色关联度的实证分析［J］. 消费经济（6）：13-16.

梁莉，2011. 欠发达地区农村金融机构支持农民消费问题研究［J］. 统计与决策，12（24）：98-100.

林毅夫，蔡昉，李周，1994. 中国的奇迹：发展战略与经济改革［M］. 上海：上海人民出版社.

林毅夫，2005. 制度技术与中国农业发展［M］. 上海：上海三联书店，上海人民出版社.

隆宗佐，曾福生，2002. 拓展农村消费市场的金融支撑研究［J］. 农业经济问题（4）：45-47.

刘西川，2007. 贫困地区农户的信贷需求与信贷约束［D］. 杭州：浙江大学.

马永强，2011. 中国农户融资现状与民间借贷偏好分析：来自全国农户借贷调查问卷［J］. 经济学家（6）：28-37.

陆铭宁，陈璐，刘富，2016. 基于信贷交易合约模型的民族地区农村金融扶贫研究：以四川省凉山彝族自治州为例［J］. 农村经济（9）：80-83.

马光荣，杨恩艳，2011. 社会网络、非正规金融与创业［J］. 经济研究，46（3）：83-94.

马艳艳，刘凯凯，2021. 社会资本能否缓解生态移民迁入区农户正规信贷约束？：来自宁夏回族自治区农户调查数据［J］. 农村金融研究（8）：54-61.

彭克强，刘锡良，2016. 农民增收、正规信贷可得性与非农创业［J］. 管理世界（7）：88-97.

彭澎，吴蓓蓓，2019. 财富水平与异质性社会资本对农户非正规借贷约束的影响：基于三省份农户调查数据的实证研究［J］. 财贸研究，30（12）：57-66.

彭澎，吴承尧，肖斌卿，2018. 银保互联对中国农村正规信贷配给的影响：基于 4 省 1014 户农户调查数据的分析［J］. 中国农村经济（8）：32-45.

彭澎，张龙耀，李心丹，2018. 农村正规金融市场中信贷配给的改进研究：基于"政银保"模式的实证分析［J］. 经济学家（5）：60-68.

田莹莹，王宁，2019. 小额信贷的国际经验对中国农村金融扶贫的启示［J］. 世界农业（8）：54-58.

宁爱照，杜晓山，2020. 新时期的中国金融扶贫 [J]. 中国金融 (16)：
　80-81.

牛荣，张珩，罗剑朝，2016. 产权抵押贷款下的农户信贷约束分析 [J]. 农
　业经济问题，37 (1)：76-83，111-112.

蒋远胜，汪霞，申志伟，2010. 汶川大地震后农户的信贷资金需求及影响因
　素 [J]. 农业经济问题 (2)：88-92.

贾立，石倩，黄馨，2011. 农村金融发展对农村基础设施建设支持效应的分
　析 [J]. 农业技术经济 (11)：34-44.

贾立，王红明，2010. 西部地区农村金融发展与农民收入增长关系的实证分
　析 [J]. 农业技术经济 (10)：40-49.

钱水土，许嘉扬，2011. 中国农村金融发展的收入效应：基于省级面板数据
　的实证分析 [J]. 经济理论与经济管理 (3)：104-112.

冉光和，张金鑫，李敬，2009. 农村金融发展对城乡收入差距的影响：以重
　庆市为例 [J]. 城市问题 (10)：48-52.

任劼，孔荣，Calum Turvey，2015. 农户信贷风险配给识别及其影响因素：来
　自陕西 730 户农户调查数据分析 [J]. 中国农村经济 (3)：56-67.

宋冬林，李海峰，2011. 中国农村金融发展与农民收入增长的实证研究：基
　于 1978—2009 年的数据检验 [J]. 经济问题 (10)：80-84.

孙家良，2003. 金融抑制与消费需求 [J]. 商业研究 (12)：84-85.

孙静琴，2010. 贫困的成因与贫困者的权益保障 [J]. 理论学习 (6)：
　55-58.

申骏，2015. 普惠金融视角下农村小额信贷创新发展研究 [D]. 杭州：浙江
　大学.

谭燕芝，2009. 农村金融发展与农民收入增长之关系的实证分析：1978—
　2007 [J]. 上海经济研究 (4)：50-57.

谭燕芝，张子豪，2017. 社会网络、非正规金融与农户多维贫困 [J]. 财经
　研究，43 (3)：43-56.

谭燕芝，胡万俊，2017. 社会资本、家庭财富与农户正规信贷配给 [J]. 金
　融论坛，22 (5)：37-49.

田晓丽，2011. 金融支农水平与农民增收互动关系研究 [J]. 技术经济与管
　理研究 (8)：100-103.

陶建平，田杰，2011. 县域农村视角的我国农村金融发展收入效应分析：来

自1772个县（市）面板数据的实证研究［J］. 华中农业大学学报（社会科学版）(6)：24-28.

涂大坤, 2011. 流动性约束与我国城乡居民消费［D］. 广州：广东商学院.

王绍仪, 1996. 财政与农村金融［M］. 北京：中国农业出版社.

王曙光, 乔郁, 2008. 农村金融学［M］. 北京：北京大学出版社.

万广华, 张茵, 牛建高, 2001. 流动性约束、不确定性与中国居民消费［J］. 经济研究 (11)：35-44.

王梦遥, 2009. 农村金融形势分析与对策［J］. 开发研究 (4)：50-53.

汪红驹, 张慧莲, 2002. 不确定性和流动性约束对我国居民消费行为的影响［J］. 经济科学 (6)：22-28.

温涛, 冉光和, 熊德平, 2005. 中国金融发展与农民收入增长［J］. 经济研究 (9)：30-43.

温涛, 朱炯, 王小华, 2016. 中国农贷的"精英俘获"机制：贫困县与非贫困县的分层比较［J］. 经济研究, 51 (2)：111-125.

魏昊, 李芸, 吕开宇, 等, 2018. 社会资本能否缓解农户正规信贷需求抑制？：基于4省粮食种植户的实证分析［J］. 中国农业大学学报, 23 (1)：164-177.

魏昊, 夏英, 李芸, 2020. 信贷需求抑制视角下农户环境友好型农业技术采纳行为分析［J］. 华中农业大学学报（社会科学版）(1)：56-66, 164.

吴雨, 彭嫦燕, 尹志超, 2016. 金融知识、财富积累和家庭资产结构［J］. 当代经济科学, 38 (4)：19-29, 124-125.

王虎, 范从来, 2006. 金融发展与农民收入影响机制的研究［J］. 经济科学 (6)：11-21.

王征, 鲁钊阳, 2011. 农村金融发展与城乡收入差距：基于我国省级动态面板数据模型的实证研究［J］. 财贸经济 (7)：55-62.

王芳, 2021. 政策认知、正规信贷约束与农户农地抵押融资意愿［J］. 武汉金融 (4)：69-77.

王冀宁, 赵顺龙, 2007. 外部性约束、认知偏差、行为偏差与农户贷款困境：来自716户农户贷款调查问卷数据的实证检验［J］. 管理世界 (9)：69-75.

文晖, 2008. 欠发达地区农村民间借贷现状与特点：基于甘肃庆阳地区三县的调查分析［J］. 产业经济研究 (6)：75-76.

文启湘，刘卫锋，2005. 扩大农民消费需求的金融支持研究 [J]. 湘潭大学学报（哲学社会科学版）(1)：13-16.

王修华，邱兆祥，2011. 农村金融发展对城乡收入差距的影响机理与实证研究 [J]. 经济学动态 (2)：71-75.

谢玉梅，徐玮，程恩江，等，2019. 基于精准扶贫视角的小额信贷创新模式比较研究 [J]. 中国农业大学学报（社会科学版），33 (5)：54-63.

许崇正，高希武，2005. 农村金融对增加农民收入支持状况的实证研究 [J]. 金融研究 (9)：173-185.

许胜利，2009. 扩大消费：金融作用路径与促进策略 [J]. 金融理论与实践 (6)：30-33.

薛芳芳，宋金兰，2011. 人力资本积累对农民收入的实证分析：基于农业收入和非农业收入视角 [J]. 内蒙古农业大学学报（社会科学版）(1)：49-51.

格利，肖，2006. 金融理论中的货币 [M]. 贝多广，译. 上海：上海人民出版社.

许国玉，2008. 苏北地区农村信用社改革绩效的实证研究 [D]. 南京：南京农业大学.

许月丽，王飞，刘志媛，2019. 城乡二元转型、政府干预与农户融资约束放松 [J]. 金融论坛，24 (11)：55-66.

许月丽，李帅，刘志媛，等，2020. 利率市场化改革如何影响了农村正规金融对非正规金融的替代性？[J]. 中国农村经济 (3)：36-56.

徐丽鹤，袁燕，2017. 财富分层、社会资本与农户民间借贷的可得性 [J]. 金融研究 (2)：131-146.

徐璋勇，杨贺，2014. 农户信贷行为倾向及其影响因素分析：基于西部 11 省（区）1664 户农户的调查 [J]. 中国软科学 (3)：45-56.

袁志刚，宋铮，1999. 城镇居民消费行为变异与我国经济增长 [J]. 经济研究 (11)：20-28.

叶耀明，王胜，2007. 关于金融市场化减少消费流动性约束的实证分析 [J]. 财贸研究 (1)：80-86.

姚耀军，2005. 转型中的我国农村金融发展研究 [D]. 杭州：浙江大学.

姚耀军，2005. 金融发展与城乡收入差距关系的经验分析 [J]. 财经研究 (2)：49-59.

余新平，熊晶白，熊德平，2010. 中国农村金融发展与农民收入增长 [J]. 中国农村经济 (6)：77-86.

俞建拖，刘民权，2020. 第八届中美金融研讨会观点综述 [J]. 求知 (10)：40-42.

尹鸿飞，2020. 农地确权能否缓解农村正规信贷配给?：基于德·索托效应的再检验 [J]. 华中农业大学学报 (社会科学版) (3)：158-167，176.

余泉生，周亚虹，2014. 信贷约束强度与农户福祉损失：基于中国农村金融调查截面数据的实证分析 [J]. 中国农村经济 (3)：36-47.

颜明杰，彭迪云，2018. 农村金融精准扶贫成效的评价：基于江西农户的调查 [J]. 江西社会科学，38 (5)：74-83.

杨谊，鲁志新，2017. 新时期金融扶贫的路径选择 [J]. 中国农村金融 (1)：75-77.

杨小凯，2003. 发展经济学 [M]. 北京：社会科学文献出版社.

翟立宏，徐志高，2009. 金融发展对城乡收入差距的影响：基于 1978—2006 年数据的实证分析，经济体制与改革 (3)：33-36.

周宗安，2010. 农户信贷需求的调查与评析 [J]. 金融研究 (2)：195-205.

周立，2010. 中国农村金融：市场体系与实践调查 [M]. 北京：中国农业科学技术出版社.

周小斌，耿洁，李秉龙，2004. 影响中国农户借贷需求的因素分析 [J]. 中国农村经济 (8)：26-30.

周孟亮，彭雅婷，2018. 我国连片特困地区金融扶贫体系构建研究 [J]. 当代经济管理，37 (4)：85-90.

周炜，2012. 论加快金融发展与促进消费水平提高 [J]. 消费经济 (2)：45-48.

周小刚，陈熹，2017. 关系强度、融资渠道与农户借贷福利效应：基于信任视角的实证研究 [J]. 中国农村经济 (1)：16-29，93-94.

张建杰，2008. 农户社会资本对其信贷行为分析 [J]. 农业经济问题 (9)：28-34.

张淑敏，2005. 中国经济欠发达地区农村信贷需求分析：基于对河南西北部平原地区三个村庄的调查 [J]. 货币金融评论 (2)：22-39.

张茜，2012. 农业信贷规模与农村经济增长关系的实证分析 [J]. 西北农林科技大学学报 (社会科学版) (1)：55-60.

张松灿，2019. 农户村镇银行贷款意愿实证分析 [J]. 农业经济问题，34（6）：49-54，111.

张其仔，2000. 社会资本与国有企业绩效研究 [J]. 当代财经（1）：53-58，80.

张瑞，石惠惠，2019. 农业供应链金融与我国农户融资模式创新 [J]. 哈尔滨师范大学社会科学学报，10（2）：66-69.

张龙耀，彭澎，周月书，2021. 乡村振兴背景下的农村金融调查 [M]. 北京：中国农业出版社.

朱喜，李子奈，2006. 我国农村正式金融机构对农户的信贷配给：一个联立离散选择模型的实证分析 [J]. 数量经济与技术经济研究（3）：37-49.

朱守银，张照新，张海阳，2003. 中国农村金融市场供给和需求：以传统农区为例 [J]. 管理世界（3）：88-95.

赵霞，刘彦平，2006. 流动性约束、居民消费及消费信贷的计量分析 [J]. 消费经济（8）：79-83.

赵永红，2011. 金融发展对农民收入增长影响的实证研究 [J]. 江苏农业科学（4）：514-516.

赵跃先，2011. 对"包容性增长"的伦理解读 [J]. 求实（10）：30-33.

朱信凯，刘刚，2007. 非正规金融缓解农户消费信贷约束的实证分析 [J]. 经济理论与经济管理（4）：45-49.

刘玲玲，杨思群，姜朋，等，2010. 中国农村金融发展研究报告 [M]. 北京：清华大学出版社.

刘会平，肖瑜君，陈政，等，2021. 社会资本、金融借贷与家庭创业：基于CFPS 数据的实证研究 [J]. 经济地理（9）：1-15.

钟春平，孙焕民，徐长生，2010. 信贷约束、信贷需求与农户借贷行为：安徽的经验证据 [J]. 金融研究（11）：189-206

祝树民，2020. 发挥政策性金融扶贫主导作用全力支持精准扶贫 [J]. 农业发展与金融（12）：11-12.

曾维忠，蔡昕，2020. 借贷需求视角下的农户林权抵押贷款意愿分析：基于四川省宜宾市 364 个农户的调查 [J]. 农业经济问题，32（9）：25-30.

曾康霖，2017. 再论扶贫性金融 [J]. 金融研究（3）：1-9.

ABADIE A, IMBENS G W, 2006. Large sample properties of matching estimators for average treatment effects [J]. Econometric, 2006, 74 (1): 235-267.

ANGRIST J D, IMBENS G W, RUBIN D B, 1996. Identification and causal effect using instrumental varibles [J]. Journal of the American Statistical Association (91): 444-455.

AVISHAY B, LUIS G J, 1986. Rural credit markets and institutions in developing countries: lesson for policy analysis from practice and modern theory [J]. World Development, 14 (10-11): 1253-1267.

BALTENSPERGER E, 1978. Credit rationing: issues and questions [J]. Journal of Money Credit & Banking, 10 (2): 170-183.

BANERJEE, ABHIJIT V, ANDREW F, et al., 1993. Occupational choice and the process of development [J]. Journal of Political Economy, 101 (2): 274-298.

BAYOUMI T, 1993. Financial deregulation and consumption in the UK [J]. Review of Economics and Statistics (75): 536-539.

BECK T, 2007. Finance, inequality and the poor [J]. Journal of Economic Growth, 38 (12): 274-298.

BESLEY T, 1994. How do market failures justify interventions in rural credit markets? [J]. The World Bank Economic Review, 9 (1): 27-47.

BESLEY T, 1995. Group lending, repayment incentives and social collateral [J]. Journal of Development Economics, 46 (1): 1-18.

BIAN Y, QIU H, 2001. The social capition of a company and its significance [J]. Social Social Sciences in China (1): 62-72.

BOUCHER S R, CARTER M R, GUIRKINGER C, 2008. Risk rationing and wealth effects in credit market: theory and implications for agricultural development [J]. American Journal of Agricultural Economics, 90 (2): 409-423.

BOUCHER S, GUIRKINGER C, TRIVELLI C, 2006. Direct elicitation of credit constraints: conceptual and practical issues with an empirical application to peruvian agriculture [R]. Davis: University of California.

BOWLE S, GINTIS H, 2002. Social capitial and community govemancet [J]. The Economic Journal, 112 (483): 419-436.

CAMPBELL J Y, MANKIW G N, 1991. The response of consumption to income: Across country investigation [J]. European Economic Review (35): 723-767.

CARROLL C D, SAMWICK A A, 1992. How important is precautionary savings [R]. Cambridge: NBER Working Paper Series, Board of Governors of the Federal Reserve System.

CATER M R, 1988. Equilibrium credit Rationing of small farm agriculture [J]. Journal of Development Study (28): 83-103.

CHEN VEI-LIN, SHENG-CHENG HU, 1997. Financial liberalization and aggregate consumption: the evidence from Taiwan [J]. Applied Economics (29): 1525-1563.

CHINA NATIONAL HUMAN DEVELOPMENT REPORT, 2016. Social innovation for inclusive human development (executive summary) [J]. The Journal of Human Rights, 15 (4): 400-409.

CLARKE G, LIXIN COLIN XU, ZOU HENG – FU, 2003. Policy research working paper 2984: finance and income inequality: test of alternative theories [R]. Washington DC: The World Bank.

CONNING J, 2007. Chapter 56 rural financial markets in developing countries [J]. Handbook of Agricultural Economics (11): 423-432.

DAVIES J B, SANDSTROM S, SHORROCKS A F, et al., 2011. The level and distribution of global household wealth [J]. The Economic Journal, 121 (551): 223-254.

DEATON ANGUS S, 1991. Saving and liquidity constraints [J]. Ecomometrica, 59 (5): 221-248.

DEATON, MANKWI, 2005. Functional perspective of financial intermediation [J]. Financial Management, 24 (2): 178-182.

DIAGNE A, ZELLER M, SHARMA M, 2000. Empirical measurements of household's access to credit and credit constraints in developing countries: methodological issues and evidence [R]. Washington DC: International Food Policy Research Institute.

EDWARDS M, ONYX J, 2007. Social capital and sustainability in a community under threat [J]. Local Environment the International Journal of Justice & Sustainability, 12 (1): 17-30.

FAN S, BRZESKA J, 2019. Feeding more people on an increasingly fragile planet : China's food and nutrition securityina nationaland global context [J].

Journal of Integrative Agriculture, 13 (6): 1193-1205.

FEDER G, LAU L J, LIN J Y, et al., 1990. The relationship between credit and productivity in Chinese agriculture: a microeconomic model of disequilibrium [J]. American Journal of Agricultural Economics, 72 (5): 1151-1157.

FEDER G, LAU L J, LIN J Y, et al., 1990. The relationship between credit and productivity in Chinese agriculture: a microeconomic model of disequilibrium [J]. American Journal of Agricultural Economics (12): 1151-1157.

FEDER, GERSHON, 1982. On exports and economic growth [J]. Journal of Development Economics (12): 59-73.

FLAVIN M, 1981. The adjustment of consumption to changing expectations about future income [J]. Journal of Political economy (2): 89-96.

GHATAK, MAITREESH, GUINNANE T W, 1999. The economics of lending with Joint liability: theory and practice [J]. Journal of Development Economics, 60 (1): 195-228.

GONZÁLEZ-VEGA C, 1984. Credit-rationing behavior of agricultural lenders: the iron law of interest rate restrictions [M] // ADAMS D W, GRAHAM D H, VON PISCHKE J D. Undermining Rural Development with Cheap Credit. Boulder and London: Westview Press.

GREENWOOD J, JOVAN B, 1990. Financial development, growth, and the distribution of income [J]. Journal of Political Economy, 98 (5): 1076-1107.

GREGORY M N, ZELDES S P, 1991. The consumption of stockholders and non-stockholders [J]. Joural of Financial Economics, 29 (1): 97-112.

GROOTAERT C, 1999. Social capital, household welfare, and poverty in indonesia [R]. Washington DC: The World Bank.

GURLEY G J, SHAW E S, 1955. Financial aspects of economic development [J]. American Economic Review, 4 (45): 516-522.

GURLEY J G, SHAW E S, 1960. Money in a theory of finance [M]. Washington DC: Brookings Institution.

GOLDSMITH R W, 1969. Financial structure and development [M]. New Haven: Yale University Press.

HECKMAN, ICHIMURA J J, TODD P, 1997. Matching as an econometric evaluation estimator [J]. Review of Economic Studies (65): 261-294.

HOFF K, STIGLITZ J, 1993. The economics of rural organization: theory practice and police [M]. London: Oxford University Press.

JEREMY D, FOLTZ, 2004. Credit market access and profitability in tunisian agriculture [J]. Agriculture Economics (30): 229-240.

JOHANSEN S, 1994. The role of the constant and linear terms in integration analysis of nonstationary variables [J]. Econometric Reviews (13): 465-572.

KESSLER D, WOLFF E N, 1991. A comparative analysis of household wealth patterns in france and the United States [J]. Review of Income and Wealth, 37 (3): 249-266.

KING R, LEVINE R, 1993. Finance and growth: schumpeter might be right [J]. Quarterly Journal of Economics, 8 (108): 717-736.

KING, ROBERT G, LEVINE, et al., 1993. Finance, entrepreneurship, and growth: theory and evidence [J]. Journal of Monetary Economics (32): 513-542.

KING, ROBERT G, LEVINE, et al., 1993. Finance and growth: schumpeter might be right [J]. Quarterly Journal of Economics (108): 717-738.

KNIGHT J, YUEH L, 2002. The role of social capital in the labor market in China [R]. London: Oxford University.

KOCHAR A, AGHION, 1997. An empirical investigation of rationing constraints in rural credit market in India [J]. Journal of Development Economics (53): 339-371.

KOHARA, HORIOKA, 2006. Do borrowing constraints matter? An analysis of why the permanent income hypothesis does not apply in Japan [J]. Japan and the World Economy (18): 358-377.

KON Y, STOREY D J A, 2003. Theory of discouraged borrowers [J]. Small Business Economics, 21 (1): 37-49.

KOPYTOV E, URBACH A, KUTEV V, et al., 2016. Information support system for technology of applying the multi-component nano-structured protective coatings [J]. Transport and Telecommunication, 13 (3): 229-242.

LAFFONT, JEAN-JACQUES, 2003. Collusion and group lending with adverse selection [J]. Journal of Development Economics (70): 329-348.

LELAND, HAYNE E, 1968. Saving and uncertainty: the precautionary demand for saving [J]. Quarterly Journal of Economics (82): 465-473.

LEMAN, 2014. Law and transnational utopiasin East African fiction [J]. Interventions, 16 (6): 187-199.

LEVCHENKO A A, 2005. Financial liberalization and consumption volatility in developing countries [J]. International Monetary Fund Staff Papers (2): 237-259.

LEVINE R, ZERVOS S, 1998. Stock markets, bank, and economic growth [J]. American Economic Review (6): 537-558.

LEVINE, ROSS, 1993. Financial deveolpment and economic growth: view and agenda [J]. Journal of Economic Literature (8): 688-726.

LI R , LI Q H, HUANG S A, et al., 2013. The credit rationing of Chinese rural households and its welfare loss: an investigation based on panel data [J]. China Economic Review (26): 17-27.

MADDALA G S, 1983. Limited dependent and qualitative variables in econometrics [M]. Cambridge: Cambridge University Press.

MANKIW, SHAPIRO, 1985. Trends, random walks and tests of the permanent income hypothesis [J]. Journal of Monetary Economics (16): 165-174.

MARIA C G, GEOFFREY W, 2001. Monetary policy and financial liberalization: the case of United Kingdom consumption [J]. Journal of Macroeconomics (23): 177-197.

MCKINNON R I, 1973. Money and capital in economic development [M]. Washington DC: Brookings Institute.

MILDE H, RILEY J G, 1988. Signaling in credit market [J]. Quarterly Journal of Economics (2): 201-129.

MYERS R H, NAGARAJAN G, 2000. Rural financial markets in Asia: polices paradigms, and performance [M]. London: Oxford University Press.

ODEDOKUN M O, 1996. Alternative econometric approaches for analyzing the role of the financial sector in economic growth: time-series evidence from LDCs [J]. Journal of Development Economics, 50 (1): 119-146.

ODED G, JOSEPH Z, 1993. Income Distribution and Macroeconomics [J]. Review of Economic Studies, 60 (1): 35-52.

PAGANO M, 1993. The flotation of companies on the stock market: a co-ordination failure model [J]. European Economic Review (36): 763-781.

PATRICK H T, 1966. Financial development and economic growth in undeveloped countries [J]. Economic Development and cultural Change, 2 (14): 174-189.

PAXSON C H, 1992. Using weather variability to estimate the response of saving to transitory income in Thailand [J]. American Economic Review (82): 15-33.

PETRICK M, 2005. Empirical measurement of credit rationing in agriculture: a methodological survey [J]. Agriculture Economics, 33 (2): 191-203.

POIRIER D J, 1980. Partial observability in bivariate probit models [J]. Journal of Economics (12): 210-217.

PUTNAM R D, LEONARDI R, NONETTI R Y, 1993. Making democracy work: civic traditions in modern Italy [M]. Princeton: Princeton University Press.

ROSENBAUM P R, RUBIN D B, 2014. The central role of the propensity score in observational studies for causal effects [J]. Biometrika (70): 41-45.

RUBIN D B, 1974. Estimating causal effects of treatment in randomized and non-randomized studies [J]. Journal of Education Psychology (66): 688-701.

SARNO L, TAYLOR, 2000. Private consumption behavior, liquidity constraints and financial deregulation in France: a nonlinear analysis [J]. Empirical Economics (25): 351-368.

SCHUMPETER, JOSEPH, 1943. The theory of economic development [M]. Cambridge: Harvard University Press.

SHAW E S, 1973. Financial deepening and economic development [M]. London: Oxford University Press.

SHEA J, 1995. Union contracts and the life-cycle permanent-income hypothesis [J]. American Economic Review, 85 (1): 186-200.

STIGLITZ J E, WEISS A, 1981. Credit rationing in markets with imperfect information [J]. The American Economic Review, 71 (3): 393-410.

STIGLITZ J, WEISS A, 1981. Credit ration in markets with imperfect information [J]. American Economic Review (71): 393-410.

STIGLITZ J, 1989. Markets, market failures, and development [J]. American Economic Review (79): 197-203.

WILLIAMSON O E, 1993. Calculativeness, trust, and economic organization [J]. Thejournal of Law and Economics (36): 22-26.

WOOLDRIDGE J M, 2003. Econometric analysis of cross section and panel data [M]. Cambridge: The MIT Press.

ZELDES S P, 1989. Consumption and liquidity constraints: an empirical Investigation [J]. The Journal of Political Economy, 97 (2): 305-346.

ZELDES S, 1989. Consumption and liquidity constraints: an empirical investigation [J]. Journal of Political Economy, 97 (2): 305-346.

ZELDES S, 1989. Optimal consumption with stochastic income: deviations from certainty equivalence [J]. The Quarterly Journal of Economics, 104 (2): 275-298.

ZELLER M, 1994. Determinants of credits rationing: a studyof informal lenders and formal credit groups in madagascar [J]. World Development, 22 (12): 1895-1907.